Die Durchgriffshaftung in konzernverbundenen Gesellschaften

Europäische Hochschulschriften
Publications Universitaires Européennes
European University Studies

Reihe II
Rechtswissenschaft

Série II Series II
Droit
Law

Bd./Vol. 3347

PETER LANG
Frankfurt am Main · Berlin · Bern · Bruxelles · New York · Oxford · Wien

Meike Landwehr

Die Durchgriffshaftung in konzernverbundenen Gesellschaften

Eine Untersuchung nach US-amerikanischem Recht unter rechtsvergleichenden Aspekten

PETER LANG
Europäischer Verlag der Wissenschaften

Die Deutsche Bibliothek - CIP-Einheitsaufnahme

Landwehr, Meike :

Die Durchgriffshaftung in konzernverbundenen Gesellschaften : eine Untersuchung nach US-amerikanischem Recht unter rechtsvergleichenden Aspekten / Meike Landwehr. - Frankfurt am Main ; Berlin ; Bern ; Bruxelles ; New York ; Oxford ; Wien : Lang, 2002
(Europäische Hochschulschriften : Reihe 2, Rechtswissenschaft ; Bd. 3347)
Zugl.: Freiburg (Breisgau), Univ., Diss., 2000
ISBN 3-631-38229-4

D 25
ISSN 0531-7312
ISBN 3-631-38229-4

www.peterlang.de

Meinen Eltern

Vorwort

Die vorliegende Arbeit wurde im Wintersemster 2000 / 2001 von der rechtswissenschaftlichen Fakultät der Albert-Ludwigs-Universität Freiburg als Dissertation angenommen.

Mein Dank gilt meinem Doktorvater, Herrn Prof. Dr. Gerhard Hohloch, der die Arbeit durch seinen Themenvorschlag angeregt und sie über die gesamte Zeit wohlwollend begleitet hat. Herrn Prof. Dr. Uwe Blaurock danke ich für die Erstellung des Zweitgutachtens.

Zu danken habe ich ferner dem Max-Planck-Institut für internationales und ausländisches Privatrecht in Hamburg, das mir durch die Einrichtung eines Arbeitsplatzes in seiner unfassenden Bibliothek die Fertigstellung der Arbeit nach meiner Rückkehr aus den USA ermöglichte.

Mein besonderer Dank gilt meinen Eltern. Sie haben mir durch ihre umfassende Unterstützung sowohl das Studium als auch die Anfertigung dieser Dissertation erleichtert und nicht zuletzt durch die Ermöglichung des LL.M.-Studiums in den USA diese Dissertation wesentlich gefördert. Meinem Vater bin ich darüber hinaus für die Mühen des Korrekturlesens verpflichtet.

Hervorzuheben ist die Unterstützung der Arbeit durch Herrn Dr. Martin Schlag. Er hat mir mit seinen eigenen Erfahrungen im Bereich des wissenschaftlichen Arbeitens und aufmerksamen fachlichen Anregungen zu jeder Zeit zur Verfügung gestanden und mich fortwährend moralisch unterstützt.

Besonderer Dank gilt schließlich Frau Dr. Isabel Steltmann, die mir nicht nur durch ihre besonderen Kenntnisse bei dem Beschaffen ausländischer Literatur eine große Hilfe war, und Frau Dr. Michaela Thiele, die mich bei der Korrektur dieser Arbeit unterstützt hat.

Düsseldorf, im September 2001 — Meike Landwehr

Inhaltsverzeichnis

Abkürzungsverzeichnis 15

Einleitung 21

1. Teil US - amerikanisches Recht 25

1. Kapitel Überblick über das US - amerikanische Gesellschaftsrecht 25

A. Rechtsgrundlagen 25

B. *Corporations* 26

I. Formen 26

II. Struktur der *Corporation* 28

C. Die Behandlung verbundener Gesellschaften 29

2. Kapitel *Piercing the Corporate Veil* 30

A. Überblick 30

B. Behandlung in der Rechtsprechung 32

I. Die verschiedenen Ansätze 35

1. Der „*instrumentality*" - Ansatz 35

a) Übermäßige Beherrschung 36

b) Widerrechtliches oder unbilliges Verhalten 37

c) Kausalität 38

2. Der „*alter ego*" - Ansatz 38

a) Interessen- und Eigentumseinheit 39

b) Begünstigung unbilliger Rechtsergebnisse 39

c) Nähe zum „*instrumentality*" - Ansatz 40

3. „*Sham*" oder „*Shall*" *Corporation* 40

4. Die „*identity*" - Theorie 41

5. Die „*agency*" - Theorie 41

II. Richtlinien - *evidentiary guidelines* 42

III. Rechtsfolgen 44

IV. Zusammenfassung 45

C. Behandlung in der Literatur 46

I. Vertreter der Mißbrauchstheorien 47

1. Der „*viability - procedural observance*" - Ansatz von LANDERS 48

2. Der „*fraudulent conveyance law*" - Ansatz von CLARK 50

3. Der „demokratische" - Ansatz von PRESSER 53

II. Vertreter der wirtschaftlichen Analyse des Rechts 55

1. Vorteile der beschränkten Haftung 56

a) Entwicklung öffentlicher Kapitalmärkte 56

aa) Diversifizierung 56

bb) Liquidität 57

b) Keine Externalisierung von Kosten 58

2. Abwägung im Einzelfall 59

III. Zusammenfassung 63

D. Anwendungsbereiche des Grundsatzes des *piercing the corporate veil* 64

I. Durchgriffshaftung bei deliktsrechtlichen und bei vertragsrechtlichen Gläubiger 65

II. Durchgriffshaftung bei *public corporations* und bei *close corporations* 67

III. Durchgriff auf einen Gesellschafter, der eine natürliche Person bzw. eine andere Gesellschaft ist 68

E. Zusammenfassung 71

3. Kapitel *Piercing the Corporate Veil* - konkrete Anwendung 73

A. Übermäßige Beherrschung 74

I. Kontrolle 75

1. Willensbildungsstruktur 76

a) 100 % iges Eigentum an den Anteilen der abhängigen Gesellschaft 77

b) Doppelmandate in den Leitungsorganen von Mutter- und Tochtergesellschaft - *interlocking directorates* 77

c) Einflußnahme auf die Geschäftstätigkeit der abhängigen Gesellschaft - *exertion of influence* 78
2. Wirtschaftsstruktur 79
a) Integration in die Konzerngruppe - *group integration* 79
aa) Administrative Integration 79
bb) Wirtschaftliche Integration 81
cc) Finanzielle Integration 82
b) Nichteinhalten gesellschaftsrechtlicher Formalitäten 83
II. Einheitliches Auftreten im Geschäftsverkehr - *use of a common group persona* 85
III. Unterkapitalisierung 85
IV. Fazit 86
B. Unbilliges Verhalten 86
I. Vermögensvermischung - *financial manipulation* 87
II. Täuschung - *misrepresentation* 90
III. Unterkapitalisierung 90
1. Versuch einer Definition 92
2. Maßgebliches Kapital 95
3. Führen der Gesellschaft ohne Gewinnabsichten 96
4. Anfängliche und nachträgliche Unterkapitalisierung 97
5. Die Bedeutung des Faktors Unterkapitalisierung 98
6. Unterkapitalisierung bei deliktsrechtlichen und bei vertragsrechtlichen Gläubigern 101
C. Zusammenfassung 102

4. Kapitel Neuere Entwicklungen 103
A. *Enterprise Theory* 103
B. Entwicklungen im Bereich des Gesetzesrecht am Beispiel des CERCLA 108
I. Regelungszweck des CERCLA 110
II. Die Haftungsregelung des § 107 (a) CERCLA 111
1. Die Rechtsprechung bis zur Bestfoods - Entscheidung 113
a) „*Actual Control*" - Test 113

b) „*Authority to Control*" – Test 114
c) Indirekte Haftung und *Piercing the corporate veil* 115
2. Die Bestfoods – Entscheidung 116
C. Aussetzung der beschränkten Haftung im Bereich des Deliktsrechts – ein Gedankenspiel der Literatur 117
I. Ineffektivität der beschränkten Haftung im Bereich des Deliktsrechts 117
II. Kritik 120
1. Beeinträchtigung der Kapitalmärkte 120
2. Prozessuale Schwierigkeiten 121
3. Nichtbeachtung demokratischer Grundsätze 121
III. Fazit 122
D. Zusammenfassung 123

2. Teil Deutsches Recht und Rechtsvergleichung 125
1. Kapitel Konzernhaftung 126
A. Gefahrenlage 126
B. Konzernrechtliche Regelungen des Aktienrechts 127
I. Begriff des Konzerns 128
II. Haftungsrechtliche Vorschriften des Aktienkonzernrechts 129
1. Vertragskonzern 129
2. Einfacher faktischer Konzern 130
3. Qualifizierter faktischer Konzern 131
C. Haftung im GmbH - Konzern 132
I. Vertragskonzern 133
II. Einfacher faktischer Konzern 133
III. Qualifizierter faktischer GmbH - Konzern 134
1. Entwicklung in der Rechtsprechung 135
2. Voraussetzungen der Haftung 138
a) Konzernerfordernis 138
b) Objektiver Mißbrauch 139
c) Undurchführbarkeit des Einzelausgleichs 142

d) Verschulden 143
3. Darlegungs- und Beweislast 144
4. Rechtsfolge 144
a) Verlustausgleichspflicht gemäß § 302 Abs. 1 AktG analog 144
b) Anspruch auf Sicherheitsleistung gemäß § 303 Abs. 1 AktG analog 145
5. Struktur- oder Verhaltenshaftung 146
6. Einordnung der Haftung im qualifizierten faktischen GmbH – Konzern in ein spezifisches Haftungssystem 146

2. Kapitel Durchgriffshaftung 148
A. Begriff und Tatbestand der Durchgriffshaftung 149
B. Behandlung in der Rechtsprechung 150
C. Behandlung in der Literatur 151
D. Haftungsmodalitäten 153
I. Erstreckung des gegen die Gesellschaft bestehenden Anspruchs 153
II. Subsidiarität 155
III. Verschulden 155
E. Rechtsfolgen 155
I. Außenhaftung 155
II. Haftungsumfang 157
III. Haftungsadressat 157
F. Zuordnung der Durchgriffshaftung zu den gesellschaftsrechtlichen Haftungssystemen 158
G. Bedeutung der Durchgriffshaftung 159
H. Fallgruppen 161
I. Unterkapitalisierung 162
1. Begriff und Maßstab der Unterkapitalisierung 162
2. Arten der Unterkapitalisierung 164
a) Qualifizierte Unterkapitalisierung 164
b) Materielle und nominelle Unterkapitalisierung 165
c) Anfängliche und nachträgliche Unterkapitalisierung 165

3. Behandlung in der Literatur 166
4. Behandlung in der Rechtsprechung 169
5. Verhältnis zur Konzernhaftung 171
II. Vermögens- und Sphärenvermischung 171
1. Begriff 172
a) Vermögensvermischung 172
b) Sphärenvermischung 173
2. Dogmatische Begründung 174
3. Behandlung in der Rechtsprechung 174
4. Rechtsfolgen 175
5. Verhältnis zur Konzernhaftung 175
III. Institutsmißbrauch 176
IV. Fremdbeherrschung 177

3. Kapitel Rechtsvergleichende Aspekte 178
A. Vergleich des US - amerikanischen Grundsatzes des *piercing the corporate veil* mit der deutschen Durchgriffshaftung 179
I. Haftungsvoraussetzungen 179
II. Fallgruppen 180
III. Vergleichbare Sachverhaltskonstellationen und Problemstellungen 182
IV. Vergleichbare Haftungsdogmatik 182
B. Vergleich des US - amerikanischen Grundsatzes des *piercing the corporate veil* mit der deutschen Haftung im qualifizierten faktischen Konzern 183
I. Haftungsvoraussetzungen 184
II. Sachverhaltskonstellationen 185
III. Haftungsdogmatik 187

Zusammenfassung 189

Literaturverzeichnis 192

Abkürzungsverzeichnis

A.	Atlantic Reporter
A.2d	Atlantic Reporter, Second Series
Abs.	Absatz
AcP	Archiv für civilistische Praxis
A.D.	Appelate Division Reports (New York)
AG	Aktiengesellschaft
AG	Die Aktiengesellschaft (Zeitschrift)
aff'd	affirmed
AktG	Aktiengesetz
Ala.	Supreme Court of Alabama
Ala. Civ. App.	Court of Civil Appeals of Alabama
Alaska	Supreme Court of Alaska
ALI	American Law Institute
Am. Bus.L. J.	American Business Law Journal
Anh.	Anhang
Art.	Artikel
Aufl.	Auflage
Ave.	Avenue
BAG	Bundsarbeitsgericht
Bankr.	Bankruptcy Reporter
BB	Der Betriebsberater
B.C. Int'l & Comp. L. Rev.	Boston College International and Comparative Law Review
BGB	Bürgerliches Gesetzbuch
BGH	Bundesgerichtshof
BGHZ	Entscheidungen des Bundesgerichtshofs in Zivilsachen (amtliche Sammlung)
BSG	Bundessozialgericht
Bus. Law.	The Business Lawyer

B.Y.U. L. Rev.	Brigham Young University Law Review
bzw.	beziehungsweise
Cal.	Supreme Court of California
Cal.2d	California Reports, Second Series
Cal.App.	California Appellate Reports
Cal.App.3d	California Appellate Reports, Third Series
Cal. Rptr.	California Reporters
CERCLA	Comprehensive Environmental Response, Compensation, and Liability Act
cert.	certiorari
Chi.-Kent. L. Rev.	Chicago-Kent Law Review
Cir.	Circuit
Co.	Company
Colo. App.	Court of Appeals of Colorado
Colum. L. Rev.	Columbia Law Review
Conn.	Supreme Court of Connecticut
Cornell. L. Rev.	Cornell Law Review
Corp.	Corporation
DB	Der Betrieb
D. Conn.	U.S. District Court, District of Connecticut
D. Colo.	U.S. District Court, District of Colorado
D. Del.	U.S. District Court, District of Delaware
Del. J. Corp. L.	Delaware Journal of Corporate Law
D. Idaho	U.S. District Court, District of Idaho
D. Mass.	U.S. District Court, District of Massachussets
D.N.J.	U.S. District Court, District of New Jersey
DNotZ	Deutsche Notar-Zeitung
DStR	Deutsches Steuerrecht
ed.	edition
E.D. Pa.	U.S. District Court, Eastern District of Pennsylvania

E.D. Tex.	U.S. District Court, Eastern District of Texas
E.D. N.C.	U.S. District Court, Eastern District of North Carolina
etc.	et cetera
F.	Federal Reporter
F.2d	Federal Reporter, Second Series
F.3d	Federal Reporter, Third Series
f.	folgende
ff.	fortfolgende
Fe. Reg.	Federal Regulations
Fn.	Fußnote
Fordham L. Rev.	Fordham Law Review
F.R.D.	Federal Rules Decisions
FS	Festschrift
F.Supp.	Federal Supplement
Ga.App.	Court of Appeals of Georgia
GmbH	Gesellschaft mit beschränkter Haftung
GmbHG	Gesetz betreffend die Gesellschaften mit beschränkter Haftung
GmbHR	Rundschau für GmbH
Harv. L. Rev.	Harvard L. Rev.
HGB	Handelsgesetzbuch
Hrsg.	Herausgeber
Inc.	Incorporated
Iowa J. Corp.	Iowa Journal of Corporations
IStR	Internationales Steuerrecht
J. Corp. L.	Journal of Corporation Law
JZ	Juristenzeitung
Kan.App.2d	Court of Appeals of Kansas
LLC	Limited Liability Company
LLP	Limited Liability Partnership

Ltd.	Limited
Md L. Rev.	Maryland Law Review
MDR	Monatsschrift für das deutsche Recht
M.D. Tenn.	Middle District Tennessee
Minn. Stat.	Minnesota Statutes
Mont.	Supreme Court of Montana
Mo. Ct. App.	Court of Appeals of Montana
MSCCS	Model Statutory Close Corporation Supplement
N.C. L. Int'l & Comp. Reg.	North Carolina Journal of International and Commercial Regulation
N.D. Ill.	U.S. District Court, Northern District of Illinois
N.E.	North Eastern Reporter
N.E.2d	North Eastern Reporter, Second Series
NJW	Neue Juristische Wochenzeitschrift
N.W.	North Western Reporter
N.W.2d	North Western Reporter, Second Series
Nw. U. L. Rev.	Northwestern University Law Revue
N.Y.S.	West`s New York Supplement
N.Y.	New York Court of Appeals
N.Y.2d	New York Reporter, Second Series
Ohio St. L. J.	Ohio State Law Journal
OLG	Oberlandesgericht
P.2d	Pacific Reporter, Second Series
Pa. Super. Ct.	Supreme Court of Pennsylvania
PLI	Practising Law Institute
RGZ	Entscheidungen des Reichsgerichts in Zivilsachen (amtliche Sammlung)
reh'g	rehearing
rev'd	reversed
RIW	Recht der Internationalen Wirtschaft

RMBCA	Revised Model Business Corporation Act
Rn.	Randnummer
Rspr.	Rechtsprechung
S.	Seite
S. Cal. L. Rev.	Southern California Law Review
S.Ct.	Supreme Court
S.D. Ill.	U.S. District Court, Southern District of Illinois
S.D. Ind.	U.S. District Court, Southern District of India-na
S.D. N.Y.	U.S. District Court, Southern District of New York
S.E.2d	South Eastern Reporter, Second Series
S.W.2d	South Western Reporter, Second Series
Tex. Bus. Corp. Act Ann.	Texas Business Corporation Act Annotated
Tex. Civ. App.	Court of Civil Appeals of Texas
Tex. Ct App.	Texas Court of Appeals
Tul. L. Rev.	Tulane Law Review
Tulsa J. Comp. & Int'l L.	Tulsa Journal of Comparative and International Law
u.a.	unter anderem
U. Chi. L. Rev.	University of Chicago Law Review
UCLA L. Rev.	University of California - Los Angeles Law Revue
UFCA	Uniform Fraudulent Conveyance Act
U. Pitt. L. Rev.	University of Pittsburgh Law Revue
U.S.	United States
U.S.	United States Supreme Court Reporter
U.S.C.	United States Code
U.S.F. L. Rev.	University of San Francisco Law Review
U. Toronto L. J.	University of Toronto Law Revue
v.	versus

Va. Envtl L. J.	Virginia Environmental Law Journal
Va. L. Rev.	Virginia Law Review
Vand. L. Rev.	Vanderbilt Law Review
vgl.	vergleiche
Wake Forest L. Rev.	Wake Forest Law Review
Wash. App.	Court of Appeals of Washington
W.D. Mich.	U.S. District Court, Western District of Michigan
W.D. Wis.	U.S. District Court, Western District of Wisconsin
WiB	Wirtschaftliche Beratung
Williamette L. Rev.	Williamette Law Review
Wis.2d	Wisconsin Reporters, Second Series
WM	Wertpapier-Mitteilungen
Yale L. Rev.	Yale Law Review
z.B.	zum Beispiel
ZGR	Zeitschrift für Unternehmens- und Gesellschaftsrecht
ZHR	Zeitschrift für das gesamte Handelsrecht und Wirtschaftsrecht
ZIP	Zeitschrift für Wirtschaftsrecht und Insolvenzpraxis

Einleitung

Kapitalgesellschaften sind der bestimmende Faktor des Wirtschaftslebens. Diese Gesellschaftsform schützt ihre Anteilseigner über das Prinzip der Haftungstrennung und die beschränkte Haftung vor einer persönlichen Inanspruchnahme durch die Gläubiger der Gesellschaft.

Die beschränkte Haftung wurde ursprünglich mit dem Ziel eingeführt, passive Investoren zu schützen und so das Risiko ihrer Investitionen auf ihre Einlagen in der jeweiligen Gesellschaft zu begrenzen. Auf diese Weise sollten Anreize für Investitionen geschaffen werden, die insbesondere mit der Industrialisierung dringend erforderlich wurden, sollten wirtschaftliche Großprojekte wie z.B. der Eisenbahnbau finanziert werden.

Mittlerweile entspricht jedoch das Bild des rein passiven Investors nicht mehr stets der wirtschaftlichen Realität. Vielfach werden die Anteile einer Gesellschaft mehrheitlich durch andere Gesellschaften gehalten, so daß große Unternehmensgruppen entstehen. In diesen Unternehmensgruppen sind die Gesellschafter, die eine juristische Person sind, doppelt über die beschränkte Haftung geschützt. Es besteht die Gefahr, daß die die Mehrheitsanteile haltende Gesellschaft ihren Einfluß nutzt, um die abhängige Gesellschaft auf die Interessen der Unternehmensgruppe auszurichten und damit das Wohl der abhängigen Gesellschaft in den Hintergrund treten zu lassen. Auf diese Weise entsteht eine Gläubigergefährdung, wie sie in einer unabhängigen Gesellschaft über Anteilseigner, die nur private passive Investoren sind, nicht zu erwarten ist. Der Umgang mit einer solchen Situation ist in den verschiedenen Ländern sehr unterschiedlich.

In Deutschland hat sich der Gesetzgeber mit diesem Problem befaßt. Das Aktiengesetz enthält für die Aktiengesellschaft Vorschriften, die sich ausdrücklich mit verbundenen Gesellschaften befassen und eine spezielle Haftung zwischen Konzerngesellschaften vorsehen. Diese Vorschriften gelten zwar mit Ausnahme der allgemeinen Vorschriften (§§ 15 - 19 AktG), die den Begriff des Konzerns bestimmen, nicht als ein allgemeines, rechtsformübergreifendes Konzernrecht. Jedoch hat der BGH in einer langen Entscheidungskette von „Autokran"[1] über „Tiefbau"[2], „Video"[3] bis schließlich „TBB"[4] die Grundsätze der Konzernhaftung, wie sie für

[1] BGHZ 95, S. 330.
[2] BGHZ 107, S. 7.

den Aktienkonzern gelten, in modifizierter Form auch auf den qualifizierten faktischen GmbH - Konzern anwendbar erklärt. Die Konzernhaftung kann unter Beseitschieben des Grundsatzes der Haftungstrennung zu einer Einstandspflicht der Muttergesellschaft fürVerbindlichkeiten der Tochtergesellschaft führen.

Die Bildung eines speziell auf verbundene Gesellschaften abgestimmtes Konzernrecht ist keine Selbstverständlichkeit, wie ein Blick in die Rechtsordnungen anderer Staaten zeigt. Mit Ausnahme Portugals und Brasiliens gibt es in kaum einem anderen Land derartige Regelungen für verbundene Gesellschaften[5]. In den USA etwa wird ein gänzlich anderer Ansatz verfolgt. Probleme, die in Deutschland über die Konzernhaftung gelöst werden, werden dort über Rechtsinstitute gelöst, die auch für nicht verbundene Gesellschaften gelten. Im Hinblick auf Haftungsfragen ist hier insbesondere die Doktrin des *piercing the corporate veil* von Bedeutung. Nach den Grundsätzen des *piercing the corporate veil* kann unter bestimmten Voraussetzungen ein Gesellschafter persönlich für die Verbindlichkeiten der Gesellschaft herangezogen werden, wenn es mißbräuchlich erscheint, daß der Gesellschafter sich hinter den Schutzschild der beschränkten Haftung zurückziehen kann. Der „Vorhang“ zwischen Gesellschaft und Gesellschafter wird in diesen Fällen beiseite geschoben und es wird auf den Gesellschafter durchgegriffen, so daß dieser auch mit seinem Privatvermögen haftet. Die Doktrin des *piercing the corporate veil* wird auch auf Gesellschafter angewandt, die eine andere Gesellschaft sind. Es haftet dann die beherrschende Gesellschaft für die Verbindlichkeiten der abhängigen Gesellschaft.

Auch in Deutschland wird das Rechtsinstitut der Durchgriffshaftung vielfach diskutiert. Ziel ist es auch hier, durch die beschränkte Haftung hervorgerufene unbillige Ergebnisse zu vermeiden, indem in Ausnahmefällen die beschränkte Haftung beiseite geschoben und der Gesellschafter persönlich haftbar gemacht wird. Auch die deutsche Durchgriffshaftung ist nicht speziell auf verbundene Gesellschaften ausgerichtet. Wird hierbei auf einen Gesellschafter durchgegriffen, der eine andere Gesellschaft ist, so haftet die Muttergesellschaft für Schulden der Tochtergesellschaft. Eine Schnittstelle zur Konzernhaftung ist erreicht.

---

[3] BGHZ 115, S. 187.
[4] BGHZ 122, S. 123.
[5] Zur Rechtslage in Europa siehe FORUM EUROPEUM KONZERNRECHT, ZGR 1998, S. 673.

Vor diesem Hintergund soll es Gegenstand dieser Arbeit sein, wie in Deutschland und in den USA aus haftungsrechtlicher Sicht mit konzernverbundenen Gesellschaften umgegangen wird. Im Vordergrund steht hierbei die Untersuchung des US - amerikanischen Rechts. Es gilt zu analysieren, inwieweit es in den USA gelungen ist, Konzernsachverhalten gerecht zu werden, ohne spezielle haftungsrechtliche Konzepte für verbundene Gesellschaften entwickelt zu haben. Im folgenden soll daher ein kurzer Überblick über das relevante US - amerikanische Gesellschaftsrecht gegeben werden, um dann die Grundlagen der Doktrin des *piercing the corporate veil* sowie ihre Behandlung in Rechtsprechung und Literatur zu untersuchen. Daran anschließend wird die konkrete Anwendung der Grundsätze des *piercing the corporate veil* begutachtet, um dann einige neuere Tendenzen in der Behandlung der Haftung konzernverbundener Gesellschaften im US - amerikanischen Recht darzustellen. In einem zweiten Teil wird dann aus rechtsvergleichender Sicht ein kurzer Überblick über die Konzernhaftung und die Durchgriffshaftung im deutschen Recht gegeben.

1. Teil US - amerikanisches Recht

1. Kapitel Überblick über das US - amerikanische Gesellschaftsrecht[6]

A. *Rechtsgrundlagen*

Das Gesellschaftsrecht der USA fällt in den Regelungsbereich der einzelnen Staaten[7]. Es existiert deshalb kein umfassendes Gesellschaftsrecht des Bundes, wenn auch der Gesetzgeber einige Gesetze mit gesellschaftsrechtlichen Bezügen erlassen hat, wie etwa das Antitrust Recht, das Bundessteuerrecht (*federal tax law*) oder die Vorschriften im Bereich des Kapitalmarktrechts (*securities regulation*)[8]. Es kann daher im Grunde nicht von dem US - amerikanischen Gesellschaftsrecht gesprochen werden. Es bestehen vielmehr 52 verschiedene US - amerikanische Gesellschaftsrechte[9]. Die diesbezüglichen Rechtsordnungen der einzelnen Staaten sind jedoch vergleichbar, da das *corporation law* zum größten Teil gesetzlich geregelt ist, und die meisten Staaten das Gesellschaftsrecht des Staates Delaware zum Vorbild haben bzw. dem von der American Bar Association ausgearbeiteten Modellgesetz, dem „Revised Model Business Corporation Act" (RMBCA) von 1984 folgen[10].

Der größte Teil des amerikanischen *corporation law* ist gesetzlich festgelegt. Die Doktrin des *piercing the corporate veil* dagegen hat in der überwiegenden Zahl der Rechtsordnungen noch

---

[6] Es soll hier nur ein kurzer Überblick über das US - amerikanische Gesellschaftsrecht gegeben werden. Für umfassendere Darstellungen sei auf die umfangreiche deutschsprachige Literatur verwiesen. Siehe z.B. MERKT, US-amerikanisches Gesellschaftsrecht; BUNGERT, Gesellschaftsrecht in den USA, ELSING / VAN ALSTINE, US-amerikanisches Handels- und Wirtschaftsrecht.

[7] Dies ergibt sich aus einem Umkehrschluß der *commerce clause* des Art. I § 8 (3) der amerikanischen Verfassung, die die Kompetenz des Bundes auf dem Gebiet des Wirtschaftsrecht bestimmt. Nach der *commerce clause* darf der Bund nur solche Fälle regeln, die den die Einzelstaaten übergreifenden Handel (*interstate commerce*) oder den Außenhandel betreffen.
Art. I § 8 (3) der Verfassung der Vereinigten Staaten von Amerika lautet:
„The Congress shall have Power ... (t)o regulate commerce with foreign Nations, and among the several States, and with the Indian Tribes".

[8] Zu den bedeutendsten Vorschriften in diesem Bereich gehören der Securities Act von 1933, der das Angebot und die Ausgabe von *securities* behandelt, und der Securities Exchange Act von 1934, der ihren Handel reglementiert.

[9] HENN / ALEXANDER, Laws of Corporations, S. 29.

[10] HAMILTON, Corporations, S. 142; CLARK, Corporate Law, S. 5. Umfassend zum RMBCA, zum Delaware General Corporations Law und den ALI's Principles of Corporate Governance siehe MACEY, Macey on Corporation, Volume 1, S. 2 ff..

keine gesetzliche Regelung erfahren, sondern richtet sich nach Billigkeitsrecht[11]. Die Einzelstaaten haben daher bei der Behandlung des Grundsatzes des *piercing the corporate veil* kein einheitliches Gesetz vor Augen, an dem sie sich orientieren könnten. Es bestehen deshalb zwischen den einzelnen Staaten Unterschiede in den Feinheiten und der genauen Anwendung der Doktrin. Die rechtlichen Überlegungen und die Fallgruppen aber sind vergleichbar[12]. Es soll daher die Problematik des *piercing the corporate veil* nicht nach den Einzelstaaten getrennt untersucht werden, sondern vielmehr ein Überblick über die in den USA insgesamt vorherrschenden Grundsätze gegeben werden.

B. Corporations

I. Formen

Bei den *corporations* handelt es sich um Kapitalgesellschaften[13]. Hier sind die *publicly held corporation* (kurz: *public corporation*) und die *closely held corporation* (kurz: *close corporation*) zu unterscheiden.

Die *public corporation* ist die grundlegende Kapitalgesellschaftsform. Nach der Definition des RMBCA handelt es sich um eine gewerblich tätige juristische Person mit eigenen Rechten

---

[11] PRESSER, Piercing the Corporate Veil, S. 1-8.
Eine Ausnahme besteht in Texas, wo Teile der Doktrin des *piercing the corporate veil* jetzt gesetzlich verankert sind. Nach dem Texas Statute haftet ein Gesellschafter für die vertragsrechtlichen Ansprüche gegen die Gesellschaft persönlich, wenn er die Gesellschaft zu betrügerischen Zwecken nutzte oder wenn gesellschaftsrechtliche Formalitäten nicht eingehalten wurden. Das Gesetz geht jedoch nur auf vertragsrechtliche Fälle ein und hier nur auf die Fallgruppen „*fraud*" und „*absence of corporate formalities*". Alle anderen Rechtsbereiche werden von dem Gesetz nicht behandelt. Die Gerichtsentscheidungen sind daher auch hier noch die vorherrschende Rechtsquelle für die Doktrin des *piercing the corporate veil*. Vgl. Tex. Bus. Corp. Act Ann. art. 2. 21 A (2), Vernon Supp. 1998. Zum *piercing the corporate veil* speziell in Texas siehe TOMPKINS / O'NEAL, 52 SMU L. Rev. 873 (1999).

[12] DEPENBROCK, WiB 1996, S. 66; THOMPSON, 76 Cornell L. Rev. 1036, 1070 (1991).

[13] Die US-amerikanischen Gesellschaftsrechte kennen im Gegensatz zum deutschen Recht traditionell keine Unterteilung der Kapitalgesellschaften in Aktiengesellschaften und Gesellschaften mit beschränkter Haftung.
Neben den Kapitalgesellschaften gibt es noch *partnerships* (Personengesellschaften), die in der Form der *general partnership* in etwa der deutschen OHG und als *limited partnership* der deutschen KG entsprechen.
In einer Abwandlung der *partnership*, in der Form der *limited liability partnership*, haften nicht mehr alle Partner mit ihrem Privatvermögen für jede Art von Verbindlichkeiten. So haften die Partner nicht für Verbindlichkeiten, die durch einen Fehler oder eine mangelhafte Leistung eines anderen Partners entstanden sind. Außer dem handelnden Partner haftet nur noch derjenige, der an dem Fehler bzw. der mangelhaften Leistung beteiligt war bzw. davon wußte.
Siehe auch HAMILTON, Corporations, S. 174.

und Pflichten, die unter eigenem Namen klagen und verklagt werden kann[14]. Kennzeichnend für sie ist, daß ihre Anteile auf dem Markt frei gehandelt und in der Regel von einer großen Zahl von Anteilseignern gehalten werden[15]. Ihr Management liegt bei den *officers* und *directors*. Insoweit ist sie mit der deutschen Aktiengesellschaft vergleichbar.

Von der *public corporation* ist die *close corporation* zu unterscheiden. Die beiden Arten der *corporation* werden traditionell einheitlich in einem Gesetz geregelt, jedoch gibt es mittlerweile in vielen Bundesstaaten Sondervorschriften, die speziell auf die *close corporation* ausgerichtet sind[16]. Diese besonderen Regelungen folgen meist dem Model Statutory Close Corporation Supplement (MSCCS), einem Anhang zum RMBCA der American Bar Association.

In der *close corporation* gibt es in de Regel nur wenige Anteilseigner[17]. Ihre Anteile werden nicht öffentlich gehandelt. Im Unterschied zum zentralisierten Management der *public corporation* sind die (Mehrheits-) Anteilseigner wesentlich persönlich und sachlich an der Geschäfts- und Unternehmensführung beteiligt[18]. Die *close corporation* wird daher oft mit der deutschen GmbH verglichen[19]. Im übrigen sind auf sie die allgemeinen Regeln der *public corporation* anwendbar[20].

Die *close corporation* kann auch in Form einer sogenannten *S - corporation* gegründet werden[21]. In dieser Form kann sie besondere Steuervorteile geltend machen[22]. Da die *S - corporation* ansonsten aber mit der *close corporation* vergleichbar ist[23], soll sie hier nicht gesondert behandelt werden.

---

[14] Vgl. § 3. 02. RMBCA.

[15] CLARK, Corporate Law, S. 2.

[16] BUNGERT, Gesellschaftsrecht in den USA, S. 52.

[17] Der Name „geschlossene Gesellschaft" deutet auf den festen Kreis der Anteilseigner hin.

[18] CLARK, Corporate Law, S. 24.

[19] Siehe z.B. BUNGERT, GmbHR 1993, S. 478.

[20] Da demnach dem US - amerikanischen Recht die genaue Unterscheidung zwischen AG und GmbH des deutschen Rechts fremd ist, werden im folgenden die Begriffe Anteilseigner und Gesellschafter ohne Rücksicht auf die jeweilige Gesellschaftsform verwendet.

[21] Ihr Name leitet sich aus dem Abschnitt S im Internal Revenue Code, dem Bundessteuergesetzbuch ab, der ihre steuerrechtliche Behandlung regelt.

[22] Es handelt sich hierbei um die sogenannte „*look - through*"-Methode der Steuerhebung, wonach die *corporation* selbst ihre Gewinne nicht versteuern muß, sondern nur die Anteilseigner ihren Gewinn.

[23] *Reimann*, Einführung in das US - amerikanische Privatrecht, S. 237.

In jüngster Zeit ist in den meisten Bundesstaaten die Möglichkeit eröffnet worden, sogenannte *limited liability companies* (LLC) zu gründen[24]. Hierbei handelt es sich aber nicht um Kapitalgesellschaften. Vielmehr ist eine LLC in ihrem Bestand abhängig von ihren Mitgliedern. Es handelt sich insoweit um eine Personengesellschaft. Daher kommen ihr auch die Steuervorteile einer Personengesellschaft, wonach Gewinne und Verluste nur bei den Gesellschaftern besteuert werden, zugute. Die LLC hat jedoch die Besonderheit, daß ihre Mitglieder nicht persönlich, sondern nur auf ihren Anteil beschränkt haften. Insoweit ist man versucht, sie mit der GmbH zu vergleichen. Jedoch sollte sich immer ins Gedächtnis gerufen werden, daß es sich letztlich, anders als bei der GmbH, um eine Personengesellschaft handelt, die lediglich mit der beschränkten Haftung ausgestattet wurde und dadurch die Vorteile einer Kapitalgesellschaft mit den Vorteilen der flexibleren Personengesellschaft vereint[25].

II. Struktur der *Corporation*

Die *corporation* kennt grundsätzlich nur zwei Organe, die Gesellschafterversammlung und den *board of directors*. Ein zusätzliches Aufsichtsorgan wie es im deutschen Recht mit dem Aufsichtsrat der AG besteht, existiert im amerikanischen Recht nicht. Der *board of directors* legt die groben Richtlinien der Geschäftspolitik fest[26]. Die laufenden Geschäftsführungsaufgaben jedoch werden unter der Aufsicht der *directors* von den *officers* und damit von Angestellten der Gesellschaft ausgeführt[27]. Den Gesellschaftern kommt überwiegend die Aufgabe der Bestellung und Abberufung der *directors* sowie die Genehmigung von Beschlüssen, die strukturverändernde Bedeutung für die Gesellschaft haben, zu. Sie können kein direktes Weisungsrecht gegenüber den *directors* geltend machen. Dies schließt jedoch nicht aus, daß der

---

[24] Zur *limited liability company* und der Anwendbarkeit der Doktrin des *piercing the corporate veil* sind in jüngerer Zeit zahlreiche Aufsätze erschienen. Siehe z.B. SCHWINDT, Limited Liability Companies: Issues in Member Liability, 44 UCLA L. Rev. 1541 (1997); KLEIN, Piercing the Corporate Veil of Limited Liability Companies, from Sure Bet Long Shot: Gallinger v. North Star Hospital Mutual Assurance, Ltd., 22 J. Corp. L. 131 (1996); KEATINGHE et al., The Limited Liability Company: A Study of the Emerging Entity, 47 Bus. Law. 375 (1992). Zur *limited liability company* speziell in Florida siehe KLEIN / LACASA / WELLS, 73 Fla. B. J. 42 (1999). Aus deutscher Sicht zur LLC siehe BUNGERT, Die Stellung der Limited Liability Company im U.S.-amerikanischen Recht, IStR 1993, S. 174.

[25] Vgl. ELSING / VAN ALSTINE, US-amerikanisches Handels- und Wirtschaftsrecht, Rn. 75.

[26] Vgl. § 8.01 RMBCA oder § 141 Delaware General Corporation Law.

[27] Vgl. § 8.41 RMBCA oder § 142 Delaware General Corporation Law.

Vorstand angesichts der sonst drohenden Abberufung von einem herrschenden Gesellschafter faktisch weisungsabhängig ist.
Von dieser traditionellen Aufgabenverteilung der meisten Gesellschaftsrechte der USA, können die Gesellschaften jedoch in der Mehrzahl der Staaten durch anderweitige Regelungen in ihren Satzungen abweichen. Hiervon wird insbesondere hinsichtlich der *close corporation* Gebrauch gemacht.

C. *Die Behandlung verbundener Gesellschaften*

Die Gesellschaftsrechte der einzelnen Staaten kennen keine speziellen Vorschriften über verbundene Gesellschaften und enthalten demnach auch keine konzernspezifischen Regelungen bezüglich der Haftung von Konzerngesellschaften. Konzernrelevante Regelungen finden sich allenfalls vereinzelt in Bundesgesetzen, z.B. in den *securities regulations* oder im Antitrust Recht. Jedoch wird auch hier nicht der Rechtsbegriff des Konzerns verwendet, der dem amerikanischen Gesellschaftsrecht fremd ist[28]. Eine Konzernsituation wird vielmehr umschrieben, etwa als *group of affiliated companies* oder *corporate group*[29]. Wesentliches Merkmal der Zugehörigkeit zu einer Unternehmensgruppe ist dabei die zwischen den Gesellschaften tatsächlich ausgeübte Kontrolle, nicht die rechtliche Organisation der Gesellschaften[30].

Da in den gesetzlichen Regelungen Konzerne nicht gesondert behandelt werden, ist es überwiegend Aufgabe der Gerichte, die Regeln über unverbundene Gesellschaften auf Konzerngesellschaften anzuwenden[31]. Sie lösen die Probleme, die typischerweise in Konzernsachverhalten auftreten, mit den gleichen Rechtsinstituten, die auch bei nicht verbundenen Gesellschaften zur Anwendung kommen. Die Haftung zwischen verbundenen Gesellschaften wird

[28] CONARD, Corporations in Perspective, S. 165.
[29] VAGTS, in: Druey, Das St. - Galler Konzernrechtsgespräch - Konzernrecht aus der Konzernwirklichkeit, S. 31, 32.
[30] WINTER, Schutz von Gläubigern, S. 41.
[31] EBKE, in: Das Gesellschaftsrecht der Konzerne im internationalen Vergleich, S. 279, 291.

daher nach allgemeinen Regeln des Gesellschaftsrechts gelöst[32]. Hierzu gehört insbesondere die Doktrin des *piercing the corporate veil.*

2. Kapitel *Piercing the corporate veil* - allgemeine Doktrin

A. Überblick

Grundlage des US-amerikanischen *corporation law* ist die Anerkennung der *corporation* als eigene Rechtspersönlichkeit, als eine eigene Einheit, die unabhängig von ihren Anteilseignern Trägerin von Rechten und Pflichten sein kann[33]. In diesem Zusammenhang wird auch von *entity law* gesprochen[34]. Der *corporation* ist es daher wie den deutschen Kapitalgesellschaften möglich, ein eigenes Gesellschaftsvermögen zu besitzen. Scharf hiervon zu trennen ist der Grundsatz der beschränkten Haftung. Zwar wird dieser teilweise wie eine selbstverständliche Begleiterscheinung der Inkorporierung angesehen, jedoch handelt es sich um ein deutlich zu trennendes Rechtskonzept.

Nachdem die Gesellschaft als *entity* schon lange anerkannt war, haben im Laufe des 19. Jahrhunderts die einzelnen Bundesstaaten Gesetze erlassen, die die *corporation* mit dem Grundsatz der beschränkten Haftung versahen[35]. Dem Gläubiger einer Gesellschaft steht seitdem nur das Gesellschaftsvermögen zur Befriedigung seiner Ansprüche zur Verfügung. Es ist ihm grundsätzlich nicht möglich, auf das Privatvermögen der Anteilseigner zuzugreifen[36].

---

[32] VOGEL, Haftung der Muttergesellschaft, S. 65.

[33] „A corporation is an entity, separate and distinct from its officers and stockholders, and that its debts are not the individual indebtness of its shareholders". (DeWitt Truck Brokers v. W. Ray Flemming Fruit Co., 540 F.2d 681 (4th Cir. 1976)).

[34] BLUMBERG, ZGR 1991, Sonderheft 11, S. 264, 266.

[35] Ausführlich zur historischen Entwicklung der beschränkten Haftung siehe BLUMBERG, Substantive Law, S. 23 ff.; PRESSER, Piercing the Corporate Veil, S. 1-12.1 ff..

[36] Zu diesem Grundsatz bestehen einige Ausnahmen. So haften die Gesellschafter z.B. persönlich, wenn sie die erforderlichen Einlagen in die Gesellschaft nicht gezahlt haben (vgl. Delaware General Corporation Law § 162, Revised Model Business Corporation Act § 6.22 (a)).
Einige Staaten sehen auch die Haftung der Gesellschafter für Schulden der Gesellschaft gegenüber ihren Angestellten vor, beispielsweise für ausstehende Löhne. Dieses ist der Fall in New York und Wisconsin.

Dieser Grundsatz soll selbst dann gelten, wenn einziger Zweck der Gründung der Gesellschaft die Begrenzung des finanziellen Risikos ihrer Gesellschafter ist[37]. Ihre Begründung findet die Haftungstrennung in wirtschaftspolitischen Erwägungen. Die beschränkte Haftung der Gesellschafter wird als ein geeignetes Mittel angesehen, um die Investitionsbereitschaft zu fördern und das für wirtschaftliche Vorhaben erforderliche Kapital aufzubringen[38].

Der Bundesstaat New Jersey hat gegen Ende des 19. Jahrhunderts als erster Bundesstaat der USA Gesellschaften die Möglichkeit eröffnet, Anteile an anderen Gesellschaften zu erwerben, so daß auch Gesellschaften Anteilsinhaber einer anderen Gesellschaft sein können. Diesen Gesellschaften kommt seitdem der Grundsatz der beschränkten Haftung ebenso zugute wie privaten Investoren[39]. Es zeigte sich jedoch bald, daß die traditionelle Betrachtungsweise, nach der Gesellschaften als Anteilsinhaber weiterhin als rein passive Kapitalanleger behandelt werden, die wirtschaftliche Realität nicht mehr widerspiegelt. Aus rechtsdogmatischer Sicht ist eine Muttergesellschaft nur Kapitalanlegerin in der Tochtergesellschaft und haftet damit nicht für deren Schulden. Aus wirtschaftlicher Sicht aber sind Mutter- und Tochtergesellschaft Teil eines großen Unternehmens bzw. einer Unternehmensgruppe. Trotzdem halten auch hier die amerikanischen Gerichte an der beschränkten Haftung fest und betonen immer wieder, daß eine Außerachtlassung dieses Grundsatzes nur in besonderen Ausnahmefällen in Betracht kommen könne[40]. Dieses gelte auch und insbesondere für verbundene Gesellschaften.

Auf der anderen Seite sehen jedoch auch die Gerichte, daß das Konzept der beschränkten Haftung nur eine rechtliche Konstruktion ist, die immer dann außer Acht gelassen werden

---

[37] „The policy of our law today sanctions incorporation with the consequent immunity from individual liability. It follows that no fraud is committed in incorporating for the precise purpose of avoiding and escaping personal responsability. Indeed, that is exactly why most people incorporate, and those dealing with corporations know, or at least are presumed to know, the law in this regard." WORMSER, Disregard of the Corporate Fiction and Allied Corporation Problems, S. 7.

[38] BLUMBERG, Substantive Law, S. xxx ii. Siehe unten Ausführungen zu *economic analysis*.

[39] Daß auch in diesen Fällen an der beschränkten Haftung festgehalten wird, wurde in der Literatur z.T. heftig kritisiert, da die beschränkte Haftung eingeführt worden sei, um den passiven Investor zu schützen, nicht aber andere Gesellschaften. Den Gesellschaften würde dadurch ein doppelter Haftungsschutz gewährt. Vgl. BLUMBERG, 15 Del. J. Corp. L. 283 (1990).

[40] Coryell v. Phipps, 128 F.2d 702, 704, aff., 317 U.S. 406, 63 S.Ct. 291 (5th Cir. 1942); Berkey v. Third Ave. Railway Co., 155 N.E. 58, 61 (1926).

muß, wenn anderenfalls ungerechte und unbillige Ergebnisse erzielt werden[41]. Die Gerichte entwickelten daher eine Doktrin, die es ihnen ermöglichte, aus Billigkeitsgründen die beschränkte Haftung der Anteilseigner zu durchbrechen und sie persönlich in Anspruch zu nehmen. In solchen Fällen müsse der „Vorhang" zwischen der Gesellschaft und ihren Anteilseignern durchbrochen werden. Die Gesellschaft und ihre Gesellschafter würden dann als eine identische Rechtsfigur betrachtet[42].
In diesem Zusammenhang wird von *piercing the corporate veil* oder *disregard of the corporate entity* gesprochen[43].

Die Doktrin des *piercing the corporate veil* ist ursprünglich für die einfache, nicht verbundene Gesellschaft entwickelt worden. Sie gilt aber auch für Gesellschaften einer Unternehmensgruppe und kann somit die Haftung zwischen Konzerngesellschaften bestimmen[44]. Die Durchgriffshaftung ist damit ein Beispiel dafür, daß die amerikanischen Gerichte vorhandene Grundsätze auf den Konzern hin weitergedacht haben, um auch dort zu gerechten Ergebnissen zu gelangen, wo der Gesetzgeber kein geschriebenes Recht vorgesehen hat. Jedoch auch im Konzern wird die Durchgriffshaftung nur äußerst zögerlich und mit größter Vorsicht und auch nur in besonderen Ausnahmefällen angewandt[45].

B. Behandlung in der Rechtsprechung

Die Gerichte lassen einen Durchgriff auf einen Gesellschafter zu, wenn das Festhalten an der beschränkten Haftung zu unbilligen Ergebnissen führen würde. Wann die Aufrechterhaltung der Haftungstrennung zu einem solchen unbilligen Ergebnis führt, wird jedoch in der Regel

---

[41] "But this concept of separate entity is merely a legal theory, introduced for purposes of convenience and to subserve the ends of justice, and the courts decline to recognize it whenever recognition of the corporate form would extend the principle of incorporation beyond its legitimate purposes and produce injustice or inequitable consequences." Krivo Industrial Supp. Co v. National Distill. & Chemistry Corp., 483 F.2d 1098, 1106 (5th Cir. 1973).
[42] DeWitt Truck Brothers v. W. Ray Flemming Fruit Co., 540 F.2d 681 (4th Cir. 1976).
[43] Der Begriff des *piercing the corporate veil* wurde insbesondere von WORMSER in seiner Schrift „Piercing the Veil of Corporate Entity", 12 Colum. L. Rev. 496 (1912) geprägt.
[44] BLUMBERG, ZGR 1991, Sonderheft 11, S. 264, 272.
[45] „Piercing the corporate veil should be approached 'reluctantly' or 'cautiously' and undertaken only in exceptional cases," vgl. Baker v. Raymond Int'l, Inc., 656 F.2d 173, 179 (5th Cir.1981), cert. denied, 456 U.S. 983 (1982). Vgl. auch ANTUNES, Liability of Corporate Groups, S. 237.

nicht in einen konzeptionellen Zusammenhang gesetzt[46]. Es ist daher schwierig festzustellen, welche Umstände den Ausschlag geben, um eine Durchbrechung der Haftungstrennung zu rechtfertigen[47]. Die Gerichte kleiden ihre Entscheidungsgründe meist in wenig griffige Umschreibungen. Das „Lüften des Schleiers“ soll beispielsweise gerechtfertigt sein, wenn eine Gesellschaft nur noch als das *„alter ego“* oder als bloßes Instrument ihrer Gesellschafter angesehen werden könne oder wenn fraudulöses Verhalten im Spiel sei. In der Regel wird jedoch eine lange Liste von einzelnen Faktoren aufgezählt[48].
Dieses hat vermehrt zu Kritik von Seiten der Literatur geführt[49]. Die Aufzählung so vieler ausschlaggebender Faktoren erlaube es den Gerichten, frei nach ihrem Ermessen zu entscheiden und mache jede Vorhersehbarkeit der Entscheidungen unmöglich[50]. Darüber hinaus würden die Richter ihre Argumente in blumige Metaphern fassen[51]. Welche Gründe im einzelnen für die Entscheidung, einen Haftungsdurchgriff zuzulassen bzw. abzulehnen, ausschlaggebend gewesen seien, bleibe meist im Dunkeln. Es sei daher fast unmöglich, einen praktikablen Prüfungsmaßstab abzuleiten[52].

Die wohl am häufigsten zitierte Regel, wann ein Haftungsdurchgriff gerechtfertigt sei, findet sich in dem Urteil United States v. Milwaukee Refrigerator Transit Co.[53]:
„A corporation will be looked upon as a legal entity as a general rule, and until sufficient reason to the contrary appears; but, when the notion of legal entity is used to defeat public convenience, justify wrong, protect fraud, or defend crime, the law will regard the corporation as an association of persons[54].“

---

[46] BLUMBERG / STRASSER, in: Protecting the Corporate Parent, S. 175, 182.
[47] „Like lightning, it is rare, severe, and unprincipled. There is a consensus that the whole area of limited liability, and conversely of piercing the corporate veil, is among the most confusing in corporate law,“ EASTERBROOK / FISCHEL, 52 U. Chi. L. Rev. 89 (1985).
[48] Vgl. ALTING, 2 Tulsa J. Comp. & Int'l L. 187, 196 (1995).
[49] Vgl. HAMILTON, 49 Tex. L. Rev. 979, 985 (1971).
[50] BLUMBERG, Substantive Law, S. 108.
[51] In den Entscheidungen werden Begriffe gebraucht wie *alter ego, dummy, instrumentality, sham, tool, business conduit, shell, agency, adjunct.*
[52] Richter CARDOZO spricht in seiner Kommentierung des Falls Berkey v. Third Ave. Railway Co., 155 N.E. 58, 61(1926) von dem *„mist of metaphor“*.
[53] 142 F.2d 247, 255 (C.C.E.D. Wis. 1905); vgl. HENN / ALEXANDER, Laws of Corporations, S. 346; PRESSER, Piercing the Corporate Veil, S. 1-7.
[54] „Eine Gesellschaft wird grundsätzlich solange als eine selbständige Rechtspersönlichkeit betracht, wie nicht ausreichende Gründe für die Annahme des Gegenteils vorliegen. Wenn jedoch das Prinzip der eigenen Rechtspersönlichkeit öffentlichen Interessen zuwiderlauft oder dazu dienen soll, Täuschungen, Unrecht oder strafbare Handlungen zu ermöglichen, behandelt das Gesetz die Gesellschaft (lediglich) als eine Vereinigung von Personen.“

Aber auch diese Regel gibt wenig Aufschluß darüber, wann genau auf einen Gesellschafter durchgegriffen werden kann. Was sich im einzelnen hinter den Begriffen „*wrong*", „*fraud*" etc. verbirgt, bleibt schwierig zu erschließen.

Versucht man die von den Gerichten als entscheidungserheblich genannten Faktoren zu systematisieren, so lassen sich verschiedene Prüfungsmodelle, sogenannte „*tests*" oder „*approaches*" herauskristallisieren, anhand derer viele Gerichte ihre Entscheidungen treffen. Es gibt hier mehrere Varianten. Von größter Bedeutung sind der sogenannte „*instrumentality*"-Ansatz und der „*alter ego*"-Ansatz. Weniger weit verbreitet sind der „*identity*"-Test und die „*agency*"-Theorie. Letztere sollen aber ebenfalls kurz angesprochen werden.

Auch wenn die Tests verschieden benannt werden, so sind sie doch im wesentlichen vergleichbar und werden in der Regel als austauschbar behandelt[55].

Gemeinsam ist ihnen, daß die Rechtsprechung in der Regel einen Durchgriff auf den Gesellschafter zuläßt, wenn die Gesellschaft so exzessiv von dem Gesellschafter beherrscht und kontrolliert wird, daß das Gericht zu dem Ergebnis kommt, daß die Gesellschaft nur noch ein „Instrument", ein „alter ego" oder ein „Vertreter" des Gesellschafters sei. Eine so exzessiv beherrschte Gesellschaft wird oft als eine Gesellschaft beschrieben, die „*no separate mind, will, or existence of its own*" hat[56].

Für die meisten Gerichte stellen eine übermäßige Beherrschung (*excessive exercise of control)* und ein Mangel an Eigenständigkeit (*lack of corporate existence*) zusammen nur eines der erforderlichen Elemente dar. Der Kläger muß darüber hinaus darlegen, daß er durch den Gebrauch einer beherrschten Gesellschaft Opfer eines unbilligen Verhaltens etc. geworden ist.

---

[55] Wm Passalacqua Builders, Inc. v. Resnick Developers South, Inc., 933 F.2d 131, 138 (2d Cir. 1991); CNC Serv. Center, Inc. v. CNC Serv. Center, 753 F.Supp. 1427, 1448 (N.D. Ill. 1991); Brindley v. Woodland Village Restaurant, Inc., 652 A.2d 865 (Pa. Super. Ct. 1995); In re Devlieg, Inc., 174 Bankr. 497 (N.D. Ill. 1994).

[56] Lowendahl v. Baltimore & Ohio Railroad, 247 A.D. 144, 154, 287 N.Y.S. 62, 73 aff'd, 272 N.Y. 360, 6 N.E.2d 56 (1936).

I. Die verschiedenen Ansätze

1. Der „instrumentality"-Ansatz

Hinter dem „*instrumentality*"-Test steht der Gedanke, daß dann, wenn eine Gesellschaft nur noch als bloßes Instrument ihrer Gesellschafter angesehen werden kann, ein Festhalten an dem Prinzip der Haftungstrennung nicht mehr gerechtfertigt sei[57].

Der „*instrumentality*"-Test geht zurück auf FREDERICK POWELL[58]. Er wurde bestätigt und erstmals angewandt von der Rechtsprechung New Yorks in der bekannten Entscheidung Lowendahl v. Baltimore & Ohio Railroad[59]. Als Voraussetzung eines Haftungsdurchgriffs forderte das Gericht damals in drei Stufen:

(a) „Control, not merely majority or complete stock control, but complete domination, not only of finances, but of policy and business practices in respect to the transaction attacked so that the corporate entity had at the time no separate mind, will or existence of its own."

(b) „Such control must have been used by the defendant to commit fraud or wrong, to perpetrate the violation of a statutory or other positive legal duty, or a dishonest and unjust act in contravention of the plaintiff's legal rights".

(c) „The aforesaid control and breach of duty must approximately cause the injury or unjust loss complained of"[60].

Der Test besteht demnach aus drei Elementen. Zunächst muß eine übermäßige Beherrschung der Gesellschaft durch den Gesellschafter nachgewiesen werden. Darüber hinaus muß ein

---

[57] „The corporate existence may be disregarded in a case where a corporation is so organized and controlled, or its affairs so conducted as to make it merely an instrumentality or adjunct of another corporation." HACKNEY / BENSON, 43 U. Pitt. L. Rev. 837, 849 (1982).

[58] POWELL, Parent and Subsidiary Corporations, 1931.

[59] 247 A.D. 144, 287 N.Y.S. 62 aff'd, 272 N.Y. 360, 6 N.E.2d 56 (1936).

[60] (a) „Kontrolle, nicht nur die mehrheitliche oder vollständige Kontrolle der Geschäftsanteile, sondern vollständige Beherrschung, nicht nur der Finanzen, sondern der Geschäftspolitik und -praxis im Hinblick auf die in Frage stehende Handlung mit der Folge, daß die Gesellschaft zum fraglichen Zeitpunkt keine eigene Meinung, Willen oder Existenz hatte.

(b) Eine derartige Kontrolle muß von dem Beklagten eingesetzt worden sein, um einen Betrug oder eine anderes falsches Verhalten zu begehen, eine gesetzliche oder andere positiv rechtliche Pflicht zu verletzen oder eine unehrenvolle oder ungerechte Tat in Verletzung der Rechte des Klägers zu begehen.

c) Die zuvor genannte Kontrolle und Pflichtverletzung muß die beklagte Verletzung oder den Verlust verursacht haben."

falsches oder unbilliges Verhalten des Gesellschafters vorliegen. Schließlich muß Kausalität zwischen diesen Elementen und den Verlusten des Anspruchstellers bestehen.

Der „*instrumentality*"-Ansatz wurde ursprünglich für Fälle entwickelt, in denen es um die Frage nach der direkten Haftung einer Muttergesellschaft für die Schulden der Tochtergesellschaft ging[61]. Heute wird er auch außerhalb solcher Situationen angewandt, wann immer die Beherrschung einer Gesellschaft in Frage steht.

a) Übermäßige Beherrschung

Im Rahmen des ersten Elements untersuchen die Gerichte bestimmte Aspekte der Führung und des Betriebs (*operation*) einer Gesellschaft, die mit Indizien für eine eigenständige Existenz der Gesellschaft (*indicia of separate existence*) umschrieben werden können. Beispielhaft sind hier die Erfüllung gesellschaftsrechtlicher Formalitäten (*compliance with corporate formalities*), Aufrechterhalten der üblichen Buchführung (*maintenance of customary books and records*) oder auch das Vermischen von Kapital und Vermögenswerten (*intermingling of funds and assets*) zu nennen. Anhand dieser Kriterien wird untersucht, ob die Gesellschaft übermäßig kontrolliert und beherrscht wurde.
Zwischen den Gerichten besteht jedoch Uneinigkeit, welche Voraussetzungen im einzelnen vorliegen müssen, damit von einer solchen haftungsbegründenden übermäßigen Beherrschung gesprochen werden kann. Zum Teil wird gefordert, daß ein so schwerwiegender Eingriff in die Entscheidungsfindung der beherrschten Gesellschaft vorliegen müsse, daß ihre eigenständige Existenz als zerstört anzusehen sei[62]. An anderer Stelle wiederum soll es ausreichen, daß der beherrschende Gesellschafter zwar direkte Entscheidungen für die Gesellschaft trifft, letztere aber ansonsten noch eine eigenständige Gesellschaft darstelle[63].

---

61 Lowendahl v. Baltimore & Ohio Railroad, 247 A.D. 144, 287 N.Y.S. 62 aff'd, 272 N.Y. 360, 6 N.E.2d 56 (1936).
62 Vgl. BLUMBERG, Substantive Law, S. 115.
63 Vgl. VOGEL, Haftung der Muttergesellschaft, S. 73; BLUMBERG / STRASSER, in: Protecting the Corporate Parent, S. 175, 198.

Als gesichert gilt nur, daß selbst ein 100% iges Anteilseigentum an der beherrschten Gesellschaft allein nicht ausreicht, um einen Durchgriff zu rechtfertigen[64]. Gleiches gilt für die Personengleichheit von *officers* und *directors* von beherrschter und beherrschender Gesellschaft[65].

Eine übermäßige Beherrschung ist das wichtigste Element des „*instrumentality*"-Tests. Einige Gerichte weisen der Beherrschung sogar eine so große Bedeutung zu, daß sie auf den Nachweis der weiteren Prüfungspunkte des „*instrumentality*"-Tests verzichten bzw. von der übermäßigen Beherrschung auf unzulässige Vermögenstransfers von der Gesellschaft zu dem herrschenden Gesellschafter schließen, so daß ein darüber hinausgehender Nachweis eines unbilligen Verhaltens nicht erforderlich ist[66].

b) Widerrechtliches oder unbilliges Verhalten

Neben einer übermäßigen Kontrolle erfordert die Bejahung des „*instrumentality*"-Ansatzes das Vorliegen eines widerrechtlichen oder unbilligen Verhaltens, das zu einer ungerechtfertigten Benachteiligung der abhängigen Gesellschaft geführt hat. Unter den Gerichten besteht weitestgehend Übereinstimmung, daß unter den Begriff des widerrechtlichen oder unbilligen Verhaltens nicht nur die Begehung von Betrug fällt, sondern auch die Verletzung oder Umgehung eines Gesetzes sowie jedes unbillige Verhalten, das die Rechte des Gläubigers verletzt[67]. Zu den in diesem Zusammenhang am häufigsten genannten Verhaltensweisen gehört das Abziehen von Vermögenswerten der beherrschten Gesellschaft ohne adäquate Gegenleistung (*asset-stripping*). In Betracht kommt darüber hinaus eine Unterkapitalisierung der Gesellschaft, das Absaugen von Gesellschaftskapital (*siphoning of corporate funds*) oder auch der Mißbrauch der Ressourcen einer Tochtergesellschaft zum Vorteil der Muttergesellschaft.

---

[64] United States v. Jon-T Chemical, Inc.,786 F.2d 686 (5th Cir. 1975); American Trading & Production Corp. v. Fischbach & Moore Inc., 311 F.Supp. 412 (N.D. Ill. 1970).
[65] WINTER, Schutz von Gläubigern, S. 48 mit weiteren Verweisen.
[66] Siehe die Nachweise bei BLUMBERG, Substantive Law, S. 388.
[67] Eine Ausnahme gilt in Maryland, wo an einen Durchgriff besonders strenge Voraussetzungen gestellt werden. Ein Durchgriff ist nur zulässig „where it is necessary to prevent fraud or to enforce a paramount equity". Vgl. BLUMBERG, Substantive Law, S. 400.

c) *Kausalität*

In einem weiteren Schritt wird überprüft, ob die übermäßige Beherrschung der Gesellschaft und das widerrechtliche bzw. unbillige Verhalten des Gesellschafters den beklagten Schaden adäquat kausal verursacht haben. Einige Gerichte sehen eine solche Kausalität bereits als erwiesen an, wenn die Gesellschaft insolvent ist[68]. Da eine Klage auf Durchgriffshaftung auf den Gesellschafter wohl meistens erst angestrengt werden wird, wenn die Gesellschaft selbst nicht mehr in der Lage ist, die Forderungen der Gläubiger zu befriedigen, wird in den überwiegenden Fällen des *piercing the corporate veil* eine Insolvenz der beherrschten Gesellschaft vorliegen. Eine derart weite Interpretation des dritten Elements kommt wohl einer Aufhebung dieser dritten Stufe gleich[69].

2. *Der „alter ego"-Ansatz*

Der andere in der Rechtsprechung häufig verwendete Test ist der sog. „*alter ego*"-Ansatz (oder auch „*two prong*"-Test). Ausgangspunkt ist die Frage, inwieweit eine Gesellschaft nur noch als das *alter ego* des Gesellschafters angesehen werden kann, d.h. inwieweit eine Übereinstimmung zwischen den Interessen der Gesellschaft und der Gesellschafter besteht, so daß von der Gesellschaft als eigenständigem Rechtssubjekt nicht mehr gesprochen werden kann und ein Festhalten an ihrer Selbständigkeit unbillig wäre[70].

Eine Gesellschaft wird als das *alter ego* des Gesellschafters angesehen, wenn

(a) eine Interesseneinheit zwischen Gesellschaft und Gesellschaftern besteht, die zu einer Aufhebung der Trennung zwischen den beiden Rechtssubjekten führt

und

(b) ihre Anerkennung als getrennte Rechtssubjekte betrügerische Handlungen und ungerechte Rechtsergebnisse begünstigen würde.[71]

---

[68] Vgl. etwa die Entscheidung La Salle Bank, Holcomb, Wegerer v. First Commodity Corp., 744 F.2d 719 (10th Cir. 1984); United National Records, Inc. v. MCA, Inc., 609 F.Supp. 33, 39 (N.D. Ill. 1984).

[69] BLUMBERG, Substantive Law, S. 117; WINTER, Schutz von Gläubigern, S. 57.

[70] Der „*alter ego*"-Test wurde insbesondere von den kalifornischen Gerichten entwickelt, siehe Automoritz Del Golfo De California v. Resnick, 47 Cal.2d 792, 306 P.2d 1, 4 (1957).

[71] „Such unity of interest and ownership between the shareholders and their entity, so that a separation of them no longer exists and that the recognition of them as separate entities would sanction a fraud or promote injusti-

Der *„alter ego"*-Ansatz besteht im Gegensatz zur *„instrumentality"*-Doktrin aus nur zwei Elementen. Auch spricht er nicht von einer übermäßigen Ausübung von Kontrolle (*„excessive exercise of control"*), sondern von einer Interessen- und Eigentumseinheit (*„unity of interest and ownership"*). In der Sache jedoch unterscheiden sich die Ansätze nicht. Es soll daher hier nur ein kurzer Überblick gegeben werden

a) Interessen- und Eigentumseinheit

Die erforderliche Interessen- und Eigentumseinheit zwischen Gesellschaft und Gesellschafter liegt insbesondere vor, wenn die Gesellschaft von dem Mehrheitsgesellschafter beherrscht wird. Wann von einer Beherrschung in diesem Sinne auszugehen ist, wird auch hier nicht abstrakt definiert, sondern kann nur unter Berücksichtigung vieler Faktoren bestimmt werden[72]. Von Bedeutung ist z.B. das Innehaben der Mehrheit der Anteile einer Gesellschaft, Personengleichheit von *officers* und *directors* in beherrschender und beherrschter Gesellschaft, Mißachtung der gesellschaftsrechtlichen Formalitäten oder die unautorisierte Verwendung des Vermögens zu gesellschaftsfremden Zwecken.

b) Begünstigung unbilliger Rechtsergebnisse

In einer zweiten Stufe prüft der *„alter ego"*-Ansatz, welche Folgen die Interessen- und Eigentumseinheit zwischen Gesellschaft und Gesellschafter auf die Forderungen des Gläubigers hat. Würde die Interesseneinheit zu einer Gefährdung der Gläubigerpositionen führen, würde ein weiteres Festhalten an der Haftungstrennung zu einem unbilligen Ergebnis führen und eine Durchgriffshaftung wäre gerechtfertigt.

---

ce", vgl. z.B. United Equitable Life Ins. Co. v. Trans Global Corp., 679 F.Supp. 769 (N.D. Ill. 1988); Drilcon, Inc. v. Roil Energy Corp., 749 P.2d 1058, 1063 (Mont. 1988); Laya v. Erin Homes, Inc., 352 S.E.2d 93 (W. Va. 1986).

[72] Vgl. die beispielhafte Aufstellung in der Entscheidung Associated Vendors, Inc. v. Oakland Meat Co., 26 Cal.Rptr. 806, 814 (1963).

c) Nähe zum „instrumentality"-Ansatz

Der zweistufige *„alter ego"*-Test mag in seiner theoretischen Formulierung auf den ersten Blick dem *„instrumentality"*-Ansatz nicht sehr ähnlich erscheinen. In ihrer praktischen Anwendung sind die beiden Ansätze jedoch nahezu identisch.

In einer ersten Stufe verlangen sie die Beherrschung einer Gesellschaft durch ihren Mehrheitsgesellschafter. Spricht der *„alter ego"*-Ansatz auch von einer Interessen- und Eigentumseinheit von Gesellschaft und Gesellschafter, so wird dieses Element in der Regel durch eine Beherrschung der Gesellschaft gezeigt[73].

Darüber hinaus erfordern beide Ansätze ein unbilliges bzw. widerrechtliches Verhalten, das zu Nachteilen beim Gläubiger führt.

Aufgrund dieser Ähnlichkeit werden die Ansätze auch von der Rechtsprechung nicht auseinandergehalten und als austauschbar behandelt[74].

Dies führt dazu, daß sich einige Gerichte zwar auf die *„alter ego"*-Theorie berufen, hierbei aber die formellen Voraussetzungen des *„instrumentality"*-Ansatzes nennen oder daß die Gerichte zu Beginn des Urteils beide Theorien heranziehen[75]. Dementsprechend sind die Kriterien, die von den Gerichten als Indizien herangezogen werden, bei beiden Tests sehr ähnlich.

3. „Sham" oder „shell" Corporation

Einige Gerichte wollen einen Durchgriff bereits zu lassen, wenn ein Gesellschafter eine Gesellschaft so übermäßig kontrolliert und beherrscht, daß es der Gesellschaft an jeglicher Eigenständigkeit gegenüber ihren Gesellschaftern fehlt[76]. Die Gesellschaft sei in einem solchen Fall als reine *„sham"* oder *„shell"* anzusehen, so daß ihr die Anerkennung als eigenständige Gesellschaft verweigert werden müsse. Die Gerichte fordern bei einem solch hohen Grad an Beherrschung kein unbilliges Verhalten als zweites Element ihrer Prüfung. Es reicht hier

---

[73] WINTER, Schutz von Gläubigern, S. 59.

[74] Vgl. Wm. Passalacqua Builders, Inc. v. Resnick Developers South, Inc., 933 F.2d. 131, 138 (2d Cir. 1991).

[75] Baker v. Caravan Moving Comp., 561 F.Supp. 337, 340; Sabine Towing & Transp. Comp. v. Merit Ventures, Inc., 575 F. Supp. 1442, 1446 (E.D. Tex. 1983).

schon die übermäßige Beherrschung aus, um den Gesellschafter persönlich haftbar zu machen. Ein zusätzliches unbilliges Verhalten wird nicht gefordert[77].
Dieser Ansicht folgen sogar Gerichte, die grundsätzlich die „*instrumentality*"-Theorie oder den „*alter ego*"-Ansatz anwenden[78].

4. Die „identity" - Theorie

Neben der „*instrumentality*"- und der „*alter ego*"-Doktrin berufen sich einzelne Gerichte auf einen weiteren Test, die sog. „*identity*"-Doktrin[79]. Danach soll solange an der Haftungstrennung zwischen Gesellschaft und Gesellschafter festgehalten werden, wie diese nicht als identisch anzusehen sind. Von besonderer Bedeutung sei diesbezüglich die wirtschaftliche Integration von Gesellschaft und Gesellschafter. Da die Frage nach der wirtschaftlichen Integration, d.h. die Frage, ob die Gesellschaft und der Gesellschafter nicht derart verflochten sind, daß sie ein großes, wirtschaftlich zusammengehörendes Unternehmen darstellen, aber wohl in weiten Bereichen mit der Frage nach der übermäßigen Beherrschung einer Gesellschaft übereinstimmen wird[80], weist die „*identity*"-Doktrin große Ähnlichkeit mit der „*instrumentality*"-Doktrin auf. Wegen dieser starken Ähnlichkeit und seiner seltenen Anwendung soll der „*identity*"-Ansatz hier nicht weiter behandelt werden.

5. Die „agency" - Theorie

In einigen Fällen kann die Beherrschung einer Gesellschaft durch einen Gesellschafter und die Einmischung eines Gesellschafters in die Geschäftsführung der Gesellschaft eine solche Intensität erreichen, daß die Beziehung zwischen Gesellschaft und Gesellschafter einem

---

[76] May v. Club Med Sales, Inc., 832 F.Supp. 937 (E.D. Pa. 1993); Team Central, Inc. v. Teamco, Inc., 271 N.W.2d 914 (Iowa 1978).
[77] BLUMBERG, Substantive Law, S. 123.
[78] Wegerer v. First Commodity Corp., 744 F.2d 719 (10th Cir. 1984); FMC Fin. Corp. v. Murphee, 632 F.2d 413 (5th Cir. 1980).
[79] Vgl. z.B. Zaist v. Olson, 154 Conn. 563, 576, 227 A.2d 552, 558 (1967); Hess v. L.G. Balfour Co., 822 F.Supp. 84 (D. Conn. 1993).
[80] VOGEL, Haftung der Muttergesellschaft, S. 79; BLUMBERG, Substantive Law, S. 122.

Vertretungsverhältnis gleicht[81]. Die intensive Beherrschung entspricht dann den Voraussetzungen, die für ein implizites Vertretungsverhältnis erforderlich sind. Die von der Gesellschaft eingegangenen Verpflichtungen wirken dann direkt für und gegen den Gesellschafter. Im Rahmen eines solchen Vertretungsverhältnisses haftet der Gesellschafter für die Verpflichtungen der Gesellschaft, ohne daß es eines Durchgriffs bedarf[82].
Auch im Zusammenhang mit *piercing the corporate veil* - Entscheidungen sprechen einige Gerichte von „*agency*". Ist ein Verhältnis zwischen Gesellschaft und Gesellschafter nicht intensiv genug, um auf ein Stellvertretungsverhältnis zu schließen, so soll nach diesen Entscheidungen eine Haftung nach den Grundsätzen der Doktrin des *piercing the corporate veil* in Betracht kommen[83]. Es ist jedoch zu bedenken, daß es für die Begründung eines Vertretungsverhältnisses einer Vereinbarung zwischen Vertreter und Vertretenem bedarf, an der es im Verhältnis Gesellschaft - Gesellschafter in der Regel fehlen wird[84]. Eine Gesellschaft handelt grundsätzlich für sich selbst und nicht für ihren Gesellschafter, so daß nicht von einer „*principal - agent*" Beziehung zwischen dem Gesellschafter und der Gesellschaft ausgegangen werden kann[85]. In der überwiegenden Zahl der Fälle verwenden die Gerichte daher den Begriff des „*agent*" oder „*agency*" nur als eine weitere Metapher, mit der sie ihre Entscheidungen für einen Haftungsdurchgriff begründen[86]. Er ist nur als ein weiteres Synonym für „*alter ego*", „*instrumentality*", „*adjunct*", „*puppet*" oder „*tool*" anzusehen.

II. Richtlinien - *evidentiary guidelines*

Da auch die oben dargestellten „*tests*" wenig hilfreich in der genauen Bestimmung der Voraussetzungen der Durchgriffshaftung sind, hat schon POWELL sog. „*evidentiary guidelines*" zusammengetragen. Er erstellte eine Liste mit Faktoren, deren Vorliegen als Indiz dafür ge-

---

[81] „*agency*", Stellvertretung.
Vgl. NACKE, Durchgriffshaftung, S. 130; Berkey v. Third Ave Railway Co., 244 N.Y. 84, 155 N.E. 58, 61 (1926).
[82] HENN / ALEXANDER, Laws of Corporations, S. 356.
[83] WINTER, Schutz von Gläubigern, S. 61.
[84] BLUMBERG, Substantive Law, S. 126.
[85] VOGEL, Haftung der Muttergesellschaft, S. 82; BLUMBERG / STRASSER, in: Protecting the Corporate Parent, S. 175, 202.
[86] So auch in der Entscheidung Berkey v. Third Ave. Railway Co., 244 N.Y. 84, 155 N.E. 58 (1926).

wertet wurde, daß eine Trennung zwischen Gesellschaft und Gesellschafter nicht bestand[87]. Nach dieser Liste war im Verhältnis zwischen Mutter- und Tochtergesellschaft insbesondere von Bedeutung:

(1) Die Muttergesellschaft hält alle oder die überwiegende Anzahl der Anteile der Tochtergesellschaft.

(2) Mutter- und Tochtergesellschaft haben dieselben Leitungsorgane.

(3) Die Tochtergesellschaft ist finanziell abhängig von der Muttergesellschaft.

(4) Die Gründung der Tochtergesellschaft wird von der Mutter veranlaßt.

(5) Die Tochtergesellschaft ist erheblich unterkapitalisiert

(6) Gehälter, Aufwendungen und Verluste der Tochter werden von der Mutter übernommen.

(7) Die Tochtergesellschaft unterhält Geschäftsbeziehungen grundsätzlich nur mit der Muttergesellschaft und bezieht ihr Betriebsvermögen ausschließlich von dieser.

(8) Die Tochter wird nach außen hin als Betriebsabteilung der Mutter bezeichnet.

(9) Die Muttergesellschaft behandelt das Eigentum der Tochter als ihr gehörend.

(10) Die Leitungsorgane der Tochter verfolgen - auf Weisung der Mutter - nicht die Interessen der eigenen Gesellschaft, sondern die der Muttergesellschaft.

(11) Die gesellschaftsrechtlichen Formalitäten wurden in der Tochtergesellschaft nicht eingehalten.

Der von POWELL erstellte Indizienkatalog ist in den Folgejahren erweitert und konkretisiert worden[88]. Jedoch sind auch diese Richtlinien nur eine Hilfe bei der Entscheidungsfindung. Ausschlaggebend ist nach wie vor eine Würdigung der Gesamtumstände und die Suche nach der Gerechtigkeit im Einzelfall[89].

---

[87] POWELL, Parent and Subsidiary Corporations, S. 8 - 24.
Derartige Aufstellungen einzelner Faktoren werden teilweise auch als „*laundry lists*" bezeichnet. Vgl. ANTUNES, Liability of Corporate Groups, S. 246.

[88] Eine bekannte Aufstellung findet sich z.B. in der Entscheidung DeWitt Truck Brokers, Inc. v. W. Ray Flemming Fruit Co., 540 F.2d 681 (4th Cir. 1976).

III. Rechtsfolgen

Liegen die Voraussetzungen der Durchgriffshaftung vor, so wird auf den Gesellschafter durchgegriffen und haftet dieser persönlich mit seinem Privatvermögen. Es wird die Haftungstrennung zwischen der Gesellschaft und dem Gesellschafter durchbrochen und die beiden Rechtssubjekte werden ausnahmsweise wie eine Rechtsperson behandelt. Die Durchgriffshaftung hat aber nicht eine vollständige Auflösung der Trennung zwischen Gesellschaft und Gesellschafter zur Folge. Der Durchgriff auf den Gesellschafter wird nur für diesen einen zur Entscheidung stehenden Fall gestattet. Ansonsten handelt es sich weiterhin um getrennte Rechtssubjekte[90]. Auch geht aus der Bewilligung des Durchgriffs nicht hervor, daß dieses Ergebnis in einem anderen Rechtsgebiet, dem andere rechtspolitische Ziele und Problemstellungen zugrunde liegen, ebenfalls ergehen würde[91].

Grundsätzlich trifft nur den Gesellschafter eine private Haftung, der für das Vorliegen der einzelnen Elemente durch sein Verhalten beigetragen hat[92].
Ein Durchgriff kommt sowohl vertikal, also als Durchgriff von der Tochter- auf die Muttergesellschaft, als auch horizontal, d.h. zwischen zwei oder mehreren Schwestergesellschaften in Betracht.
Darüber hinaus haben die Gerichte auch schon einen gesellschafterfreundlichen Durchgriff und somit eine Außerachtlassung der Haftungstrennung zu Gunsten der Gesellschafter anerkannt[93]. Die Gerichte sind hierzu aber meist nur zögerlich bereit, da grundsätzlich gilt, daß die

---

[89] BLUMBERG / STRASSER, in: Protecting the Corporate Parent, S. 175, 203.
[90] „It is not that a corporation will be held liable for the acts of another corporation because there is really only one corporation. Rather, it is that under certain cirumstances a hole will be drilled in the wall of limited liability erected by the corporate form; for all other purposes other than that for which the hole was drilled, the wall still stands. When it is claimed that a parent corporation should be held liable because it is the alter ego of its subsidiary, equity commands that the wall be breached. Yet the wall remains: the parent is liable through the acts of the subsidiary but as a separate legal entity. A judgement obtained against a corporation and its alter ego is enforceable against both separately," Mesler v. Bragg Management Co., 216 Cal Rptr. 443, 449, 702 P.2d 601, 607 (1985); ebenso Lumpkin v. Environdyne Indus., Inc., 933 F.2d 449 (7th Cir. 1991).
[91] BLUMBERG, Substantive Law, S. 132.
[92] "Shareholders who are not active in business and have not acted to disadvantage the creditors are less likely to be personally liable than those whose actions resulted in a depletion of assets";
„A shareholder may become liable by reason of his own acts or conducts.", RMBCA § 6. 22.
[93] Z.B. Cargill, Inc. v. Hedge, 375 N.W.2d 477 (1985).
Dieser Entscheidung lag folgender Sachverhalt zugrunde:
Das Ehepaar Hedge kaufte eine Farm mit 160 Morgen Land. Die Farm wurde als Familienfarm (Hedge Farm, Inc.) organisiert. 1982 mußte die Farm zwangsversteigert werden. Das Gericht billigte den Eheleuten aber das sog. „Heimstättenprivileg" zu.

Gesellschafter, wenn sie einerseits in den Genuß aller Vorteile einer Inkorporierung kommen, auch ihre Nachteile tragen müssen[94].

IV. Zusammenfassung

In der Rechtsprechung ist erkannt worden, daß ein unbedingtes Festhalten an der beschränkten Haftung zu unbilligen Ergebnissen im Einzelfall führen kann. Die Gerichte haben daher in ihren Entscheidungen mit der Doktrin des *piercing the corporate veil* ein Rechtsinstitut entwickelt, das in Einzelfällen eine Mißachtung der beschränkten Haftung zuläßt. Es handelt sich hierbei um Billigkeitsrecht, das in seinen Voraussetzungen nur grob umrissen ist. Der kalifornische „*alter ego*"-Ansatz läßt weder in seiner allgemeinen Formulierung, noch aufgrund einzelner von den Gerichten genannter Faktoren eine zuverlässige Prognose zu, zu welchem Ergebnis er bei seiner Anwendung auf den konkreten Fall gelangen wird. Auch der „*instrumentality*"-Test hilft bei der Frage, wie viele Faktoren und in welcher Kombination zur Begründung einer Haftung der Muttergesellschaft erfüllt sein müssen, nicht weiter.

Dieser Umstand wird wohl auf das Bestreben der Gerichte zurückzuführen sein, den Charakter der Doktrin des *piercing the corporate veil* als Billigkeitsrecht beizubehalten. Insbesondere die Nähe zum Betrug vieler Handlungen, die den Entscheidungen zugrunde liegen, hat die Gerichte wohl zögern lassen, fest umschriebene Regeln zu erlassen und so wiederum Schlupflöcher für Umgehungsversuche zu eröffnen.

Dieses Heimstättenprivileg besagt, daß von einer Zwangsversteigerung das Haus ausgenommen werden muß, das der Schuldner bewohnt und dessen Eigentümer er ist. Dazu gehört auch das Land, auf dem das Haus steht. In ländlichen Gegenden können dies bis zu 80 Morgen Land sein. (Siehe Minn. Stat. § 510.01 (1984)).
Die Hedge Farm, Inc. konnte aber ein solches Heimstättenprivileg nicht geltend machen, da sie als Gesellschaft eine Heimstätte nicht benötigte. Die einzige Gesellschafterin, Annette Hedge, war dagegen nicht Schuldnerin, so daß ihr das Privileg nicht zustand. Um sie dennoch in die Vorteile des Heimstättenprivilegs zu bringen, ließ das Gericht einen gesellschafterfreundlichen Durchgriff zu (*reverse pierce of the corporate veil*).

[94] HENN / ALEXANDER, Laws of Corporations, S. 346, Fn. 8.

C. *Behandlung in der Literatur*

In der US - amerikanischen Rechtsliteratur ist gerade in den letzten Jahren das Problem des *piercing the corporate veil* wieder verstärkt behandelt worden[95]. Es sind hierbei zwei grundsätzliche Strömungen zu erkennen, die das Problem einer Durchgriffshaftung von unterschiedlichen Ansatzpunkten aus betrachten. Gemeinsam ist diesen beiden Strömungen, daß sie insoweit der Rechtsprechung zum *piercing the corporate veil* folgen, als sie ebenfalls eine Durchbrechung des Grundsatzes der Haftungstrennung und der beschränkten Haftung in Einzelfällen für notwendig und gerechtfertigt erachten. Die Ergebnisse der herkömmlichen Doktrin werden auch von ihnen nicht grundsätzlich in Frage gestellt. Jedoch sehen die verschiedenen Stimmen in der Literatur die Nachteile der Rechtsprechung, die mit ihren weiten Formulierungen der sogenannten *tests* zu ungenau und wenig vorhersehbar ist. Sie versuchen daher genauere Voraussetzungen und rationalere, zum Teil auch dogmatischere Begründungen für einen Haftungsdurchgriff zu formulieren.

Der traditionellere Begründungsansatz wird von den Stimmen erbracht, die hier die Vertreter der Mißbrauchstheorien genannt werden sollen.[96]. Sie suchen die Rechtfertigung einer Durchbrechung der beschränkten Haftung in rechtspolitischen Erwägungen. Sie sehen die Möglichkeit der Gründung einer Gesellschaft und der damit verbundenen beschränkten Haftung als ein vom Staat verliehenes Privileg an („*privilege theory*"). Der Gesetzgeber verleihe dieses Privileg, weil er damit bestimmte (sozial-) politische Ziele verfolge. Handele jemand entgegen diesen politischen Zielen und mißbrauche das Rechtsinstitut der Gesellschaft und der beschränkten Haftung, so dürfe es ihm nicht möglich sein, sich auf die beschränkte Haftung zu berufen und der Grundsatz der Haftungstrennung müsse durchbrochen werden.

Einen anderen Ansatz verfolgen die Vertreter der ökonomischen Analyse des Rechts, die die beschränkte Haftung und ihre Durchbrechung aus wirtschaftlicher Sicht betrachten.

---

[95] Vgl. beispielhaft die Abhandlungen bei HANSMANN / KRAAKMAN, 100 Yale L. J. 1879 (1991); THOMPSON, 76 Cornell L. Rev. 1036 (1991); derselbe, 47 Vand. L. Rev. 1 (1994); LEEBRON, 91 Colum. L. Rev. 1565 (1992); PRESSER, 87 Nw. U. L. Rev. 148 (1992), OSTAS, 36 Am. Bus. L. J. 193 (1998).

Die unterschiedlichen Strömungen lassen sich aus einem unterschiedlichen Verständnis der Rechtsform der Gesellschaft heraus erklären[97]. Da sie die Berechtigung einer Gesellschaft und ihren Ursprung unterschiedlich herleiten, kommen sie zu unterschiedlichen Ergebnissen, wann die Nichtbeachtung der gesellschaftsrechtlichen Form und damit auch der beschränkten Haftung als möglich und gerechtfertigt anzusehen ist[98].

I. Vertreter der Mißbrauchstheorien

Die Vertreter der Theorien, die hier „Mißbrauchstheorien“ genannt werden sollen, sehen die Möglichkeit der Inkorporierung und die damit einhergehenden Rechte als ein vom Staat verliehenes Privileg an. Dieses Privileg ermögliche es, eine „künstliche Einheit“, einen Zusammenschluß von Individuen in Form einer Gesellschaft zu schaffen, die unabhängig von den sie bildenden Individuen selbst handlungsfähig sei[99].

Dieses Recht der Inkorporierung bringe aber gleichzeitig die Verpflichtung mit sich, das öffentliche Wohl zu fördern und alles zu unterlassen, was den mit der Inkorporierung verfolgten Zielen zuwiderlaufe.

Der Staat ermögliche die Gründung einer Gesellschaft und die Zulassung und Anerkennung der beschränkten Haftung nur, weil er damit bestimmte (sozial-) politische Ziele verfolge und sich insgesamt eine Steigerung des Gemeinwohls verspreche. Es dürfe sich daher nur derjenige auf das Privileg der Inkorporierung und die damit verbundenen Rechten berufen, der sich in Übereinstimmung mit den angestrebten politischen Zielen und Zwecken verhalte. Mißachte jemand diese Ziele, so dürfe es ihm nicht möglich sein, sich hinter die Gesellschaft zurückziehen. In diesen Fällen müsse so gehandelt werden, als wenn keine Gesellschaft und damit auch keine beschränkte Haftung bestünde.

Die Voraussetzungen des *piercing the corporate veil* bestimmen sie folglich danach, welches politische Ziel die einzelnen Vertreter sie als hinter der beschränkten Haftung stehend sehen.

---

[96] Hierzu gehören LANDERS, CLARK, WORMSER, CARDOZO, in Ansätzen auch PRESSER.

[97] Eine Darstellunge verschiedener Theorien zur beschränkten Haftung findet sich bei RIBSTEIN, 50 Md L. Rev. 80 (1991) sowie bei HAMILTON, Corporations, S. 12 ff..

[98] Vgl. bei PRESSER, Piercing the Corporate Veil, S. 1-8.

[99] LANDERS, 42 U. Chi. L. Rev. 589, 618 (1975).

1. Der „viability - procedural observance"-Ansatz von LANDERS

Auch LANDERS[100] ist der Ansicht, daß der Gesetzgeber, als er die Möglichkeit der Inkorporierung und der daran geknüpften Vorteile gewährte, ein bestimmtes Leitbild einer Gesellschaft vor Augen gehabt habe und daß ein signifikantes Abweichen von diesem Leitbild zu einem Verlust des wichtigsten Vorteils der Inkorporierung, nämlich der beschränkten Haftung führen müsse[101].

Als Teil seiner Begründung untersucht LANDERS zunächst den Willen des historischen Gesetzgebers. Als der Gesetzgeber gegen Ende des 19. Jahrhunderts die beschränkte Haftung gesetzlich verankerte, habe er das Ziel verfolgt, Kapitalinvestitionen zu fördern. Die beschränkte Haftung habe einen Anreiz für Privatpersonen bilden sollen, Kapital zu investieren, indem ihnen zugesichert worden sei, daß sie lediglich das Risiko des Verlusts ihres investierten Kapitals, nicht aber auch ihres gesamten Privatvermögens eingingen.

Der Gesetzgeber sei damit von dem Bild eines Privatmannes ausgegangen, der Kapital in eine Gesellschaft einbringe, an der Unternehmensführung in der Regel aber selbst nicht beteiligt sei[102]. Nicht im Blick habe er aber eine Muttergesellschaft gehabt, die durch die Gründung einer Tochtergesellschaft eine zusätzliche Schicht beschränkter Haftung errichte. Der Gesetzgeber habe demnach den privaten Investor, nicht aber Gesellschaften einer Unternehmensgruppe schützen wollen[103]. Innerhalb von Unternehmensgruppen bestehe neben der doppelten Haftungsbeschränkung in der Regel das Problem, daß die abhängige Gesellschaft auf das Konzerninteresse ausgerichtet werde und nicht mehr der wirtschaftliche Vorteil der Tochtergesellschaft und ihre wirtschaftliche Überlebensfähigkeit im Vordergrund stehe. Hierdurch trete eine besondere Gläubigergefährdung ein[104].

---

[100] LANDERS, 42 U. Chi. L. Rev. 589 (1975). Dieser Aufsatz ist Teil eines bekannten Streitgesprächs, das LANDERS in Form einer Aufsatzreihe in der University of Chicago Law Review mit POSNER führte.
Vgl. hierzu auch POSNER, 43 U.Chi. L. Rev. 499 (1976); LANDERS, 43 U. Chi. L. Rev. 527 (1976).

[101] „This hypothesis assumes that there is a model of corporateness inherent in the legislative grant of corporate personality, a significant departure from which would cause the loss of that aspect of corporateness known as limited liability", LANDERS, 42 U. Chi. L. Rev. 589, 621 (1975).

[102] LANDERS, 42 U. Chi. L. Rev. 589, 618 (1975).

[103] LANDERS, 42 U. Chi. L. Rev. 589, 619 (1975).

[104] LANDERS, 42 U. Chi. L. Rev. 589, 624 (1975).
Diese Ausrichtung einer abhängigen Gesellschaft auf das Konzerninteresse wird auch im deutschen Recht als eine der größten Gefahren der Konzernabhängigkeit einer Gesellschaft angesehen und bildet den Hauptrechtfertigungsgrund für die deutsche Konzernhaftung. Vgl. im 2. Teil, 1. Kapitel A.

Diese historische Betrachtungsweise zeige, daß mit der beschränkten Haftung niemals das Ziel verfolgt worden sei, eine Muttergesellschaft vor einer Haftung für die Schulden der Tochtergesellschaft zu schützen[105].

Heute sei eine solch enge Auslegung jedoch nicht mehr vertretbar. Der Wille des Gesetzgebers sei heutzutage eher dahingehend auszulegen, daß in bestimmten Fällen die Gründung einzelner Gesellschaften auch innerhalb einer Unternehmensgruppe und damit die Berufung auf die beschränkte Haftung im Verhältnis unter den Gesellschaften zulässig sei.

Nach wie vor könne dem Gesetzgeber aber sicherlich nicht unterstellt werden, daß er über die beschränkte Haftung die Aufsplittung eines einheitlichen Unternehmens in eine Vielzahl kleinerer, miteinander verbundener Gesellschaften habe ermöglichen wollen. Dieses sei ein typischer Fall des Mißbrauchs der Rechtsform der Gesellschaft und der damit verknüpften beschränkten Haftung. Die beschränkte Haftung müsse in diesen Fällen durchbrochen werden. Wann genau ein solcher Mißbrauchsfall vorliege, entscheidet LANDERS anhand des von ihm entwickelten „*viability procedural observance-test*“[106].

Dieser Test untersucht in zwei Stufen zum einen, ob die abhängige Gesellschaft wirtschaftlich überlebensfähig ist. In einem zweiten Schritt wird die Einhaltung gewisser gesellschaftsrechtlicher Formalitäten überprüft.

Für die wirtschaftliche Überlebensfähigkeit seien eine adäquate Kapitalisierung der Gesellschaft und die Organisation und Führung einer Tochtergesellschaft in einer Weise, die es ihr realistisch ermögliche, Gewinne zu erzielen, die maßgeblichen Kriterien. Darüber hinaus dürfe keine übermäßige Abhängigkeit der Tochtergesellschaft von der Muttergesellschaft bestehen.

Hinsichtlich der gesellschaftsrechtlichen Formalitäten müsse die Muttergesellschaft die Tochtergesellschaft wie eine selbständige Einheit behandeln. Das Vermögen und das Eigentum der Gesellschaften dürften nicht vermischt werden und die Tochtergesellschaft müsse auch nach außen hin als eine selbständige Einheit auftreten. Dieser letzte Prüfungspunkt sei insbesondere aus „estoppel“-Gründen[107] von Bedeutung, da es der Muttergesellschaft nicht möglich sein solle, einerseits die Tochtergesellschaft nach außen hin als integrierten Bestandteil ihres Unternehmens zu präsentieren und andererseits jede Verantwortung von sich zu

---

[105] LANDERS, 42 U. Chi. L. Rev. 589, 619 (1975).
[106] LANDERS, 42 U. Chi. L. Rev. 589, 622 (1975).

weisen, wenn die Gläubiger der Tochtergesellschaft ihr gegenüber versuchten, die Schulden der Tochtergesellschaft geltend zu machen.

LANDERS hebt hervor, daß dieser Test die Gerichte zwinge, die Tochtergesellschaft mit einer unabhängigen Gesellschaft zu vergleichen, ein Modell, daß der beste Maßstab für die Rechtmäßigkeit der Aktivitäten einer Gesellschaft sei. Weiche die Führung einer Gesellschaft erheblich von dieser Norm ab, so liege ein Fall des Mißbrauchs vor und die Muttergesellschaft könne sich nicht mehr auf die beschränkte Haftung berufen[108].

2. *Der „fraudulent conveyance law" - Ansatz CLARKS*

CLARK nimmt den „*instrumentality*"-Test der Rechtsprechung zum Ausgangspunkt seiner Überlegung. Er untersucht die Formulierung des Tests aus der Entscheidung Zaist v. Olson[109] und sieht hierbei das zweite Element des Tests als das Schlüsselelement an. Dieses Element sei dahingehend zu verstehen, daß ein beherrschender Gesellschafter für die Schulden der Gesellschaft persönlich hafte, wenn er die Gesellschaft dazu veranlasse, „*fraud*" oder „*wrong*" zu begehen[110]. CLARK kritisiert diese Formulierung als zu weit und unbestimmt und als nur wenig hilfreich für den Rechtsanwender. Allerdings zeige sie, daß der hinter der Durchbre-

---

[107] „Unzulässigkeit der Rechtsausübung", „Verwirkung", nach Dietl / Lorenz, Wörterbuch für Recht, Wirtschaft und Politik, Band I, Englisch - Deutsch, S. 268.

[108] LANDERS, 42 U. Chi. L. Rev. 589, 626 (1975).
Dieser Ansatz von LANDERS ist insbesondere von POSNER (43 U.Chi. L. Rev. 499 (1976)) kritisiert worden. Der Ansatz von LANDERS sei von der Ansicht geprägt, daß im Rahmen von Schuldverhältnissen grundsätzlich skrupellose Unternehmer versuchten, hilflose Gläubiger zu manipulieren. Die wirtschaftlichen Risiken eines Unternehmens würden externalisiert und auf die Gläubiger übertragen und dies alles sei durch das geltende Gesellschaftsrecht gedeckt. Nach POSNER übersieht LANDERS jedoch die grundlegenden wirtschaftlichen Zusammenhänge, die einem Schuldverhältnis zugrunde liegen und übersieht damit auch die Vorteile der beschränkten Haftung im wirtschaftlichen Gesamtgefüge.
POSNER, 43 U. Chi. L. Rev. 499, 500 (1976).

[109] 227 A.2d 552, 558 (Conn. 1967):
„The instrumentality rule requires, in any case but an express agency, proof of three elements:
(1) control and complete domination, not only of finances but of policy and business practice in respect to the transaction attacked so that the corporate entity as to this transaction had at the time no separate mind, will or existence of its own, and
(2) such control must have been used by the defendant to commit fraud or wrong, to perpetrate the violation of a statutory or other positive legal duty, or a dishonest or unjust act in contravention of a plaintiff's legal rights, and
(3) the aforesaid control and breach of duty must proximately cause the injury or unjust loss complained of... ".

[110] Weniger bedeutend sei der letzte Teil des zweiten Elements, da es in den meisten Fällen nicht um die Verletzung einer gesetzlichen oder sonstigen positiv rechtlichen Pflicht gehe. Vgl. CLARK, Corporate Law, S. 37.

chung der beschränkten Haftung stehende Gedanke der Schutz der Gläubiger vor Handlungen des Schuldners sei, durch die ihre Ansprüche gefährdet würden.
Die „*instrumentality*"-Doktrin könne man daher als ein Rechtsinstitut verstehen, das dazu diene, Gläubiger einer Gesellschaft zu schützen. Es setze damit die Ideale einer sehr alten, heute noch gültigen Rechtsdoktrin, die Ideale des *law of fraudulent conveyance* um.
Das *law of fraudulent conveyance* bestimmt das Verhältnis zwischen jeder Art von Schuldnern und Gläubigern, es ist nicht auf Gläubiger einer Gesellschaft beschränkt[111]. Es ermöglicht, Transaktionen unberücksichtigt zu lassen bzw. rückgängig zu machen, durch die der Schuldner Vermögenswerte an Dritte übereignet hat und die als fraudulös zu bewerten sind[112].
Das *law of fraudulent conveyance* ist mittlerweile sehr weitgehend konkretisiert. Seine wichtigste, wenn auch nicht einzige Kodifizierung, findet sich im Uniform Fraudulent Conveyance Act (UFCA)[113]. Es hat einen sehr weiten Anwendungsbereich, der nicht nur Eigentumsübertragungen, sondern jede Art des Vermögenstransfers oder des Eingehens von Verbindlichkeiten erfaßt[114].

CLARK faßt die Regelungen des *fraudulent conveyance law* in vier grundlegende Kategorien zusammen. Es seien dies der Grundsatz der „Wahrheit" („*truth*"), des „Vorrangs" („*primacy*"), der „Unparteilichkeit" („*evenhandedness*") und der „Nichtbehinderung" („*nonhindrance*").
Der „Grundsatz der Wahrheit" besage, daß es einem Schuldner verboten sei, einen Gläubiger über die Übertragung von Vermögenswerten anzulügen und auf diese Weise die Durchsetzung der Forderungen des Gläubigers zu verhindern. In concreto bedeute dies, daß jeder Vermögenstransfer oder jede von dem Schuldner eingegangene Verpflichtung dem Gläubiger gegenüber ohne rechtliche Wirkung sei, wenn sie mit der Absicht vorgenommen worden sei, den Gläubiger zu betrügen oder die Durchsetzung seines Anspruches zu verhindern oder hinauszuzögern[115].

---

[111] CLARK, Corporate Law, S. 38.
[112] PRESSER, Piercing the Corporate Veil, S. 1-51.
[113] Ausführlich zum UFCA und seiner Anwendung siehe ALCES, Law of Fraudulent Transactions, S. 5 ff.
[114] ALCES, Law of Fraudulent Transactions, S. 5-45; Vgl. §§ 1, 4, 6, 7 UFCA.
[115] Dieser Grundsatz findet seine konkrete Ausformulierung im UFCA in dreifacher Form:
- „Every conveyance made and every obligation incurred by a person who is or will be thereby rendered insolvent is fraudulent as to creditors without regard to his actual intent if the conveyance is made or the obligation is incurred without a fair consideration." (UFCA Sec. 4).

Das Prinzip der „*primacy*", des Vorranges, gibt CLARK mit dem Schlagwort „be just before you are generous" wieder. Gemeint sei damit, daß der Schuldner eine moralische Verpflichtung habe, zuerst rechtliche Verpflichtungen gegenüber dem Gläubiger zu erfüllen, bevor er sein Vermögen an Verwandte oder Freunde übertrage, ohne dazu rechtlich verpflichtet zu sein.

Ein weiterer Grundsatz ist das Prinzip der „*evenhandedness*", wonach ein Schuldner nicht einen seiner Gläubiger bevorzugen dürfe, wenn er insolvent werde und seine Vermögenswerte nicht mehr ausreichten, um alle Gläubiger auszuzahlen. Er dürfe dann jeden Gläubiger nur anteilig befriedigen[116].

Schließlich bestehe noch der Grundsatz der „*nonhindrance*", wonach ein Schuldner verpflichtet sei, gegen ihn bestehende Ansprüche nicht durch irgendeine Art von Vermögenstransfer zu behindern.

CLARK ist der Ansicht, daß die Mehrzahl der Entscheidungen zur Doktrin des *piercing the corporate veil* lediglich eine Anwendung dieser Grundsätze sei, ohne daß sich jedoch die Gerichte die Frage nach dem Verhältnis dieser beiden Rechsinstitute zueinander stellten[117]. Beide Rechtsinstitute dienten dem Schutz der Gläubiger. Wann immer ein Schuldner in die rechtlich vorgesehene Risikoverteilung eingreife[118], indem er betrügerisch handele, führten das *fraudulent conveyance law* und die Doktrin des *piercing the corporate veil* dazu, daß die Benachteiligung der Gläubiger wieder ausgeglichen werde[119]. Lediglich in den Fällen der

---

- „Every conveyance made without fair consideration when the person making it is engaged or is about to engage in a business or transaction for which the property remaining in his hands after the conveyance is an unreasonably small capital, is fraudulent as to creditors and as to other persons who become creditors during the continuance of such business or transaction without regard to his actual intent." (UFCA Sec. 5).
- „Every conveyance made and every obligation incurred without fair consideration when the person making the conveyance or entering into the obligation intends or believes that he will incur debts beyond his ability to pay as they mature, is fraudulent as to both present and future creditors." (UFCA Sec. 6).

[116] Der Grundsatz der *evenhandedness* wird teilweise auch als ein unabhängiges Rechtsprinzip angesehen, das selbständig neben dem *fraudulent conveyance law* zur Anwendung komme. Dies sei das *law of voidable preferences*. Eine Bevorzugung stelle keine fraudulöse Eigentumsübertragung dar und müsse daher getrennt behandelt werde. Vgl. CLARK, Corporate Law, S. 47.

[117] Meist werde die Doktrin des *piercing the corporate veil* und nicht das *law of fraudulent conveyance* angewendet, weil die Zahl der unfairen Vermögenstransaktionen groß und meist nicht mit Bestimmtheit feststellbar sei, und ein Beweis über die Unfairness in jedem einzelnen Fall äußerst schwierig oder sehr kostspielig sei. Vgl. CLARK, 90 Harv. L. Rev. 505, 541 (1977).

[118] Im Bereich der Doktrin des *piercing the corporate veil*, also im Bereich des Gesellschaftsrechts, ist diese Risikoverteilung durch den Grundsatz der beschränkten Haftung erfolgt.

[119] Allerdings haben die beiden Rechtsinstitute unterschiedliche Rechtsfolgen. Die Anwendung des *fraudulent conveyance law* führt dazu, daß der eine betrügerische Vermögenstransfer wieder rückgängig gemacht wird bzw. unberücksichtigt bleibt.

anfänglichen Unterkapitalisierung stelle die Doktrin des *piercing the corporate veil* eine Weiterentwicklung der Leitprinzipien des *fraudulent conveyance law* dar. Seien hier die Grundsätze der Wahrheit, des Vorranges und der Unparteilichkeit von nebensächlicher Bedeutung, so spiele das Ideal der Nichtbehinderung eine besondere Rolle. In den Fällen, in denen eine Durchgriffshaftung wegen anfänglicher Unterkapitalisierung bejaht werde, werde dieser Grundsatz dahingehend weiterentwickelt, daß er eine Verpflichtung beinhalte, zum Schutz der Gläubiger und ihrer Interessen eine Gesellschaft von Anfang an mit ausreichendem Kapital zu versehen.
Insbesondere PRESSER hat CLARKS *fraudulent conveyance law* -Ansatz kritisiert[120]. Zwar sei er dort hilfreich, wo eine Durchgriffshaftung wegen Vermögensvermischung *(commingling of assets)* oder Entzug von Vermögenswerten ohne adäquate Gegenleistung (*asset-siphoning*) in Betracht komme. Hier könne man fragen, wann ein Vermögenstransfer nach den Grundsätzen des *fraudulent conveyance law* als fraudulös anzusehen sei und sollte man dies bejahen, einen Haftungsdurchgriff zulassen. Ansonsten aber sei der Ansatz CLARKS zu eng. Zwar hätten sowohl das *fraudulent conveyance law* als auch die Doktrin des *piercing the corporate veil* den Schutz der Gläubiger gegenüber dem Schuldner zum Ziel. Sobald der Schuldner fraudulös handele, griffen diese beiden Rechtsinstitute ein und das Recht schaffe so einen Ausgleich für das betrügerische Handeln des Schuldners. CLARK berücksichtige aber nur betrügerisches Verhalten. Sein Ansatz sei dann nicht verwendbar, wenn ein Schuldner die Form der Gesellschaft benutze, um eine gesetzliche oder andere positivrechtliche Pflicht zu umgehen.

3. Der „demokratische" - Ansatz von PRESSER

PRESSER[121] stimmt mit den meisten Stimmen in der Literatur überein, daß der US - amerikanische Gesetzgeber mit der gesetzlichen Verankerung der beschränkten Haftung das Ziel verfolgt habe, das Aufbringen von Kapital zu unterstützen und so den wirtschaftlichen Wohlstand zu fördern. Darüber hinaus habe der Gesetzgeber jedoch mit der Zulassung der beschränkten Haftung noch einen weiteren Aspekt verfolgt. Die beschränkte Haftung sei bei

Die Doktrin des *piercing the corporate veil* führt dagegen zu einem Durchgriff auf das private Vermögen des Gesellschafters insgesamt. CLARK bezeichnet es daher als ein *„shot gun remedy"*.
120 PRESSER, Piercing the Corporate Veil, S. 1-52.
121 PRESSER, Piercing the Corporate Veil, 1997.

ihrer Einführung im 19. Jahrhundert auch Ausdruck eines krassen Individualismus gewesen, der in der Tradition amerikanischer Politik gestanden habe, gerade kleinere Unternehmer und Investoren zu unterstützen[122]. Die beschränkte Haftung habe private Investoren, die dem amerikanischen Durchschnittsbürger entsprachen, ermutigen sollen, auf den öffentlichen Kapitalmärkten zu investieren und so an dem allgemeinen Wohlstand teilzuhaben. Daneben habe man gerade kleine Unternehmer mit bescheidenen Mitteln (*modest means*) ermuntern wollen, eine eigene Gesellschaft zu gründen.

Der Gesetzgeber habe folglich mit der beschränkten Haftung nicht nur wirtschaftliche, sondern auch demokratische Ziele verfolgt[123].

PRESSER kritisiert, daß die meisten modernen Ansätze zum *piercing the corporate veil* diesen Aspekt demokratischer Erwägungen völlig übersähen.

Folge man rein wirtschaftlichen Erwägungen, so komme man schnell zu „schiefen" Ergebnissen. So komme aus rein wirtschaftlicher Sicht bei *public corporations* ein Haftungsdurchgriff schon deshalb nicht in Betracht, weil ansonsten das Funktionieren der Kapitalmärkte gefährdet sein könnte. Konsequent weiter gedacht müsse der Hauptanwendungsfall der Doktrin bei der *close corporation* liegen[124]. Ein solches Ergebnisse widerspräche nach PRESSER jedoch den demokratischen Zielen, die mit der beschränkten Haftung ebenfalls verfolgt würden und dazu führten, daß an der beschränkten Haftung insbesondere in kleinen Gesellschaften wie der *close corporation* festzuhalten sei.

Nach PRESSER liegt der Hauptanwendungsbereich der Doktrin des *piercing the corporate veil* daher nicht bei der *close corporation*, sondern bei verbundenen Gesellschaften (*parent- subsidiary combinations*).

---

[122] PRESSER, Piercing the Corporate Veil, S. 1-46.

[123] „I seek to emphasize here that the doctrine of limited liability was originally formulated, in this country, in order to implement both economic and democratic goals." PRESSER, Piercing the Corporate Veil, S. 1-4.

[124] So EASTERBROOK / FISCHEL, 52 U. Chi. L. Rev. 89, 110 (1985).

II. Vertreter der wirtschaftlichen Analyse des Rechts

Im starken Kontrast zu den Vertretern der Mißbrauchstheorien stehen die Anhänger der ökonomischen Analyse des Rechts. Sie sehen das Recht vor dem Hintergrund wirtschaftlicher Zusammenhänge[125].

Schon ihr Grundverständnis einer Gesellschaft ist ein anderes als das der Vertreter der Mißbrauchstheorien. Sie sehen die Möglichkeit der Gründung einer Gesellschaft nicht als ein vom Staat verliehenes Privileg an. Sie gehen vielmehr davon aus, daß, auch wenn ein Inkorporierungsakt beim Staat erforderlich sei, die Grundlage einer Gesellschaft ein Vertrag, ein „*contractual arrangement*" zwischen vielen Individuen sei, die sich zusammenschlössen, um eine neue Einheit zu bilden[126]. Auch die an eine Inkorporierung geknüpfte beschränkte Haftung sei somit kein vom Staat verliehenes Privileg, sondern gebe nur wieder, was die Beteiligten anderenfalls vertraglich ausgehandelt hätten[127].

Indem das *corporation law* grundsätzlich die beschränkte Haftung festlege, werde es als ein effizientes Mittel eingesetzt, um bestimmte vertragliche Vereinbarungen als den gesetzlichen Regelfall festzuhalten. Den Parteien werde auf diese Weise erspart, für jede einzelne *corporation* die entsprechenden Bestimmungen festzulegen[128].

Der Gesetzgeber fördere damit die beschränkte Haftung und lege sie gesetzlich fest, weil er sich bestimmte gesamtwirtschaftliche Vorteile von ihr erhoffe. An der beschränkten Haftung müsse daher solange festgehalten werden, wie die gesamtwirtschaftlichen Vorteile der beschränkten Haftung etwaige Nachteile überwögen. Sei dieses nicht mehr gewährleistet, lägen die Voraussetzungen der Doktrin des *piercing the corporate veil* vor.

Für die Frage, wann genau die beschränkte Haftung durchbrochen werden könne, soll daher zunächst von entscheidender Bedeutung sein, welche Vorteile der beschränkten Haftung zuerkannt und wie sie im einzelnen gewichtet würden.

In einem nächsten Schritt wird dann untersucht, ob die Vorteile der beschränkten Haftung die bestehenden Nachteile im Einzelfall noch überwiegen.

---

[125] Hierzu gehören MANNE, 53 Va. L. Rev. 259, 262-263 (1967); POSNER, 43 U. Chi. L. Rev. 499 (1976); HALPERN / TREBILCOCK / TURNBULL, 30 U. Toronto L. J. 117 (1980); EASTERBROOK / FISCHEL, 52 U. Chi. L. Rev. 89 (1985).
Für eine abweichende Meinung siehe MEINERS / MOFSKY / TOLLISON, 4 Del. J. Corp. L. 349 (1979) mit weiteren Verweisen.

[126] RIBSTEIN, 50 Md L. Rev. 80, 82 (1991).

[127] POSNER, 43 U. Chi. L. Rev. 499, 502 (1976).

1. Vorteile der beschränkten Haftung

Allgemein anerkannt ist, daß die beschränkte Haftung am Ende des 19. Jahrhunderts mit dem Ziel zugelassen wurde, Investitionen zu fördern und so dass für die neu entstandene Industriegesellschaft und die dadurch bedingten Großunternehmen erforderliche Kapital aufzubringen. Ziel war und ist es, unter dem Schutz der beschränkten Haftung passive Investoren zu ermutigen, Kapital zu investieren, ohne daß diese das Risiko eingehen müssen, ihr gesamtes privates Vermögen weitgehenden Forderungen auszusetzen[129].

a) Entwicklung öffentlicher Kapitalmärkte

Die Vertreter der *economic analysis* gehen davon aus, daß das Bestehen eines effizienten Kapitalmarktes mit den Diversifizierungs- und Liquiditätsvorteilen, die ein Investor üblicherweise von solchen Märkten erfährt, Grundvoraussetzung für ein solches Fördern von Investitionen sei[130].

aa) Diversifizierung

Investoren verringerten in der Regel das Risiko ihrer Investitionen, indem sie diversifizierte Portfolios hielten[131]. Sollte der Wert einer Investition in einer der Gesellschaften sinken, so sei die Wahrscheinlichkeit groß, daß zumindest der Wert der Anteile an einer anderen Gesellschaft des Investmentfonds steige. So würden etwaige Verluste ausgeglichen. Investoren könnten damit durch Investieren in diversifizierte Portfolios die Risiken aus branchenspezifischen Verlusten minimieren[132].

---

[128] PRESSER, Piercing the Corporate Veil, S. 1- 11; POSNER, 43 U. Chi.L. Rev. 499, 506 (1976).
[129] DYE, 45 S. Cal. L. Rev. 823, 833 (1972); THOMPSON, 76 Cornell L. Rev. 1036, 1039 (1991).
[130] THOMPSON, 76 Cornell L. Rev. 1036, 1040 (1991).
[131] POSNER, 43 U. Chi. L. Rev. 499, 502, Fn. 8 (1976).
[132] Dies bringe gleichzeitig nicht nur Vorteile für den Investor, sondern auch für die Gesellschaft, deren Anteile gekauft würden. Die Firma könne Kapital zu niedrigen Kosten erlangen, da sie die Investoren nicht in voller Höhe über einen niedrigeren Preis der Anteile für die branchenspezifischen Risiken entschädigen müsse. Vgl. GILSON / BLACK, The Essentials of Finance and Investment, S. 92.

Im Falle eines Haftungsdurchgriffs und damit im Falle unbeschränkter Haftung stehe dem Gläubiger aber nicht mehr nur das Kapital einer Gesellschaft zur Befriedigung seiner Ansprüche zur Verfügung, sondern auch das Privatvermögen der Anteilsinhaber. Investoren würden dann nicht nur das investierte Kapital riskieren, sondern auch ihr gesamtes Privatvermögen und damit auch das gesamte Aktienportfolio[133].

Dieses Risiko könne ein Anteilsinhaber auch nicht durch Diversifizierung minimieren[134]. Im Gegenteil, das Investieren in viele verschiedene Gesellschaften würde das Risiko, daß eine Gesellschaft in Konkurs gehe, eher noch erhöhen[135]. Gerade kleinere Investoren würden abgeschreckt. Das Aufbringen von Kapital, insbesondere für risikoreiche Projekte, würde schwieriger. Es würden Nachteile für die Kapitalmärkte und für die Wirtschaft insgesamt entstehen.

bb) Liquidität

Als eine weitere Voraussetzung eines effizienten Kapitalmarktes sehen die Vertreter der wirtschaftlichen Analyse des Rechts, daß das Kapitalvermögen, hier insbesondere Aktien, schnell und leicht in Cash umgeformt werden könne, die Aktien mithin liquide seien. Dieses sei jedoch nur möglich, wenn alle Aktien den gleichen Wert hätten[136]. Bei unbeschränkter Haftung wären die Aktien und ihr Wert nicht ohne weiteres austauschbar, da in dem Fall, daß ein Gläubiger nicht nur auf das Gesellschaftsvermögen, sondern auch auf das Privatvermögen der Anteilsinhaber zurückgreifen könne, der Wert einer Aktie auch immer mit dem Vermögen und der Kreditwürdigkeit ihres Inhabers bzw. der Inhaber der anderen Aktien zusammenhinge[137].

Ein potentieller Investor müßte Informationen sammeln, um die Kreditwürdigkeit der anderen Gesellschafter einschätzen zu können und herausfinden, ob die anderen Anteilsinhaber in der Lage wären, mögliche Schulden der Gesellschaft auszugleichen. Dies würde weitere zusätzli-

---

[133] MANNE, 53 Va. L. Rev. 259 (1967).

[134] EASTERBROOK / FISCHEL, 52 U. Chi. L. Rev. 89, 95 (1985). EASTERBROOKS und FISCHELS Argumente sind noch einmal in dem 1991 erschienen Buch „The Economic Structure of Corporate Law", S. 40 - 62 zusammengefaßt.

[135] THOMPSON, 47 Vand. L. Rev. 1, 17 (1994); EASTERBROOK / Fischel, 52 U. Chi. L. Rev. 89, 90 (1985).

[136] CARY / EISENBERG, Corporations, S. 187.

che Kosten verursachen[138]. Die beschränkte Haftung sei daher für den Handel mit Gesellschaftsanteilen und damit für das Funktionieren von Kapitalmärkten von großer Bedeutung. Es sei zwar möglich, die beschränkte Haftung auch auf vertraglichem Wege festzulegen, eine gesetzliche Festschreibung der beschränkten Haftung habe jedoch den Vorteil, daß keine zusätzlichen Kosten[139] für derartige Vertragsverhandlungen anfielen.

b) Keine Externalisierung von Kosten

Als häufigste Kritik an der beschränkten Haftung wird vorgebracht, daß sie zu einer Externalisierung von Kosten führe[140]. Es möge zwar richtig sein, daß die beschränkte Haftung für die Anteilsinhaber von Vorteil sei, und so Anreize biete, Anteile an Gesellschaften zu erwerben und Kapital zu investieren. Diesen Vorteilen der beschränkten Haftung für die Anteilseigner stünden jedoch große Nachteile für die Gläubiger der Gesellschaft gegenüber. Werde eine Gesellschaft zahlungsunfähig, so blieben die Forderungen der Gläubiger unerfüllt, auf das Vermögen der Anteilsinhaber aber könne nicht zurückgegriffen werden. Die beschränkte Haftung der Gesellschafter trage daher dazu bei, daß ein Teil des wirtschaftlichen Risikos auf die Gläubiger übertragen und damit externalisiert werde.

Hiergegen wehren sich jedoch die Anhänger der wirtschaftlichen Analyse des Rechts. Die Gläubiger müßten durch die beschränkte Haftung kein höheres Risiko tragen, da sie über einen höheren Zinssatz bzw. über einen höheren Preis, den die Gesellschaft für Leistungen erbringen müsse, für jedes Risiko, das sie eingingen, entschädigt würden[141]. Jede Risikoreduzierung habe auch eine Reduzierung des Zinssatzes bzw. des Preises zur Folge, was nicht automatisch im Interesse des Kreditgebers bzw. Gläubigers liegen müsse. Insoweit führe die beschränkte Haftung nicht zu einer Externalisierung von Kosten.

---

[137] THOMPSON, 47 Vand. L. Rev. 1, 18 (1994); EASTERBROOK / FISCHEL, 52 U. Chi. L. Rev. 89, 95 (1985); dieselben, The Economic Structure of Law, S. 42.

[138] Sog. „*monitoring costs*", vgl. EASTERBROOK / FISCHEL, 52 U. Chi. L. Rev. 89, 94 (1985).

[139] Sog. „*transactions costs*".

[140] LANDERS, 43 U. Chi. L. Rev. 527, 534 (1976); HANSMANN / KRAAKMAN, 100 Yale L. J. 1879 (1991).

[141] Die Zinsrate spiegelt drei Komponenten wieder:
- Kosten für risikoloses Kapital (insbesondere Ausgleich für Inflation),
- Kosten für das Risiko, das der Kreditgeber übernimmt, für den Fall, daß der Kreditnehmer unter Umständen nicht in der Lage ist, den Kredit zurückzuzahlen,
- Verwaltungskosten des Kreditgebers, die im Zusammenhang mit der Kreditvergabe entstehen. POSNER, 43 U. Chi. L. Rev. 499, 507, Fn. 17 (1976).

Darüber hinaus hätten die Firmen Anreize, sich zu Beträgen, die ihr existierendes Kapital überstiegen, zu versichern. Dieses habe den Vorteil, daß die Versicherungsgesellschaft jetzt Vertragspartner werde und der Kauf einer Versicherung somit einen Vertragsgläubiger neu schaffe. Die versicherte Gesellschaft müsse jetzt über höhere Prämien für die Risiken zahlen, die sie eingehe[142]. Die Kosten für riskante Projekte trage sie demnach in vollem Umfang selbst, so daß die gesamtwirtschaftlichen Vor- und Nachteile wieder ausgeglichen seien.

2. *Abwägung im Einzelfall*

In einem nächsten Schritt stellen die Vertreter der ökonomischen Analyse des Rechts nun die Frage, wann diese gesamtwirtschaftlichen Vorteile der beschränkten Haftung von ihren Nachteilen im Einzelfall überwogen würden und daher ein Haftungsdurchgriff zulässig sei. Dies ist die Frage nach der Schwelle, der „*moral hazard line*", von der an die beschränkte Haftung mehr Nach- als Vorteile bringe und somit Kosten zu Lasten der Allgemeinheit externalisiert würden.

Hier soll zunächst berücksichtigt werden, daß zumindest vertragsrechtliche und damit freiwillige Gläubiger („*voluntary creditors*") die Kapitalisierung der Schuldnergesellschaft und die von ihr zur Risikovorsorge veranlaßten Maßnahmen vor Abschluß des Vertrages untersuchen könnten. Sie könnten sich daher über einen höheren Preis für ihre Leistungen, über einen höheren Zinssatz oder über andere vertragliche Vereinbarungen für das von ihnen eingegangene Risiko entschädigen lassen[143]. Sollte ihnen das Risiko trotzdem noch zu groß sein, so stehe ihnen außerdem jederzeit die Möglichkeit offen, die beschränkte Haftung vertraglich abzubedingen[144].

Ein Eingriff des Staates sei daher nur in den Fällen erforderlich, in denen der Staat auch in einen Vertrag eingreifen würde, d.h. bei Betrug (*fraud*) und Täuschung (*misrepresentati-*

---

[142] EASTERBROOK / FISCHEL, 52 U. Chi. L. Rev. 89, 108 (1985).

[143] Vgl. POSNER, 43 U. Chi. L. Rev. 499, 503 (1976).

[144] Insbesondere für den Fall von verbundenen Gesellschaften hat sich LANDERS dagegen gewandt, daß eine vollständige Kompensation des von den Gläubigern übernommenen Risikos über einen höheren Zinssatz etc. möglich sei. Das größte Risiko der Gläubiger liege nämlich in der Ausrichtung der Tochtergesellschaft auf das Konzerninteresse, wodurch die wirtschaftliche Überlebensfähigkeit der Gesellschaft gefährdet würde. Dieses

on)[145]. Täusche ein Schuldner über Risiken, die der Gläubiger eingehe, so könne der Gläubiger keine angemessene Entschädigung für die von ihm eingegangenen Risiken verlangen. Es entstehe eine Externalisierung von Kosten zu Lasten der Gläubiger, die nicht durch Vorteile zu Gunsten der Gesamtwirtschaft ausgeglichen würden. Im Gegenteil, ein Gläubiger könne sich vor Risiken durch Betrug oder Täuschung nur schützen, indem er noch weitergehendere Informationen über die Schuldnergesellschaft einhole. Dieses sei wiederum mit erhöhten Kosten (den sog. *information costs*) verbunden, für die aber grundsätzlich keine wirtschaftliche Notwendigkeit bestehe und die daher gesamtwirtschaftlich als verschwendete Ausgaben anzusehen seien. In diesen Fällen sei daher ein Haftungsdurchgriff gerechtfertigt.

Hinsichtlich der sogenannten unfreiwilligen Gläubiger („*involuntary creditors*")[146] ist die Frage nach der „*moral hazard line*" nicht so einfach zu beantworten. Es stellt sich die Frage, welcher Maßstab hier anzuwenden ist.

Auf „*misrepresentation*" als das ausschlaggebende Kriterium kann nicht wieder abgestellt werden, da die Gläubiger entweder noch gar nicht mit der Gesellschaft in Kontakt waren und daher auch nicht von ihr getäuscht werden konnten, bzw. nicht so weitgehende Informationen eingeholt haben, die eine Täuschung hätte „erforderlich" machen können[147].
Diese Frage bleibt bei den Vertretern der wirtschaftlichen Analyse des Rechts offen. Der Verweis auf das „*moral hazard problem*" stellt im Grunde hinsichtlich der „unfreiwilligen" Gläubiger nichts anderes als der bisherige „*abuse*" - Ansatz der Rechtsprechung und der Mißbrauchstheorien[148] dar. Beide Ansätze fragen nach der Schwelle, ab der ein Festhalten an der beschränkten Haftung unbillig erscheint.

Gerade in bezug auf diese sog. „*involuntary creditors*" ist daher auch die heftigste Kritik an der *economic analysis* geäußert worden. Der wirtschaftlichen Analyse des Rechts komme zwar der Verdienst zu, einen neuen Rechtfertigungsansatz für die beschränkte Haftung aus

---

Risiko werde von einem höheren Zinssatz oder einem höheren Preis für Leistungen nicht erfaßt. LANDERS, 42 U. Chi. L. Rev. 589, 597 (1975). Zu dem Ansatz von LANDERS siehe ausführlicher unter Teil 1, 2. Kapitel C I 2.

[145] Vgl. den „*misrepresentation approach*" von POSNER, 43 U. Chi. L. Rev. 499, 519 (1976).

[146] Dies sind zum einen deliktsrechtliche Gläubiger, zum anderen vertragsrechtliche Gläubiger, für die es sich aufgrund unverhältnismäßig hoher *transaction* und *information costs* nicht lohnt, genaue Erkundigungen einzuziehen.

[147] Dies räumt selbst POSNER ein, 43 U. Chi. L. Rev. 499, 503 (1976).

wirtschaftlichen Argumenten heraus geliefert zu haben. Wann jedoch an der beschränkten Haftung nicht mehr festgehalten werden solle und welche Voraussetzungen im einzelnen für die Anwendung der Doktrin des *piercing the corporate veil* vorliegen müßten, könne auch sie nicht beantworten[149].

Zudem wird vorgebracht, daß die kapitalmarktbezogenen Argumente, mit der die beschränkte Haftung gerechtfertigt werde, nur auf *public corporations*, deren Anteile öffentlich gehandelt werden, paßten[150]. Sie würden aber nicht in den Fällen der *close corporations* weiterhelfen, obwohl diese doch gerade den größten Anwendungsbereich der Doktrin des *piercing the corporate veil* bildeten[151] und gerade für diese Fälle ein Maßstab erforderlich sei.

Hinsichtlich verbundener Gesellschaften wird in der Literatur häufig angeführt, daß hier ein Haftungsdurchgriff schneller zugelassen werden müsse, da noch ein weiterer gravierender Nachteil der beschränkten Haftung in die Überlegungen miteingestellt werden müsse. Bei verbundenen Gesellschaften bestehe das Risiko, daß eine beherrschte Gesellschaft auf das Konzerninteresse ausgerichtet werde und somit nicht mehr ihre wirtschaftliche Überlebensfähigkeit im Vordergund stehe. Dadurch trete eine besondere Gläubigergefährdung ein[152].
Hiergegen wenden die Vertreter der wirtschaftlichen Analyse des Rechts ein, daß es zu vereinfacht sei, bei verbundenen Gesellschaften schneller einen Haftungsdurchgriff allein mit dem Hinweis auf die Gefahr der Konzernausrichtung zuzulassen. Die Gründe, eine Unternehmensgruppe zu bilden, seien vielfältig und nicht nur in dem Ziel der Ausbeutung abhängiger Gesellschaften zu sehen.

Vielfach würden Gesellschaften in andere Gesellschaften investieren, um ebenso wie ein privater Investor in den Genuß der Vorteile der Diversifizierung zu gelangen. Eine Gesellschaft habe ebenso wie eine natürliche Person ein Interesse daran, die Risiken für ihr Unter-

---

[148] Zu den Mißbrauchstheorien vgl. Teil 1, 2. Kapitel C I.
[149] PRESSER, Piercing the Corporate Veil, S. 1-48.
[150] PRESSER, Piercing the Corporate Veil, S. 1-40; derselbe, 87 Nw. U. L. Rev. 148, 158 (1992).
[151] Zur Anwendung der Lehre des *piercing the corporate veil* in *close* und in *public corporations* siehe 1. Teil, 2. Kapitel D II.
[152] LANDERS, 42 U. Chi. L. Rev. 589, 624 (1975). Vgl. auch oben unter 1. Teil, 2. Kapitel C I 1.

nehmen und ihr Kapital zu minimieren, indem sie in verschiedene Wirtschaftszweige investiere[153].

So sei es zwar richtig, daß innerhalb verbundener Gesellschaften unter Umständen die Möglichkeit bestehe, Maßnahmen zu treffen, die zu einer Ausrichtung einer Gesellschaft auf das Konzerninteresse führten. In der wirtschaftlichen Realität komme dieses jedoch selten vor. Es werde im Gegenteil eher versucht, den Profit einer Unternehmsgruppe dadurch zu steigern, daß der Profit jeder einzelnen Gesellschaft maximiert werde. Die einzelnen Gesellschaften würden daher vielmehr als unabhängige „*profit centers*" geführt, von denen erwartet werde, daß sie wie unabhängige Gesellschaften ihren Gewinn maximierten[154]. Dieses zeige sich beispielsweise auch daran, daß sich die Entlohnung der Manager der Gesellschaften nach den Gewinnen der jeweiligen Gesellschaft und nicht der Unternehmensgruppe insgesamt richte. Hierfür gebe es gewichtige wirtschafliche Gründe. Würde eine Gesellschaft auf Kosten der anderen geführt, so sei unter anderem es für die Konzernmutter zu kostspielig, Informationen darüber zu erhalten, wie profitabel die einzelnen Gesellschaften seien.

Das eigentliche Risko innerhalb verbundener Gesellschaften liege daher nicht in der nachteiligen Konzernausrichtung einer beherrschten Gesellschaften. Es bestehe vielmehr darin, daß ein Gläubiger einem höheren Täuschungsrisiko ausgesetzt sei. Es sei in verbundenen Gesellschaften leichter, dem Gläubiger vorzuspiegeln, daß er mit einem einzelnen großen Unternehmen und nicht mit mit einer Unternehmsgruppe bestehend aus einer Vielzahl kleinerer Gesellschaften verhandele, er also zur Befriedigung seiner Forderungen nur auf das Vermögen einer der Gesellschaften der Unternehmsgruppe zugreifen könne. Liege eine Täuschung vor, so sei auch ein Haftungsdurchgriff gerechtfertigt. Ein solches höheres Täuschungsrisiko dürfe aber nicht zum Anlaß genommen werden, die beschränkte Haftung innerhalb einer Unternehmsgruppe insgesamt aufzuheben[155].

---

[153] POSNER, 43 U. Chi. L. Rev. 499, 510 (1976).
[154] POSNER, 43 U. Chi. L. Rev. 499, 513 (1976).
[155] POSNER, 43 U. Chi. L. Rev. 499, 514, 515 (1976).

III. Zusammenfassung

Die oben aufgezeigten Ansätze zum *piercing the corporate veil* in der Literatur stimmen überein, daß eine grundsätzliche Notwendigkeit für eine Durchbrechung der Haftungstrennung zwischen Gesellschaft und Gesellschafter und ein Beiseiteschieben der beschränkten Haftung besteht. Sie suchen nach einem Prüfungsmaßstab, der gegenüber den *tests* der Rechtsprechung den Vorteil der größeren Vorhersehbarkeit und Genauigkeit hat.

Die Vertreter der hier sogenannten Mißbrauchstheorien fragen nach dem rechtspolitischen Ziel der Haftungsbeschränkung und wollen diese durchbrechen, wenn sich die Gesellschafter nicht diesen Zielen entsprechend verhalten.
Sie verstehen die Möglichkeit der Inkorporierung und der beschränkten Haftung als ein vom Staat verliehenes Privileg. Sie sind eher geneigt, einen Haftungsdurchgriff zuzulassen als die Anhänger der ökonomischen Analyse des Rechts, da sie die beschränkte Haftung schon immer dann mißachten, wenn ein Mißbrauch der Gesellschaft als Rechtsform und der damit verbundenen beschränkten Haftung vorliegt.

Hieran knüpft auch die Hauptkritik an den Mißbrauchstheorien an. Auch wenn ein Zuwiderlaufen gegen rechtspolitische Ziele gegeben sei, könne trotzdem ein Festhalten an der beschränkten Haftung gesamtwirtschaftlich gesehen sinnvoll sein. Die Mißbrauchstheorien übersähen eine solche Möglichkeit und seien daher in ihrem Ansatz zu unflexibel.

Einen moderneren Ansatz stellt die wirtschaftliche Analyse des Rechts dar. Die Vertreter dieser Strömung sehen die Grundlage der beschränkten Haftung in einem Vertrag zwischen vielen Individuen, der von dem Gesetz nur vorweggenommen und standardisiert werde. Ein *piercing the corporate veil* sei daher nur unter den Voraussetzungen möglich, unter denen auch ein Vertrag mißachtet werde.
Einziges Ziel einer Gesellschaft sei die Förderung des Wohlstandes der Anteilseigner, so daß weniger Raum für Argumente besteht, die auf die soziale Verantwortung einer Gesellschaft abzielen. Die Durchgriffstendenz ist daher sehr viel geringer[156].

Bei der wirtschaftlichen Analyse des Rechts handelt es sich um eine recht junge Entwicklung in der Rechtstheorie[157], die viele neue und interessante Aspekte für die Bewertung von Rechtsverhältnissen aufgeworfen hat. Sie muß und wird aber immer als ein moderner Nebenweg zu beurteilen sein.

D. Anwendungsbereiche des Grundsatzes des piercing the corporate veil

Die Grundsätze des *entity law* werden von den Gerichten häufig als allgemeine Prinzipien angesehen, die in allen Rechtsgebieten Anwendung finden. Daher werden auch häufig Entscheidungen zum Haftungsdurchgriff aus einem bestimmten Rechtsgebiet zu Entscheidungen in anderen Rechtsgebieten herangezogen[158]. So werden Fälle unerlaubter Handlung mit Bezug auf vertragsrechtliche Entscheidungen entschieden. In Fällen, in denen über Gesetzesrecht entschieden wird, werden Billigkeitsrechtssätze herangezogen.

In der Rechtsprechung setzt sich nur langsam die Ansicht durch, daß die Anwendung der Doktrin des *piercing the corporate veil* unter Berücksichtigung der jeweiligen Ziele und der hinter den Regelungen stehenden politischen Entscheidungen eines Rechtsbereiches zu erfolgen habe[159].

In der Literatur wird schon länger vertreten, daß bei der Frage, ob der „Schleier" der Gesellschaft durchbrochen werden müsse, von entscheidender Bedeutung sei, ob der Anspruchsteller aufgrund eines eigenen Entschlusses mit der Gesellschaft in Kontakt getreten oder ob er ein unfreiwilliger Gläubiger sei, was typischerweise in deliktsrechtlichen Fällen gegeben sein werde[160].

Eine weitere Unterscheidung wird danach gefordert, ob der Gesellschafter, der persönlich haftbar gemacht werden solle, eine natürliche Person oder eine andere Gesellschaft sei. So läßt sich heute selbst in den Entscheidungen der Rechtsprechung die Tendenz feststellen, daß die Gerichte eher geneigt sind, die Grundsätze des *piercing the corporate veil* anzuwenden,

---

[156] Vgl. POSNER, 43 U. Chi. L. Rev. 499, 519 (1976).

[157] Die wirtschaftliche Analyse des Rechts wurde insbesondere von der University of Chicago aufgegriffen. Vgl. die Aufsätze von POSNER und LANDERS von 1975 / 1976 in der University of Chicago Law Revue.

[158] Vgl. ANTUNES, Liability of Corporate Groups, S. 242.

[159] Vgl. BLUMBERG / STRASSER, in: Protecting the Corporate Parent, S. 175, 205 mit weiteren Verweisen.

wenn auf das Vermögen einer Gesellschaft durchgegriffen wird, als wenn die Haftung das private Vermögen eines Gesellschafters trifft. Auch die Gewichtung der einzelnen Elemente ist unterschiedlich.
Unterschiedliche Aspekte sollen darüber hinaus eine Rolle spielen, je nachdem, ob es sich um eine *close* oder eine *public corporation* handelt. Hiernach müsse ebenfalls unterschieden werden[161].

I. Durchgriffshaftung bei deliktsrechtlichen und bei vertragsrechtlichen Gläubigern

Vertragsrechtliche Gläubiger sind in der Regel freiwillig mit der Gesellschaft in Kontakt getreten, um mit ihr eine geschäftliche Vereinbarung zu treffen. Während der Vertragsverhandlungen nehmen die Parteien eine Risikoverteilung vor, die sich auch in den vereinbarten Leistungen der Parteien widerspiegelt. Dem vertragsrechtlichen Gläubiger ist bekannt, daß Vertragspartner allein die Gesellschaft ist und nur diese ihm als Schuldner zur Verfügung steht. Er kann für dieses erhöhte Risiko eine Kompensation in Form eines höheren Preises oder Entgeltes verlangen.
Die Gerichte erkennen das Ergebnis dieser Vertragsverhandlungen in der Regel an und greifen grundsätzlich nicht in die von den Parteien getroffene Risikoverteilung ein. Sie durchbrechen die beschränkte Haftung nur aus den Gründen, aus denen sie auch andere Vereinbarungen nicht respektieren, d.h. bei Vorliegen von Täuschung, Betrug etc.. Die entscheidende Frage in diesem Zusammenhang ist daher, ob die Vertragspartei in der Lage war, die Risiken, die sie einging, abzuschätzen und den Vertragsabschluß abzulehnen, wenn die Vorteile des Geschäfts unverhältnismäßig im Vergleich zu den einzugehenden Risiken erschienen[162]. Dies

---

[160] Vgl. BLUMBERG, Substantive Law, S. 108; HAMILTON, 49 Tex. L. Rev. 979, 985 (1971).
[161] Vgl. z.B. BLUMBERG / STRASSER, in: Protecting the Corporate Parent, S. 175, 204; HENN / ALEXANDER, Laws of Corporations, S. 362.)
[162] Zum Teil wird daher nicht zwischen deliktsrechtlichen und vertragsrechtlichen Gläubigern unterschieden, sondern zwischen freiwilligen und unfreiwilligen Gläubigern (*voluntary* und *involuntary creditors*). Zu den unfreiwilligen Gläubigern werden Deliktsopfer und kleine, weniger gut informierte Handelsgläubiger (*small uninformed trade creditors*) gezählt, die nicht die Möglichkeiten von etwa Banken oder großen Unternehmen haben, Informationen zu erhalten, und daher auch nur begrenzte Möglichkeiten haben, daß Risiko eines Geschäfts einzuschätzen.

erklärt auch, daß Täuschung und Betrug neben Unterkapitalisierung und Vermögensvermischung zu den am häufigsten genannten Gründen für eine Durchgriffshaftung gehören[163].

Eine andere Situation liegt bei deliktsrechtlichen Gläubigern vor. Die Kapitalgesellschaft und das „Deliktsopfer" standen regelmäßig vor der Entstehung des den Anspruch begründenden Ereignisses nicht miteinander in Kontakt. Der deliktsrechtliche Gläubiger hatte folglich keine Möglichkeit, vorab eine Kompensation für das durch die beschränkte Haftung bestehende Ausfallrisiko seiner Forderung zu verlangen. Der deliktsrechtliche Gläubiger ist damit das Opfer der Externalisierung der Kosten der von der Gesellschaft eingegangenen Risiken.[164]

Insbesondere von den Anhängern der wirtschaftlichen Analyse des Rechts wird aus diesem Grund die Ansicht vertreten, daß in deliktsrechtlichen Fällen (bzw. bei unfreiwilligen Gläubigern) die Gerichte berechtigterweise eher geneigt seien, eine Durchgriffshaftung zuzulassen als in vertragsrechtlichen Fällen (bzw. bei freiwilligen Gläubigern)[165].
Dieser Ansicht ist THOMPSON aufgrund einer Studie, in der er mehr als 1600 Fälle zur Durchgriffshaftung untersuchte, entgegengetreten[166].
In den von ihm untersuchten deliktsrechtlichen Fällen sei sehr viel seltener auf den Gesellschafter durchgegriffen worden als in vertragsrechtlichen Fällen. Die Begründung hierfür ergebe sich aus der Tatsache, daß die Doktrin des *piercing the corporate veil* ihren Ursprung in vertragsrechtlichen Sachverhalten habe. Sie sei entwickelt worden, um die Risikoverteilung zwischen den Vertragsparteien zu regeln. Zwar seien die Gerichte grundsätzlich auch in deliktsrechtlichen Fällen bereit durchzugreifen, jedoch lägen hier die „*usual suspects*", d.h. die tatbestand-lichen Voraussetzungen insbesondere in der From von *misrepresentation* seltener vor, da die Parteien vor Entstehung des Anspruchs noch nicht in Kontakt standen und damit das Opfer auch nicht getäuscht oder betrogen werden konnte.

---

[163] Als Beispiele für typische Täuschungs- oder Betrugshandlungen werden vielfach genannt:
- Die Gesellschaft täuscht über ihre Aktivitäten, ihre Fähigkeit zu erfüllen oder über ihre finanzielle Situation.
- Die Gesellschaft täuscht darüber, daß die Gläubiger keinen Zugriff auf das Vermögen anderer Gesellschaften haben.
- Die Gesellschaft behauptet, daß die Muttergesellschaft für die Schulden aufkommen werde.
- Mutter- und Tochtergesellschaft führen verwirrend ähnliche Namen.

[164] In der Literatur ist deshalb in den letzten Jahren vermehrt diskutiert worden, ob die beschränkte Haftung in deliktsrechtlichen Fällen generell aufgehoben werden sollte. Siehe Teil 1, 4. Kapitel C.

[165] HACKNEY / BENSON, 43 U. Pitt. L. Rev. 837, 867 (1982); POSNER, 43 U. Chi. L. Rev. 499, 531 (1976); PRESSER, Piercing the Corporate Veil, S. 1-37.

[166] THOMPSON, 76 Cornell L. Rev. 1036 (1991).

Der Meinung THOMPSONS sind viele andere Stimmen in der Literatur gefolgt[167].

Die von THOMPSON beobachtete Tendenz läßt sich aber auch daraus erklären, daß die Haftungsinstitute zur Regelung deliktsrechtlicher Sachverhalte wie *product liability*, *strict liability* etc. immer weiter ausgedehnt wurden. Greift eines dieser Haftungsinstitute, so wird die Durchgriffshaftung nicht mehr benötigt[168].

Insbesondere seit 1985, dem Ende der Studie THOMPSONS, gibt es viele Entscheidungsbeispiele, die eher die Argumente der Vertreter der wirtschaftlichen Analyse des Rechts aufzunehmen scheinen. Eine einheitliche Linie in der Rechtsprechung läßt sich aber nicht feststellen[169].

II. Durchgriffshaftung bei *public corporations* und bei *close corporations*

Obwohl die Doktrin des *piercing the corporate veil* grundsätzlich sowohl auf *close* als auch *public corporations* Anwendung findet,[170] ist kaum ein Fall bekannt, in dem bei einer *public corporation* der Durchgriff auf das Vermögen eines Anteilseigners zugelassen worden ist[171]. Dieses läßt sich mit den Voraussetzungen des *piercing the corporate veil* erklären. Grundsätzlich kann die Haftungstrennung zwischen Gesellschaft und Gesellschafter nur dann durchbrochen werden, wenn der betreffende Gesellschafter aktiv an der Geschäftsführung teilgenommen hat bzw. ihm die Schaffung des jeweiligen Durchgriffstatbestandes zugerechnet werden kann[172]. In einer *public corporation* ist ein Anteilseigner grundsätzlich aber nur

---

[167] „Thompsons`s findings in this regard appear to be on their way to becoming the conventional wisdom", PRESSER, Piercing the Corporate Veil, S. 1-37 mit Verweis auf BARBER, 17 Willamette L. Rev. 371, 373 (1981) und HAMILTON, Corporations, S. 300.

[168] Vgl. BLUMBERG / STRASSER, in: Protecting the Corporate Parent, S. 175, 223 ff..

[169] Vgl. neben den Beispielen aus der Studie THOMPSONS die Rechtsprechungsverweise bei PRESSER, Piercing the Corporate Veil, S. 1-37 bis S. 1-39.

[170] THOMPSON, 76 Cornell L. Rev. 1036, 1070 (1991).

[171] Eine Ausnahme stellt allenfalls der Fall Anderson v. Abbott, 321 U.S. 349, 64 S.Ct. 531, reh.'g denied, 321 U.S. 804, 64 S.Ct. 845 (1944) dar.
In diesem Fall wurde eine Bestimmung des National Banking Act dahingehend ausgelegt, daß die Aktionäre einer Bank-Holding eine doppelte Haftung für nicht erfüllte Verpflichtungen einer Banktochtergesellschaft traf.
Vgl. die Besprechungen des Falls bei BLUMBERG, Substantive Law, S. 158 und HENN / ALEXANDER, Laws of Corporations, S. 362.

[172] Vgl. oben unter 1. Teil, 2. Kapitel B III.

passiver Investor, der nicht an der Geschäftsführung der Gesellschaft beteiligt ist. Ein für die Durchgriffshaftung erforderlicher Zusammenhang von Gesellschafterstellung und Beteiligung an der Geschäftsführung ist daher regelmäßig nur in einer *close corporation* gegeben[173], wo die Gesellschafter persönlich und sachlich an der Geschäfts- und Unternehmensführung teilhaben.

Die Unterscheidung zwischen *close* und *public corporations* entspricht auch der wirtschaftlichen Betrachtungsweise des Rechts. Die beschränkte Haftung findet hinsichtlich *public corporations* ihre Begründung insbesondere in kapitalmarktbezogenen Gründen. Das Argument des Funktionierens des Kapitalmarktes ist hier von solcher Bedeutung, daß eine Durchbrechung der beschränkten Haftung nicht in Betracht kommt[174].
Für *close corporations* gelten diese kapitalmarktbezogenen Gründe nicht, da ihre Anteile nicht öffentlich gehandelt werden[175]. Die beschränkte Haftung findet hier ihre Berechtigung vielmehr darin, daß es Vertragsparteien möglich sein muß, durch die Verwendung einer Kapitalgesellschaft eine gewisse Risikoverteilung vorzunehmen. Wird die Verhandlungsfähigkeit der Parteien in irgendeiner Weise beeinträchtigt bzw. fanden überhaupt keine Verhandlungen statt, so fehlt die Begründung für ein Festhalten an der beschränkten Haftung, und sie kann unter Umständen durchbrochen werden[176].

III. Durchgriff auf einen Gesellschafter, der eine natürliche Person bzw. eine andere Gesellschaft ist

Die Doktrin des *piercing the corporate veil* wurde ursprünglich für Fälle entwickelt, in denen der Gesellschafter, auf den durchgegriffen werden sollte, eine natürliche Person war. Ein

---

[173] Das heißt aber nicht, daß in einer *close corporation* grundsätzlich durchgegriffen wird oder hierfür das bloße Vorliegen einer *„shell"* ausreichend ist. Die Gerichte halten in der Regel auch bei einer *close corporation* an der beschränkten Haftung fest. Der Durchgriff ist auch hier nur die Ausnahme. Vgl. Brunswick Corp. v. Waxmann, 599 F.2d 34 (2d Cir. 1979).
Zudem bestehen auch innerhalb der *close corporations* Unterschiede. Je geringer die Zahl der Gesellschafter ist, desto eher sind die Gerichte geneigt, einen Haftungsdurchgriff zuzulassen. THOMPSON, 76 Cornell L. Rev. 1036, 1054 (1991).
[174] Vergleiche oben die Ausführungen zur wirtschaftlichen Analyse des Rechts, !. Teil, 2. Kapitel C II.
[175] EASTERBROOK / FISCHEL, 52 U. Chi. L. Rev. 89, 110 (1985).
[176] Vgl. die Ausführungen zur Durchgriffshaftung bei deliktsrechtlichen und bei vertragsrechtlichen Gläubigern, Teil 1, 2. Kapitel D I.

Haftungsdurchgriff findet aber auch innerhalb von verbundenen Gesellschaften Anwendung, d.h. auch dann, wenn der Gesellschafter eine andere Gesellschaft ist. Ein solcher Durchgriff stellt dann zugleich einen Durchgriff von der Tochter- auf die Muttergesellschaft bzw. einen Durchgriff zwischen Schwestergesellschaften dar. Die Gründe aber, die zu einer Durchgriffshaftung führen, sind in beiden Fällen die gleichen.

In der Literatur ist die Ansicht weit verbreitet, daß die Gerichte eher geneigt seien, den Grundsatz der Haftungstrennung beiseite zu schieben und auf einen Gesellschafter durchzugreifen, wenn es sich bei diesem um eine andere *corporation* handele[177].

Diese Ansicht erscheint auch folgerichtig aus der Sicht der wirtschaftlichen Analyse des Rechts. Wie bereits oben ausgeführt versprach sich der Gesetzgeber ursprünglich von der beschränkten Haftung eine Förderung der Investitionsbereitschaft.

Der Gesetzgeber hatte hierbei eine natürliche Person vor Augen, die eine gewisse Summe in eine Gesellschaft investiert und über die beschränkte Haftung vor einer persönlichen Inanspruchnahme durch die Gläubiger der Gesellschaft geschützt ist und so das Risiko ihrer Investitionen beschränken konnte.

Dieser ursprüngliche Zweck der beschränkten Haftung bleibt erhalten, wenn man einen Durchgriff auf einen Gesellschafter, der eine andere *corporation* ist, zuläßt. Ein Durchgriff auf das Vermögen einer Muttergesellschaft führt nicht zu einer Aufhebung der beschränkten Haftung einer Privatperson und damit auch nicht zur persönlichen Haftung eines Individuums für Schulden einer Gesellschaft[178].

Die Gewinne aus Diversifizierung, Liquidität und Überwachung durch den Kapitalmarkt bleiben daher von einem Durchgriff unberührt[179]. Dies gilt insbesondere für den Fall, daß die Gesellschaft eine 100 % ige Tochtergesellschaft ist, ihre Anteile also im Alleinbesitz der Muttergesellschaft stehen, da es hier gar keinen öffentlichen Markt für die Anteile der Tochtergesellschaft gibt.

---

[177] Vgl. z.B. HACKNEY / BENSON, 43 U. Pitt. L. Rev. 837, 873 (1982); LANDERS, 42 U. Chi. L. Rev. 589, 623 (1975).

[178] Hiergegen ist in der Literatur eingewendet worden, daß es nicht richtig sei, daß bei einem Durchgriff auf eine andere Gesellschaft kein Gesellschafter, der eine natürliche Person sei, einem größeren Risiko ausgesetzt sei, als sein ursprünglich in die Muttergesellschaft investierter Betrag.
„If a parent corporation is held liable for the obligations of its subsidiary, the shareholders of the parent are hurt, through the lowering of the value of their investment in the parent in the same way as if they themselves had been held liable and had been forced to sell a portion of their investment in the parent in order to pay the liability." HACKNEY / BENSON, 43 U. Pitt. L. Rev. 837, 872 (1982).

Dieser Ansicht tritt jedoch insbesondere PRESSER entgegen. Er betont, daß der Gesetzgeber bei der ursprünglichen gesetzlichen Regelung der beschränkten Haftung nicht nur wirtschaftliche, sondern auch demokratische Ziele verfolgt habe, wobei hier Demokratie im Sinne der bestmöglichen Förderung des Wohlstandes des einzelnen verstanden werden müsse. Zwar sei ursprünglich der „kleine“ Unternehmer das Leitbild des Gesetzgebers gewesen, der in eine Gesellschaft investiere, an deren Management er auch beteiligt sei. Die wirtschaftlichen Gegebenheiten hätten sich aber bis heute dahingehend verändert, daß der einzelne gerade in große Publikumsgesellschaften investiere und auf diese Weise an dem wirtschaftlichen Wohlstand beteiligt sei[180].

Demnach käme es dem vom Gesetzgeber ursprünglich verfolgten Ziel der Demokratisierung näher, wenn man den Aktienmarkt und die dort registrierten Gesellschaften fördere. In diesem Fall müsse es aber gleichgültig sein, ob die am Aktienmarkt gehandelten Aktien zu einer Konzerngesellschaft oder einer Gesellschaft mit nur Gesellschaftern, die natürliche Personen sind, gehörten[181].

Diese Argumente PRESSERS erscheinen auf den ersten Blick durch die Studie THOMPSONS gestützt zu werden, nach der in der überwiegenden Zahl der von ihm untersuchten Fälle die Voraussetzungen eines Durchgriffs bejaht wurden, wenn der Gesellschafter eine natürliche Person war. War der Gesellschafter eine andere *corporation*, konnten die Voraussetzungen seltener nachgewiesen werden[182].

Dieses Ergebnis erklärt sich aber wohl eher daraus, daß die Gerichte innerhalb von verbundenen Gesellschaften zwar grundsätzlich eher geneigt sind, einen Durchgriff zuzulassen. Jedoch müssen neben der bloßen *„ownership“*, d.h. neben dem bloßen Innehaben aller bzw. der Mehrheit der Anteile der Gesellschaft die zusätzlichen Voraussetzungen der Doktrin des *piercing the corporate veil* vorliegen, etwa die exzessive Ausübung von Kontrolle. Diese Voraussetzungen sind jedoch für den Fall, daß der Gesellschafter eine *corporation* ist, schwieriger zu erkennen und zu beweisen. Die Form der Gesellschaft macht es einer beherr-

---

179 THOMPSON, 47 Vand. L. Rev. 1, 35 (1994); EASTERBROOK / FISCHEL, 52 U. Chi. L. Rev. 89, 111 (1985).

180 PRESSER, Piercing the Corporate Veil, S. 1-69.

181 „Then, if what we are after as a society is still the encouragement of investment, and if investment will be promoted by reducing the risk and maximizing the profits of corporate enterprise, it seems difficult to understand how one can argue for preserving limited liability in the context of indiviual investors investment in corporations and yet deny it in the case of parent - subsidiary investment.“ PRESSER, Piercing the Corporate Veil, S. 1-70.

182 THOMPSON, 76 Cornell L. Rev. 1036, 1056 (1991).

schenden Gesellschaft leichter, die exzessive Ausübung von Kontrolle zu verschleiern, als es einem Individuum in gleicher Situation möglich wäre.

In diesem Zusammenhang erscheint es berechtigt zu fordern, daß die Schwelle, ab der eine *corporation* im Rahmen der Doktrin des *piercing the corporate veil* haftbar ist, nicht so hoch sein sollte wie der bei natürlichen Personen angelegte Standard.

E. *Zusammenfassung*

Die Haftung nach der Doktrin des *piercing the corporate veil* ist eine gesellschaftsrechtliche Haftung, die aus den Grundsätzen des *corporation law* heraus begründet wird.

Das US - amerikanische Gesellschaftsrecht beruht auf dem Gedanken, daß die Gesellschafter und die Geschäftsführer einer Gesellschaft unterschiedliche Funktionen ausüben, wobei insbesondere bei *close corporations* eine Überschneidung dieser beiden Funktionen möglich und auch zulässig ist.

Hierdurch wird ein Auseinanderfallen von Kontrolle und Eigentum in der *corporation* herbeigeführt. Der Gesellschafter als Eigentümer und Investor der Gesellschaft ist grundsätzlich nicht in die Leitung der Tagesgeschäfte der Gesellschaft involviert[183]. Solange er als bloßer passiver Investor auftritt, wird ein Anteilsinhaber nicht zu einer persönlichen Haftung herangezogen[184]. Dahinter steht der Gedanke, daß ein Gesellschafter nicht für Verbindlichkeiten einstehen soll, die er nicht selbst eingegangen ist.

Dieses ist ein allgemeines Rechtsprinzip wie es auch im *tort* oder *agency law* zum Ausdruck kommt. Im Bereich des Gesellschaftsrechts hat es seine spezielle Ausformung in Gestalt der beschränkten Haftung gefunden[185].

Führt die beschränkte Haftung jedoch zu ungerechten und unbilligen Ergebnissen, weil die Rechtsform der Gesellschaft mißbraucht wurde oder Gesetze umgangen wurden, so kann die beschränkte Haftung in Einzelfällen durchbrochen und auch auf einen Gesellschafter persön-

---

[183] Für ein genaueres Verständnis der Verwendung des Begriffs der „Leitung" im amerikanischen Recht vgl. ABELTSHAUSER, Leitungshaftung im Kapitalgesellschaftsrecht, S. 12 ff..

[184] Ein Anteilseigner haftet jedoch auch trotz Bestehens der beschränkten Haftung für deliktische Ansprüche, die durch sein eigenes Verhalten entstanden sind. Der Grundsatz der beschränkten Haftung bewirkt also in erster Linie, daß ein Anteilseigner nicht mehr mittelbar für gegen die Gesellschaft bestehende Ansprüche haftbar gemacht werden kann. Vgl. THOMPSON, 47 Vand. L. Rev. 1, 7 (1994).

lich durchgegriffen werden. Die Doktrin des *piercing the corporate veil* wird damit als Mechanismus verstanden, um unbillige Ergebnisse, die aufgrund der beschränkten Haftung entstehen könnten, abzuwenden[186].

Insbesondere vor dem Hintergrund, daß ein Gesellschafter nur für Verbindlichkeiten haften soll, zu denen er durch sein eigenes Verhalten in irgendeiner Form beigetragen hat, ist es folgerichtig, daß im Rahmen der Prüfung des *piercing the corporate veil* der Faktor der Kontrolle eine besondere Bedeutung hat. Hat ein Gesellschafter übermäßige Kontrolle über eine Gesellschaft ausgeübt und ist damit nicht mehr nur passiver Investor, so kann ihm leichter auch das Verhalten zugerechnet werden, daß zu dem unbilligen Ergebnis und damit zur Haftungsdurchbrechung führt.

Zusammenfassend bleibt demnach festzustellen, daß die Durchgriffshaftung nach gesellschaftsrechtlichen Grundsätzen zu beurteilen ist[187]. Die grundlegende Entscheidung des Gesellschaftsrecht für die beschränkte Haftung von Anteilseignern kann nur nach den Maßstäben des Gesellschaftsrechts wieder außer Kraft gesetzt werden. Nur wenn die Rechtsform der *corporation* mit ihrem Vorteil der beschränkten Haftung mißbraucht oder andere grundlegende Regelungen des Gesellschaftsrechts umgangen wurden, kommt eine Durchbrechung des Grundsatzes der Haftungstrennung in Betracht. Es wird dann im Sinne der *economic analysis* eine Abwägung der Vor- und Nachteile der beschränkten Haftung unter Billigkeitserwägungen im Einzelfall vorgenommen und nur bei einem deutlichen Überwiegen der Nachteile ein Haftungsdurchgriff zugelassen.

Als Rechtsinstitut des *equity law* läßt die Prüfung nach den Grundsätzen der Durchgriffshaftung den Gerichten einen weiten Ermessensspielraum. Auf diese Weise soll genügend Raum

---

[185] CARY / EISENBERG, Corporations, S. 186.

[186] „As a practical matter, the piercing doctrine may act as a saftey valve that takes some of the pressure of the limited liability rule in the cases where the rule is most dubious." CARY / EISENBERG, Corporations, S. 191.

[187] Zumindest hinsichtlich deliktsrechtlicher Fälle ist eine solche gesellschaftsrechtliche Haftung in jüngster Zeit vermehrt kritisiert worden.

Die Frage nach der persönlichen Haftung von Anteilseignern solle zumindest bei deliktsrechtlichen Ansprüchen nach den Grundsätzen des *tort law* behandelt werden, da dieses bei deliktsrechtlichen Problemkreisen die sachgerechteren Antworten bieten könne. Daher wird in der Literatur verstärkt gefordert, daß hinsichtlich *torts* die beschränkte Haftung aufgehoben bzw. durch eine pro rata Haftung ersetzt werden solle, da dann der Anwendung deliktsrechtlicher Grundsätze nicht mehr das gesellschaftsrechtliche Prinzip der Haftungstrennung entgegen stünde.

„Shareholder liability shoud be seen as a standard of tort law ... when a corporation`s shareholders are cheaper cost avoiders and / or cheaper insureres than the persons who may be injured by the corporation`s activities." HANSMANN / KRAAKMAN, 100 Yale L. J. 1879, 1916 (1991).

bleiben, um den einzelnen Fall gerecht entscheiden zu können. Darüber hinaus soll Umgehungsversuchen vorgebeugt werden, denen bei Festlegung starrer Regeln und Richtlinien Tür und Tor geöffnet würde.

3. Kapitel Piercing the Corporate Veil - konkrete Anwendung

Die bisherige Untersuchung hat gezeigt, daß von der Rechtsprechung bestimmte Prüfungsmaßstäbe, sog. „*tests*" entwickelt wurden, anhand derer die Gerichte prüfen, ob die persönliche Haftung eines Gesellschafters geboten ist. Die einzelnen Elemente dieser „*tests*" sind aber sehr weit gefaßt und zu ungenau, um eine präzise Anwort zuzulassen, wann im Einzelfall die Voraussetzungen eines Haftungsdurchgriffs vorliegen. Auch in der Literatur sind verschiedene Ansätze zur Doktrin des *piercing the corporate veil* entwickelt worden. Jedoch liefern auch sie keinen geeigneten Prüfungsmaßstab für die konkrete Anwendung.

Im folgenden soll daher untersucht werden, wie die Grundsätze des *piercing the corporate veil* im konkreten Anwendungsfall zu handhaben sind. Hierzu werden die Entscheidungen der Gerichte der verschiedenen Jurisdiktionen untersucht und ausgewertet. Die einzelnen Elemente, die von den Gerichten diskutiert werden, werden in Fallgruppen zusammengefaßt. In Anlehnung an die „*tests*" der Rechtsprechung soll hierbei zwischen zwei Prüfungsstufen unterschieden werden. Zum einen werden die Voraussetzungen einer übermäßigen Beherrschung mit den zu ihrem Nachweis erforderlichen Faktoren, beleuchtet. Auf einer zweiten Stufe folgt dann die Untersuchung eines unbilligen Verhaltens und seiner Voraussetzungen.

Die Untersuchung dieser beiden Elemente ist in allen Rechtsgebieten von Bedeutung. Jedoch kann ihnen jeweils ein unterschiedliches Gewicht zukommen. Dies gilt insbesondere für den Faktor der übermäßigen Beherrschung. Eine Muttergesellschaft, die ihre Tochtergesellschaft übermäßig beherrscht, muß sich die Handlungen der Tochtergesellschaft zurechnen lassen. Insbesondere bei verbundenen Gesellschaften wird das Vorliegen eines Beherrschungsverhältnisses in der Regel darauf gestützt, daß das beherrschende Unternehmen eine intensive Kontrolle über die abhängige Gesellschaft ausübt, so daß sie keine wirklich eigene Existenz mehr hat.

Siehe auch 1. Teil, 4. Kapitel C.

Ist der Gesellschafter, auf den durchgegriffen werden soll, eine natürliche Person, so ist hier von entscheidender Bedeutung, ob er die Gesellschaft auf persönlicher Basis wie seine eigenen Angelegenheiten geführt oder ob er zwischen Geschäft und persönlichen Angelegenheiten getrennt hat[188]. Die auf verbundene Gesellschaften anzuwendenden Prinzipien können daher nicht ohne weiteres auf einen Gesellschafter, der eine natürliche Person ist, übertragen werden.
Die im folgenden dargestellten Grundsätze konzentrieren sich daher entsprechend dem Thema dieser Arbeit, die sich insbesondere mit der Haftung von Gesellschaften einer Unternehmensgruppe beschäftigt, auf verbundene Gesellschaften.

Wichtig ist in diesem Zusammenhang noch einmal, daß es sich bei der Doktrin des *piercing the corporate veil* um *equity law*, also um Billigkeitsrecht handelt, welches den Gerichten einen weiten Ermessensspielraum gewährt. Die allerwenigsten Gerichte haben und werden daher einem starren Prüfungsschema folgen. Sie nehmen vielmehr eine Gesamtbetrachtung vor, ob in dem ihnen vorliegenden Fall ein Festhalten an den Grundsätzen des *entity law* als unbillig erscheint. In dieser Gesamtbetrachtung spielen die im folgenden dargestellten Faktoren eine Rolle.

A. *Übermäßige Beherrschung*

Erstes Element der im Rahmen der *piercing the corporate veil* - Doktrin von der Rechtsprechung durchgeführten „*tests*" ist der Nachweis einer übermäßigen Beherrschung der Tochtergesellschaft durch die Muttergesellschaft, die so weit gehen muß, daß die Tochtergesellschaft keine wirklich eigene Existenz mehr hat und nicht mehr als selbständiges Rechtssubjekt ange-

---

[188] „Even absent illegitimate purposes, the courts have conditioned recognition of corporateness on compliance with two requirements:
(a) Business must be conducted on a corporate and not on a personal basis;
(b) The enterprise must be established on an adequate financial basis."
Sound policy considerations support these requirements. The shareholder who refuses to draw a line between individual and corporate affairs is in a poor position to ask that the court effect what such shareholder failed to do.
HENN / ALEXANDER, Laws of Corporations, S. 353.

sehen werden kann. Wesentliche Voraussetzung einer solchen Beherrschung ist das Vorliegen von Kontrolle.

Als weitere wichtige Faktoren werden ein einheitliches Auftreten von Mutter- und Tochtergesellschaft im Geschäftsverkehr sowie Unterkapitalisierung angeführt.

Doch selbst wenn eines oder auch mehrere dieser Elemente bejaht werden, so wird in der Regel darüber hinaus gefordert, daß ein unbilliges Verhalten nachgewiesen werden kann. Hier sind insbesondere Finanzmanipulationen, Täuschung und wiederum Unterkapitalisierung zu nennen[189].

I. Kontrolle

Das Vorliegen und das Ausmaß an Kontrolle ist das herausragende Element, um die Beziehung von verbundenen Gesellschaften zu bestimmen und das Bestehen einer Unternehmensgruppe festzustellen[190].

Die Möglichkeit der Kontrolle setzt weder das Halten der Mehrheitsaktien der abhängigen Gesellschaft voraus[191], auch wenn dies in der Regel der vorherrschende Bezugspunkt sein wird, noch ist das Bestehen von vertraglichen Beziehungen zwischen den Gesellschaften Voraussetzung. Im Gegenteil, da dem US-amerikanischen Recht der Vertragskonzern fremd ist, wird eine rein faktische Einflußnahme die Regel sein[192].

Eine einheitliche für alle Rechtsgebiete gültige Definition des Begriffs der Kontrolle gibt es nicht. So finden sich zwar insbesondere in Gesetzen mit umfassendem Konzernbezug gesetzliche Formulierungen, jedoch wird Kontrolle in den Spezialgebieten unter Berücksichtigung des jeweiligen Gesetzeszwecks definiert[193].

Wichtig ist, daß die Kontrolle rein tatsächlich existiert, wobei nicht das Bestehen der Kontrolle an sich das haftungsauslösende Element ist, sondern vielmehr die Art und Weise, in der

---

[189] BLUMBERG, 15 Del. J. Corp. L. 283, 360 (1990).

[190] Vgl. United States v. Jon-T Chemicals, Inc., 768 F.2d 686 (5th Cir. 1985); Vucci v. Meyers Bros. Parking Sys., Inc., 494 A.2d 530 (R.I.1985). Siehe auch DEMOTT, 13 Conn. J. Int'l 233 (1999); RANDS, 32 Ind. L. Rev. 421 (1999).

[191] ALTING, 2 Tulsa J. Comp. & Int'l L. Rev. 228 (1995).

[192] SCHEEL, Konzerninsolvenzrecht, S. 66.

[193] WINTER, Schutz von Gläubigern, S. 41.

die Kontrolle ausgeübt wird[194]. Blumberg weist mit Recht darauf hin, daß jede Muttergesellschaft Anteile ihrer Tochtergesellschaft hält und auf diese Weise Kontrolle ausüben kann[195]. Wäre demnach das Vorliegen von Kontrolle in Form einer Mehrheitsbeteiligung ausreichend, um einen Durchgriff auf die Muttergesellschaft zu rechtfertigen, müßte eine Muttergesellschaft immer für die Schulden ihrer Tochtergesellschaft aufkommen. Dies käme einer Aufhebung der beschränkten Haftung zwischen verbundenen Gesellschaft gleich[196].

Die Gerichte fordern daher eine übermäßige Kontrolle. Wann die Einmischung einer Muttergesellschaft in die Geschäftsführung ihrer Tochtergesellschaft diesen Grad erreicht, ist jedoch genau der Punkt, über den Uneinigkeit besteht.

Die Gerichte haben die Frage, wann eine exzessive Ausübung von Kontrolle anzunehmen ist, nicht abstrakt beantwortet. Überwiegend haben sie sich darauf beschränkt, negativ festzustellen, wann von einer exzessiven Kontrolle zumindest nicht ausgegangen werden kann.

Der Schwerpunkt der Untersuchung liegt dabei unter Berücksichtigung der tatsächlichen wirtschaftlichen Verhältnissen auf der Frage, ob die einzelnen Gesellschaften noch als unabhängige Einheiten oder als Teil eines Konzerns betrachtet werden können[197]. Die Gerichte untersuchen diesbezüglich verschiedene Faktoren, anhand derer die Beziehungen der Gesellschaften abgelesenen werden sollen. Diese Faktoren zeigen die Willensbildungs- und die Wirtschaftsstruktur innerhalb der verbundenen Gesellschaften auf.

1. Willensbildungsstruktur

Kontrolle kann zum einen dadurch ausgeübt werden, daß die Muttergesellschaft die Willensbildung innerhalb der Tochtergesellschaft beeinflußt. Dies kann in verschiedenen Formen geschehen.

---

194 BLUMBERG, Substantive Law, S. 187.
195 BLUMBERG, Substantive Law, S. 492.
196 „The standard is not simply the exercise of control: It is the manner and extent of control exercised to the point where the courts regard the intervention in the subsidiary's management to be excessive."
197 BLUMBERG, ZGR 1991, Sonderheft 11, S. 264, 276.

a) *100 % iges Eigentum an den Anteilen der abhängigen Gesellschaft*

Es liegt der Gedanke nahe, daß in den Fällen, in denen die Obergesellschaft 100 % der Anteile der abhängigen Gesellschaft hält, sie ihre Einflußmöglichkeiten auch nutzt und die Tochtergesellschaft zu Entscheidungen, die im Interesse der Muttergesellschaft liegen, bewegt. Trotzdem lehnen die Gerichte eine Durchgriffshaftung allein gestützt auf das Eigentum ab[198]. Kontrolle bestehe nicht lediglich in dem Halten von Anteilen oder in der Ausübung des Stimmrechts[199]. Maßgeblich sei vielmehr, inwieweit die beherrschende Gesellschaft ihren Einfluß auch wirklich ausübe[200]. In dieser Hinsicht kann das 100 % ige Halten von Anteilen an der Tochtergesellschaft nur ein Indiz unter vielen sein. Sein alleiniges Vorliegen wird in der Regel aber nicht als haftungsauslösend angesehen.

b) *Doppelmandate in den Leitungsorganen von Mutter- und Tochtergesellschaft - interlocking directorates*

Personelle Verflechtungen von Gesellschaften sind in den USA weit verbreitet. Es ist daher keine Seltenheit, daß die Leitungsorgane der verbundenen Gesellschaften mit personenidentischen *directors* bzw. *officers* besetzt sind. Dieses birgt die Gefahr in sich, daß die Muttergesellschaft ihre Einflußmöglichkeit einsetzt, um die Geschäfte der Tochtergesellschaft übermäßig zu bestimmen[201]. Doch auch dieser Umstand allein zieht grundsätzlich keine Haftung der Muttergesellschaft nach sich[202]. Man geht davon aus, daß die jeweiligen *directors* und *officers* in der Lage sind, die Angelegenheiten der verbundenen Gesellschaften auseinanderzuhal-

---

198 Vgl. United States v. Jon-T Chemicals, Inc., 768 F.2d 686 (5th Cir. 1985); Nelson v. International Paint Co., 734 F.2d 1084 (5th Cir. 1984).

199 „A dominating influence may be exerted in other ways than by a vote." (Globe Woolen Co. v. Utica Gas & Electric Co., 224 N.Y. 483, 489 (1918)).

200 „Control, not mere majority or complete stock control, but complete domination, not only of finances but of policy and business practice in respect to the transaction attacked so that the corporate entity as to this transaction had at the time no separate mind, will or existence of its own". (Lowendahl v. Baltimore & Ohio Railroad, 247 A.D. 144, 287 N.Y.S. 62, aff'd, 227 N.Y. 360, 6 N.E.2d 56 (1936)).

201 Zur rechtlichen Zulässigkeit der „*interlocking directorates*" siehe ausführlich EBKE, ZGR 1990, S. 50 sowie VOGEL, Haftung der Muttergesellschaft, S. 72, der insbesondere auf die Bedenklichkeit der „*interlocking directorates*" im Hinblick auf unausweichliche Interessenkonflikte hinweist.

202 „The parent corporation and its subsidiary are treated as separate and distinct legal persons even though the parent owns all the shares in the subsidiary and the two enterprises have identical directors and officers. Such

ten[203]. Eine Haftung wird daher solange nicht begründet, wie die Vertreter der Führungsgremien den „Hut“ der jeweiligen Gesellschaft tragen, die sie vertreten, und deutlich machen, in wessen Angelegenheiten sie gerade handeln[204]. Dieses ist die überwiegende Ansicht in der Rechtsprechung[205]. Die Gerichte berücksichtigen hier wohl, daß die Besetzung der Führungsgremien von Gesellschaften mit personengleichen Managern eine sehr weitverbreitete Konzernpraxis in den USA ist und damit in den meisten verbundenen Gesellschaften angetroffen werden kann[206]. Das Vorhandensein von Doppelmandaten hat daher nur Indizwirkung neben anderen Faktoren[207].

c) *Einflußnahme auf die Geschäftstätigkeit der abhängigen Gesellschaft - exertion of influence*

Bei der Frage, ob die Einflußnahme der Muttergesellschaft als *„excessive“* angesehen werden kann, ist von besonderer Bedeutung, inwieweit die Geschäftsführung der abhängigen Gesellschaft von der beherrschenden Gesellschaft (mit-) bestimmt wird. Diesbezüglich ist die Mehrzahl der Gerichte der Meinung, daß die Muttergesellschaft sogar die Richtlinien der Geschäftspolitik der Tochtergesellschaft bestimmen und überwachen könne, ohne daß dies von haftungsrechtlicher Relevanz sei[208]. Eine Grenze dürfte nach der Rechtsprechung erst überschritten sein, wenn die Obergesellschaft auch die gewöhnlichen Geschäfte *(day-to-day decisions)* der Tochtergesellschaft bestimmt und so kein nennenswerter Entscheidungsbereich in

---

control, after all, is no more than a normal consequence of controlling share ownership.“ HENN / ALEXANDER, Laws of Corporations, S. 355 mit weiteren Nachweisen.

[203] BLUMBERG, Substantive Law, S. 428.

[204] „We maintain the fiction that an officer or director of both corporations can change hats and represent the two corporations separately, despite their common ownership.“ „Directors and officers wear the 'hat' of the company for which they act.“ (United States v. Jon- T Chemicals Inc., 768 F.2d 686 (5th Cir. 1985)).

[205] Es gibt jedoch auch Gerichte, die die Personengleichheit von Führungsgremien von Mutter- und Tochtergesellschaft als Hinweis darauf werten, daß Kontrolle in unzulässiger Weise ausgeübt wird. Siehe z.B. Jardel Co. v. Hughes, 523 A.2d 518 (D.N.J. 1987); In re Matter of Oil Spill by the Amoco Cadiz off the Coast of France on Mar. 16, 1978, 954 F.2d 1279, 1303 (7th Cir. 1992). Diese Ansichten dürften jedoch in der Minderheit sein.

[206] DRÜKE, Haftung der Muttergesellschaft für Schulden der Tochtergesellschaft, S. 141.

[207] Z.B. United States v. Jon-T Chemicals, Inc., 786 F.2d 686 (5th Cir. 1985), United Nat'l Records, Inc. v. MCA, Inc., 609 F.Supp. 33 (N.D. Ill. 1984).

[208] Vgl. Ross v. Coleman Co., 114 Idaho 817, 761 P.2d 1169 (1988); Miles v. American Tel. & Tel. Co., 703 F.2d 193 (5th Cir.1983).

der Verantwortung der Tochtergesellschaft verbleibt[209]. Es liegt dann der Eindruck nahe, daß die Tochtergesellschaft keine selbständige Einheit ist, sondern nur eine Betriebsabteilung (*division*) der Muttergesellschaft darstellt. In extremen Fällen wird die Tochtergesellschaft nur noch als eine juristische Hülle (*sham* oder *shell*) ohne jegliches Eigenleben angesehen. Das Vorliegen einer „*excessive*" oder „*intrusive*" Kontrolle wird in diesen Ausnahmefällen bejaht und eine Haftung in der Regel sogar ohne das Fordern des Nachweises eines „unbilligen Verhaltens" auferlegt[210].

2. Wirtschaftsstruktur

Neben der Art und Weise der Willensbildung in der Tochtergesellschaft, läßt sich die Beziehung zwischen Mutter- und Tochtergesellschaft auch an ihren wirtschaftlichen Beziehungen und Verflechtungen erkennen. In diesem Zusammenhang werden Faktoren der Organisation, der Art der Geschäftsführung oder auch der Aufgabenteilung zwischen den verbundenen Gesellschaften untersucht.

a) Integration in die Konzerngruppe - group integration

Von besonderer Bedeutung ist, inwieweit die Tochtergesellschaft in die Unternehmensgruppe integriert ist bzw. inwieweit ihr außerhalb der Unternehmensgruppe ein selbständiger Lebensbereich verbleibt. Eine solche Integration kann unter drei Gesichtspunkten erfolgen. Sie kann im administrativen, im wirtschaft-lichen und im finanziellen Bereich liegen.

aa) Administrative Integration

Untersucht man die Tragweite der Verflechtung der Gesellschaften unter dem Aspekt einer Integration der Tochtergesellschaft im Verwaltungsbereich, so steht die Frage im Mittelpunkt,

---

[209] Vgl. Standard Wire & Cable Co., 697 F.Supp. 368, 375 (C.D. Cal. 1988); Truglia v. KFC Corp., 692 F.Supp. 271 (S.D.N.Y. 1988); Phoenix Can. Oil Co. v. Texaco, Inc., 658 F.Supp 1061, 1085 (D. Del. 1987).
[210] Vgl oben Teil 1, 2. Kapitel B I 3.

ob die Tochtergesellschaft von den administrativen Dienstleistungen der Muttergesellschaft abhängig ist oder ob sie auch ohne die Hilfe der Obergesellschaft ihre gewöhnlichen Geschäfte ausführen könnte.

Typische Beispiele sind, daß die Tochtergesellschaft keine eigenen Büros und keine sonstige Ausstattung unterhält, die sie zur Erbringung ihrer Geschäfte und Leistungen benötigt[211] oder daß sie über keine eigene Buchführung verfügt[212]. Denkbar ist weiterhin, daß das abhängige Unternehmen keine eigenen Mitarbeiter und Angestellten beschäftigt bzw. diese von der Obergesellschaft bezahlt werden[213].

Auch der umgekehrte Fall, nämlich daß es die einzige Aufgabe der Tochtergesellschaft ist, Verwaltungstätigkeiten für die Muttergesellschaft auszuüben, ist ein unverkennbares Zeichen, daß die Tochtergesellschaft wirtschaftlich nicht allein überlebensfähig ist.

Das Vorliegen eines oder mehrerer dieser Fälle ist ein wichtiger Hinweis auf eine mögliche übermäßige Abhängigkeit der Tochtergesellschaft. Jedoch sollte nicht vergessen werden, daß in jüngerer Zeit vermehrt Zusammenschlüsse und Zentralisierungen gerade im administrativen Bereich vorgenommen werden und dieses insbesondere aus Kosten und Effektivitätsgründen oft geboten ist[214]. Maßgeblich ist bei der Frage nach einer übermäßigen Kontrolle, ob die Dienste unentgeltlich oder gegen eine Gebühr erfolgen. Wird ein Entgelt gezahlt, ist dies als Indiz dafür zu sehen, daß die Dienstleistungen *„at arm's length"* erbracht werden und damit auch von dritter Seite zu diesen Bedingungen angeboten werden würden[215]. Anderenfalls wird der Eindruck verstärkt, daß Mutter- und Tochtergesellschaft ein Unternehmen bilden. Den Gesellschaftern steht dann aber immer noch die Möglichkeit offen, darzulegen, daß die abhängige Gesellschaft ansonsten wirtschaftlich selbständig ist, mit der Folge, daß die Gerichte eine Haftung verneinen[216].

---

[211] Vgl. United States v. Jon-T Chemicals., Inc., 768 F.2d 686 (5th Cir. 1985); McKibben v. Mohawk Oil Co., 667 P.2d 1223 (Alaska 1983).

[212] Vgl. Bergen v. Flag Vessel St. Patrick, 816 F.2d 1345 (9th Cir. 1987).

[213] Vgl. McKibben v. Mohawk Oil Co., 667 P.2d 1223 (Alaska 1983); Texas Indus., Inc. v. Lucas, 634 S.W.2d 748 (Tex. Ct. App. 1982).

[214] BLUMBERG, ZGR 1991, Sonderheft 11, S. 264, 277.

[215] Vgl. Jackson v. General Elec. Co., 514 P.2d 1170, 1172 (Alaska 1973).

bb) Wirtschaftliche Integration

Unter diesem Aspekt wird insbesondere untersucht, ob die verbundenen Gesellschaften nicht eigentlich ein großes, wirtschaftlich zusammengehörendes Unternehmen darstellen, das künstlich in verschiedene Teile aufgegliedert wurde (*fragment of a single enterprise*)[217]. So spricht viel für eine besonders intensive wirtschaftliche Integration und eine daraus folgende übermäßige Beherrschung der abhängigen Gesellschaft, wenn die beiden Gesellschaften Teil eines gemeinsamen Marktes sind, der von beiden beliefert und genutzt wird[218] oder wenn die Tochtergesellschaft einen Geschäftszweig von der Muttergesellschaft übernimmt[219]. Hiervon kann insbesondere ausgegangen werden, wenn die Muttergesellschaft in dem Fall, daß die Tochtergesellschaft nicht existieren würde, den bei der Tochtergesellschaft ausgegliederten Geschäftsbereich selbst führen würde[220]. Die Tochtergesellschaft ist dann ein stark integrierter Unternehmensteil, bei dem wenige Indizien für eine eigene gesellschaftsrechtliche Identität sprechen.

Die untereinander verbundenen Gesellschaften dieses großen wirtschaftlichen Unternehmens bilden allerdings auch die äußere Grenze einer möglichen Durchgriffshaftung. Nur soweit von wirtschaftlich integrierten und miteinander verbundenen Gesellschaften gesprochen werden kann, kann sich auch die Haftung erstrecken.

Jedoch hat dieser Faktor der wirtschaftlichen Integration generell gesehen keinen wirklich eigenständigen Charakter. Denn auch eine Gesellschaft, die Teil eines aufgespaltenen Unternehmens ist, kann durchaus wirtschaftlich unabhängig und selbständig sein und bedingt auch nicht unbedingt eine übermäßige Einflußnahme der Muttergesellschaft auf ihr Management[221].

---

[216] Vgl. Kashner v. Geisinger Clinic, 432 Pa. Super. 361, 638 A.2d 980 (1994).
[217] Vgl. BLUMBERG, Substantive Law, S. 437 mit weiteren Verweisen.
[218] BLUMBERG / STRASSER, in: Protecting the Corporate Parent, S. 175, 213.
[219] Vgl. Camelot Carpets, Ltd. v. Metro Distrib. Co., 607 S.W.2d 746 (Mo. Ct. App. 1980); Synergy Methods, Inc. v. Kelly Energy Sys., Inc., 695 F.Supp. 1362 (D.R.I. 1988).
[220] Vgl. Vucci v. Meyers Bros. Parking Sys., Inc., 494 A.2d 530 (R.I. 1985).
[221] „In the area of controlled corporations and individual controlling shareholders, extensive economic integration assumes an even more important role because it blurs the line between the enterprise on the one hand and the investor on the other. With integrated business activities, the shareholder is conducting his or her personal business in the corporate form as well as in his or her individual capacity. This is generally accepted as the basis for imposition of liability on the controlling shareholder." BLUMBERG, Substantive Law, S. 440.

Seine Bedeutung liegt viel eher darin, daß die wirtschaftliche Integration zwischen den Unternehmensgesellschaften Voraussetzung für die Faktoren des einheitlichen Auftretens im Geschäftsverkehr (*unified public group persona*) und der Finanzmanipulationen (*manipulation of assets*) ist, die wiederum von wesentlicher Bedeutung für eine mögliche Haftung sind[222]. Sie sollen im folgenden noch ausführlicher diskutiert werden[223].

cc) Finanzielle Integration

Bei der finanziellen Integration einer Gesellschaft in eine Unternehmensgruppe stellt sich die Frage, in welchem Umfang die Finanzierung einer Gesellschaft von der Gewährung von Vermögenswerten oder Krediten anderer Gesellschaften einer Unternehmensgruppe abhängt. Dem Fall der Vergabe eines Konzerndarlehens steht die Gewährung einer Bürgschaft durch die Muttergesellschaft oder Schwes-tergesellschaft für einen Fremdkredit gleich. Die Abhängigkeit kann in der Form bestehen, daß die Tochtergesellschaft finanziell von der Muttergesellschaft abhängig ist (*downstream financing*)[224], von anderen Schwestergesellschaften (*cross-stream financing*)[225] oder in der Form, daß die Tochtergesellschaft der Muttergesellschaft ihre Ressourcen zur Verfügung stellt (*up-stream financing*)[226]. Der Faktor der finanziellen Integration zeigt die wirtschaftliche Verflochtenheit der Unternehmensgesellschaften untereinander. Seine Bedeutung liegt insbesondere darin, daß er Zweifel hinsichtlich der Eigenständigkeit der Angelegenheiten der Tochtergesellschaft von der Muttergesellschaft begründet und ein wichtiges Indiz dafür ist, daß die Tochtergesellschaft unabhängig von der Muttergesellschaft nicht funktionieren würde[227].

---

222 BLUMBERG, Substantive Law, S. 440.
223 Vgl. auch Teil 1, 3. Kapitel B I.
224 Vgl. Talkington v. Anchor Gasoline Corp., 821 F.Supp. 505 (M.D. Tenn. 1993).
225 Vgl. Sabine Towing & Transp. Co. v. Merit Ventures, Inc., 575 F.Supp. 1442 (E.D. Tex. 1983).
226 Vgl. McKibben v. Mohawk Oil Co., 667 P.2d 1223 (Alaska 1983).
227 Trotz allem haben einige Gerichte eine Haftung abgelehnt. Vgl. z.B. Brunswick Corp. v. Waxman, 459 F.Supp. 1222, 1225 (E.D.N.Y. 1978).

b) *Nichteinhalten gesellschaftsrechtlicher Formalitäten*

Das Nichteinhalten gesellschaftsrechtlicher Formalitäten wird insbesondere in der Literatur immer wieder als besonders wichtiger Faktor für die Rechtfertigung einer Durchgriffshaftung genannt[228], da die enge Verbindung zwischen zwei Gesellschaften sich auch dadurch zeige, daß die abhängige Gesellschaft gesellschaftsrechtliche Formalitäten mißachte.

Beispielhaft ist der Fall, daß die Gesellschaft ihre Geschäftstätigkeit aufnimmt, obwohl ihre Gründung noch nicht abgeschlossen ist oder das Verhalten des Managements Unregelmäßigkeiten aufweist. Die abhängige Gesellschaft hält z.B. keine eigenen Gesellschafter- oder Direktorenversammlungen ab[229] bzw. nur noch gemeinsam mit der Muttergesellschaft[230] oder es sind keine Protokolle über solche Treffen auffindbar[231]. Häufig wird keine reguläre Buchführung geführt, gibt es keine Aufzeichnungen über finanzielle Transaktionen und Kredite innerhalb der Unternehmensgruppe[232] oder bestehen keine eigenen Bankkonten[233].

Insbesondere hinsichtlich deliktsrechtlicher Fälle wurde in der Literatur häufig die Frage gestellt, inwieweit das Nichteinhalten gesellschaftsrechtlicher Formalitäten von haftungsrechtlicher Relevanz sein könne, da dieser Faktor in keinerlei Bezug zu den vom Opfer erlittenen Verletzungen stünde[234].

Dieses erscheint insofern als berechtigter Einwand, als die Gerichte in jüngerer Zeit vermehrt der Ansicht folgen, daß deliktsrechtliche Fälle auch nach den Grundsätzen des Deliktsrechts zu lösen seien und dies für eine Haftung die Kausalität zwischen Schaden und der in Frage stehenden Handlung voraussetze[235].

Als Rechtfertigung für eine Haftung wird in diesem Zusammenhang häufig angeführt, daß es dem Gesellschafter nicht möglich sein solle, zunächst die Grundregeln des Gesellschaftsrechts

---

[228] MEINERS / MOFSKY / TOLLISON, 4 Del. J. Corp. L. 351, 356 (1979).
Es liegt die Vermutung nahe, daß die besondere Bedeutung, die dem Nichteinhalten gesellschaftsrechlicher Formalitäten z.T. beigemessen wird, auch darauf zurückzuführen ist, daß schon POWELL sie als einen Faktor in seine *„evidentiary guidelines"* aufgenommen hatte.

[229] Sabine Towing & Transp. Co. v. Merit Ventures, Inc., 575 F.Supp. 1442, 1448 (E.D. Tex. 1983).

[230] Worldwide Carriers, Ltd. v. Aris S.S. Co., 301 F.Supp. 64 (S.D.N.Y.1968).

[231] United Equitable Life Ins. Co. v. Trans Global Corp., 679 F.Supp. 769, 778 (N.D. Ill. 1988).

[232] Pepsi-Cola Metropolitan Bottling Co. v. Checkers , Inc., 754 F.2d 10, 14 (1st Cir. 1985).

[233] McKribben v. Mohawk Oil Co., 667 P.2d 1223, 1230 (Alaska 1983).

[234] GELB, 59 Chi.-Kent L. Rev. 1 (1982).

[235] Vgl. BLUMBERG, Substantive Law, S. 206 mit weiteren Nachweisen.

zu mißachten, um sich dann später auf die Privilegien der beschränkten Haftung zu berufen (venire contra factum proprium).

Darüber hinaus sei das Nichteinhalten gesellschaftsrechtlicher Formalitäten als Anzeichen dafür zu werten, daß von den gewöhnlichen und üblichen Verfahrensabläufen innerhalb einer Gesellschaft abgewichen und die Angelegenheiten der Gesellschaft nicht in der für eine selbständige Gesellschaft üblichen Weise geführt worden seien[236]. Aus diesen organisatorischen und leitungsmäßigen Mängeln wird auf eine fehlende Selbständigkeit geschlossen[237].

Insbesondere der fehlende Buchführungsnachweis über Transaktionen innerhalb der Unternehmensgruppe läßt Zweifel darüber aufkommen, ob es sich dabei auch wirklich um *„arm's-length"* Transaktionen handelt und wird als Illustration dafür gewertet, daß es sich bei der Unternehmensgruppe um ein zusammengehörendes Wirtschaftsunternehmen (*enterprise*) handelt.

Eine Auswertung der zu *piercing the corporate veil* - Fällen[238] ergangenen Entscheidungen hat jedoch gezeigt, daß ansonsten die Nichteinhaltung gesellschaftsrechtlicher Formalitäten allein keine Haftung der Muttergesellschaft begründen kann[239]. Von größerer Bedeutung ist dieser Faktor eher im umgekehrten Fall, nämlich daß eine Gesellschaft ihre Eigenständigkeit beweisen möchte[240]. Sind die gesellschaftsrechtlichen Formalitäten eingehalten worden, so lehnen die Gerichte eine Haftung grundsätzlich ab, da sie dies als einen Beweis für die Selbständigkeit der Tochtergesellschaft werten[241].

---

[236] BLUMBERG / STRASSER, in: Protecting the Corporate Parent, S. 175, 211.

[237] VOGEL, Haftung der Muttergesellschaft, S. 73.

[238] THOMPSON, 76 Cornell L. Rev. 1036, 1067 (1991).

[239] Eine größere Bedeutung kommt diesem Umstand allerdings in Fällen zu, in denen ein Durchgriff auf einen Gesellschafter, der eine natürliche Person ist, in Frage steht. Mißachtet ein solcher individueller Gesellschafter die gesellschaftsrechtlichen Formalitäten, so verwischt er dadurch die Grenze zwischen dem Unternehmen und seiner Stellung als Investor und sind die Gerichte eher geneigt zu glauben, daß der Gesellschafter die Gesellschaft in seiner Eigenschaft als Privatmann und nicht als passiver Investor geführt hat. Vgl. BLUMBERG, Substantive Law, S. 465.

[240] NACKE, Durchgriffshaftung, S. 146.

[241] Nelson v. International Paint. Co., 734 F.2d 1084 (5th Cir. 1984); Fletcher v. Atex, Inc., 861 F.Supp. 242 (S.D.N.Y. 1994); Brindley v. Woodland Village Restaurant, Inc., 652 A.2d 865 (Pa. Super. Ct. 1995).

II. Einheitliches Auftreten im Geschäftsverkehr - *use of a common group persona*

Vermehrt treten Gesellschaften einer Unternehmensgruppe der Öffentlichkeit gegenüber als „*common group persona*" auf. Die verbundenen Gesellschaften werden unter dem Namen der Unternehmensgruppe tätig, ohne daß sie ihre selbständige Organisation erkennbar machen. Es werden z.B. gemeinsame Handelsnamen, Logos oder gemeinsame Werbekampagnen verwendet.

Aus diesem gemeinsamen Auftreten nach außen schließt man auf eine große wirtschaftliche Verbundenheit auch in der inneren Struktur der Unternehmensgruppe[242]. Es ist daher ein wichtiges Element, um eine übermäßige Beherrschung festzustellen[243].

III. Unterkapitalisierung[244]

Auch die Unterkapitalisierung einer Tochtergesellschaft, d.h. ihre unzureichende Ausstattung mit Kapital, kann als ein Indiz für eine übermäßige Beherrschung angesehen werden. Es liegt nahe, daß eine Tochtergesellschaft, die selbst nicht über ausreichendes Kapital verfügt, grundsätzlich auf finanzielle Zuwendungen seitens der Muttergesellschaft bzw. anderer Schwestergesellschaften angewiesen ist, und es so der Muttergesellschaft möglich ist, weitgehenden Einfluß auf die Geschäftspolitik der Tochtergesellschaft zu nehmen[245].

Von größerer Bedeutung ist die nicht ausreichende Kapitalisierung einer Gesellschaft aber für die Darlegung des neben der übermäßigen Beherrschung grundsätzlich erforderlichen unbilligen Verhaltens. Die Unterkapitalisierung soll daher erst unter diesem Punkt ausführlich behandelt werden[246].

---

[242] Kissun v. Humana, Inc., 479 S.E.2d 751, 753 (Ga. 1997).

[243] Das Verwenden einer „*common group persona*" und das gemeinsame Auftreten der Unternehmensgruppe nach außen kann auch ein Täuschungselement beinhalten, wenn auf diese Weise die Öffentlichkeit über die Identität der Gesellschaft oder die finanzielle Situation irregeführt wird. Dieser Aspekt ist insbesondere bei vertragsrechtlichen Fällen von Bedeutung, da hier in der Regel nur dann ein Durchgriff zugelassen wird, wenn ein Element von „*misrepresentation*" vorliegt. Insoweit kann diese Fallgruppe noch einmal auf der zweiten Stufe der Tests relevant werden.

[244] Die Unterkapitalisierung war schon Bestandteil der „*evidentiary guidelines*" von POWELL.

[245] VOGEL, Haftung der Muttergesellschaft, S. 74.

IV. Fazit

Das Vorliegen von Kontrolle an sich ist nicht allein das ausschlaggebende Element. Es dürfte grundsätzlich zwischen einer Mutter- und Tochtergesellschaft vorhanden sein. Kontrolle ist damit eine notwendige, nicht aber hinreichende Voraussetzung für die Annahme einer übermäßigen Beherrschung[247]. Die Gerichte nehmen vielmehr eine Gesamtschau aller Faktoren, die das Verhältnis von Mutter- und Tochtergesellschaft bestimmen, vor. Es handelt sich hierbei um Faktoren, die zu dem Eindruck beitragen, daß die Tochtergesellschaft keine selbständige Einheit mehr ist, sondern nur noch eine Betriebsabteilung der Muttergesellschaft darstellt.

Es soll aber noch einmal betont werden, daß die im folgenden aufgeführten Fälle, die zu einer Durchgriffshaftung führen, die Ausnahme darstellen. Immer noch gilt der Grundsatz, daß die Gesellschafter sich auf die beschränkte Haftung berufen können und die Gerichte in den überwiegenden Fällen an der beschränkten Haftung festhalten.

B. Unbilliges Verhalten

Neben einer übermäßigen Beherrschung, die nur in seltenen Ausnahmefällen und nur in einigen Staaten allein zur Haftung führen kann, ist grundsätzlich noch ein unbilliges Verhalten der Gesellschafter erforderlich[248]. Dieses Element wird meist mit den Begriffen „*unfair*“, „*inequitable conduct*“, „*morally culpable conduct*“, „*fraudulent*“, „*fundamentally unfair*“ etc. umschrieben[249]. Seine Voraussetzungen gelten als erfüllt, wenn das Vermögen der abhängi-

---

[246] Siehe auch 1. Teil, 3. Kapitel B II.

[247] BLUMBERG, Substantive Law, S. 492.

Anders ist dies in Fällen, in denen der beherrschende Gesellschafter keine andere Gesellschaft, sondern eine natürliche Person ist:

„By contrast, the manner of exercise of control by individual controlling shareholders in the close corporation is much more vital. This helps to determine whether in reality the corporation or the individual is conducting the business or, alternatively, whether the corporation is participating in the conduct of the shareholder`s individual business“. BLUMBERG, Substantive Law, S. 191.

[248] Soll aber auf einen Gesellschafter, der eine natürliche Person ist, durchgegriffen werden, so haben die Gerichte zum großen Teil auf dieses zusätzliche Erfordernis verzichtet, wenn der Gesellschafter die von ihm beherrschte Gesellschaft wie sein persönliches Geschäft geführt hat. Vgl. BLUMBERG, Substantive Law, S. 355.

[249] Von diesem „*inequitable conduct*“ ist das Gesamtresultat des Urteils als solches zu unterscheiden; diesbezüglich verlangen praktisch alle Entscheidungen, daß ohne einen Durchgriff ein unbilliges Ergebnis („*inequitable*

gen Gesellschaft in irgendeiner Form durch Finanzmanipulationen beeinträchtigt wird oder die Gläubiger der abhängigen Gesellschaft ungerechtfertigt benachteiligt werden. Dieses zweite Element ist sehr weit gefaßt und den Gerichten steht hinsichtlich seiner Bestimmung ein weiter Ermessensspielraum zu.

I. Vermögensvermischung - *financial manipulation*

Finanzmanipulationen können in unterschiedlicher Gestalt auftreten. Häufigster Fall ist, daß innerhalb einer Unternehmensgruppe nicht zwischen den Vermögensbeständen der einzelnen Gesellschaften getrennt und die Vermögensmassen vermischt werden (*commingling of assets*).

Den Urteilen ist in der Regel keine abstrakte Definition einer Vermögensvermischung zu entnehmen. Typische von den Gerichten genannte Verhaltensweisen sind beispielsweise eine Vermischung der Vermögen der verbundenen Gesellschaften durch das Führen gemeinsamer Bankkonten, Vermögenstransfers zwischen den Gesellschaften, ohne daß diese in der Buchführung vermerkt wurden[250], untrennbar gelagerte Produkte der Konzerngesellschaften[251] etc.. Denkbar ist auch, daß Vermögensbestandteile zwischen den Gesellschaften einer Unternehmensgruppe so oft hin und her geschoben wurden, daß es nicht mehr nachvollziehbar ist, zu welcher Gesellschaft welche Bestände gehören (sog. *asset-shuffling*).

Einzelne Vermögenstransfers zwischen den Gesellschaften, selbst wenn sie ohne entsprechende bzw. ganz ohne Gegenleistung erfolgen, führen jedoch noch nicht zu einer haftungsrelevanten Vermögensvermischung. Das gleiche gilt, wenn die Verschiebung von Vermögensmassen und die Geschäftstransaktionen mit Hilfe der Buchführung noch isoliert und nachvollzogen werden können. Die Vermögensmassen müssen vielmehr derart vermischt sein, daß der Eindruck einer Einheit zwischen dem Anteilseigner und der Gesellschaft entsteht[252].

result") erzielt würde. Vgl. Slottow, Fidelity Bank v. American Casualty Comp. of Reading, 1 F.3d. 912, amended and reh`g denied, 10 F.3d 1355 (9th Cir. 1993).

[250] Anderson v. Chatam, 379 S.E.2d 793, 796 (Ga. App. 1989).

[251] SCHEEL, Konzerninsolvenzrecht, S. 67 mit Verweis auf In re Botten, 54 B.R. 707, 709 (Bankr. W.D. Wis. 1985).

[252] Vgl. DRÜKE, Haftung der Muttergesellschaft für Schulden der Tochtergesellschaft, S. 64.

Für die Haftung wegen derartiger Vermögenstransfers werden in der Regel mehrere Gründe angeführt. Durch die Vermögensvermischung sei es nicht mehr möglich, den Gesellschaften einzelne Vermögensbestände zuzuordnen. Der Gläubiger könne daher nicht mehr nachvollziehen, welche Vermögensmasse er zur Begleichung seiner Ansprüche heranziehen könne, was zugleich bedeute, daß ihm diese Vermögensmasse nicht mehr zur Verfügung stünde. Folglich sei es unbillig, dem Gläubiger den Zugriff auf das „große" Vermögen, d.h. das Vermögen auch der Muttergesellschaft bzw. der Unternehmensgesellschaft, mit deren Vermögen das Vermögen der beherrschten Gesellschaft vermischt ist, zu verwehren, zumal die Vermögensvermischung die Annahme begründe, daß die Gesellschafter die Ansprüche der Gläubiger mißachteten[253].

Eine weitere Spielart der Finanzmanipulationen stellt das sogenannte *„asset-stripping"* dar, d.h. das Ausplündern der abhängigen Gesellschaft durch systematisches Entziehen von Betriebsvermögen, mit der Folge, daß die abhängige Gesellschaft nicht mehr in der Lage ist, ihren Verbindlichkeiten nachzukommen[254]. Hierunter fallen beispielsweise die Überlassung von Aktiva der Tochtergesellschaft an die Muttergesellschaft ohne adäquate Gegenleistung[255] oder die Gewährung eines Kredits der beherrschten Gesellschaft an andere Konzerngesellschaften, insbesondere, wenn die Kredite ohne Zinsen bzw. unter dem marktüblichen Zinssatz erteilt wurden. Häufig zahlt auch die abhängige Gesellschaft Kredite, für die andere Gesellschaften der Unternehmensgruppe gebürgt haben[256] bzw. die von anderen Konzerngesellschaften aufgenommen wurden[257], zurück. Auch derartige Finanztransaktionen werden als hoch verwerflich angesehen.

Die Gerichte unterscheiden in ihren Urteilen nicht zwischen den verschiedenen Gläubigergruppen. Die Haftung tritt unterschiedslos gegenüber allen Delikts- und Vertragsgläubigern ein, wobei die Finanzmanipulationen aber im Rahmen von vertragsrechtlichen Fällen zu

---

[253] Darüber hinaus zeigt die Vermögensvermischung den Mangel an finanzieller Integrität der einzelnen Gesellschaften der Unternehmensgruppe. In dieser Hinsicht ist das Vermengen der Vermögen der Gesellschaften vor allem im Rahmen der Prüfung des ersten Elements von Bedeutung.

[254] Siehe auch die zahlreichen Verweise auf Entscheidungen zum *„asset-stripping"* bei BLUMBERG, Substantive Law, S. 450; WINTER, Schutz von Gläubigern, S. 56.

[255] Vgl. Carte Blanche (Singapore) Pte. Ltd. v. Diners Club International, Inc., 802 F.Supp. 1006 (S.D.N.Y. 1992).

[256] Vgl. etwa Camelot Carpets, Ltd. v. Metro Distrib. Co., 607 S.W.2d 746 (Mo. Ct. App. 1980).

[257] Z.B. Baker v. Caravan Moving Corp., 561 F.Supp. 337, 340 (N.D. Ill. 1983).

besonderer Bedeutung gekommen sind. Das bei Finanzmanipulationen beinhaltete Element der Täuschung führt bei vertragsrechtlichen Gläubigern dazu, daß sie nicht mehr gezwungen werden, an dem von ihnen geschlossenen „*bargain*“ festzuhalten und trotzdem auf die Muttergesellschaft als Schuldnerin zurückgreifen können.
Dieses erscheint auch insoweit gerechtfertigt, als es den vertragsrechtlichen Gläubigern selbst bei Aufbringung aller erforderlichen Sorgfalt nicht möglich war, die Vermögensvermengung nachzuvollziehen. Schließlich wurden sie ja in den Büchern gerade nicht ordnungsgemäß protokolliert[258]. Zudem liegen derartige Vermögensverschiebungen jenseits dessen, was ein Vertragsgläubiger bei Vertragsabschluß erwarten kann und muß und verletzten daher das grundlegende Verständnis von Treu und Glauben („*good faith*“ und „*fair dealing*“)[259].

Zusammenfassend kann festgehalten werden, daß die hier beschriebenen Finanzmanipulationen z.T. erheblich die finanzielle Situation der abhängigen Gesellschaft schwächen und sich negativ auf die Möglichkeit der Gläubiger auswirken, ihren Verpflichtungen nachkommen zu können. Die Vermögensvermengungen begünstigen allein die Zielsetzungen und die Position der beherrschenden Gesellschaft. Für die abhängige Gesellschaft dagegen bringen sie nur Nachteile und wirken sich negativ auf die Stellung der Gläubiger aus.
Aus diesem Grund führen Vermögensmanipulationen unausweichlich zur Haftung der begünstigten Gesellschaft. Selbst die Gerichte, die der Doktrin des *piercing the corporate veil* sehr zurückhaltend gegenüber stehen, werten eine solche Vorgehensweise als *unjust* und *unfair* und sehen keinerlei Veranlassung, an der Haftungstrennung zwischen Mutter- und Tochtergesellschaft festzuhalten[260].

---

[258] DRÜKE, Haftung der Muttergesellschaft für Schulden der Tochtergesellschaft, S. 65.
[259] BLUMBERG / STRASSER, in: Protecting the Corporate Parent, S. 175, 217.
[260] Siehe z.B. Steven v. Roscoe Turner Aeronautical Corp., 324 F.2d 157 (7th Cir. 1963); In re Bowen Transp., Inc., 551 F.2d 171, 179 (7th Cir. 1977); Arnold Graphics Indus., Inc. v. Independent Agent Center, Inc., 775 F.2d 38 (2d Cir. 1985); Pepsi - Cola Metroplitan Bottling Co. v. Checkers, Inc., 754 F.2d 10 (1st Cir. 1985); Sabine Towing & Transp. Co. v. Merit Ventures, Inc., 575 F. Supp. 1442 (E.D. Tex. 1983); Burger Man, Inc. v.

II. Täuschung - *misrepresentation*

Jede Art der Täuschung oder Irreführung eines Gläubigers kann soweit gehen, daß sie als unbilliges Verhalten im Sinne der zweiten Prüfungsstufe angesehen wird.

Häufig wird ein Gläubiger über die Einbindung der Schuldnergesellschaft in den Konzern getäuscht[261]. An dieser Stelle kommt dann wieder Faktoren Bedeutung zu, die bereits auf der ersten Prüfungsebene angesprochen worden sind[262]. So kann beispielsweise das Außerachtlassen der gesellschaftsrechtlichen Formalitäten oder das einheitliche Auftreten der Gesellschaften einer Unternehmensgruppe im Geschäftsverkehr zu Verwirrungen bei dem Gläubiger führen, welche Gesellschaft sein Vertrags- und Ansprechpartner ist. Dieser Faktor wird vielfach auch unter dem Stichwort der Sphärenvermischung (*confusion as to the identity*) berücksichtigt.

Als weitere typische Täuschungshandlung wird das Vermögen der beherrschenden Gesellschaft als der abhängigen Gesellschaft gehörend ausgewiesen bzw. dem Gläubiger wurde vorgespiegelt, daß ihm zur Befriedigung seiner Forderungen das gesamte Vermögen der Unternehmensgruppe zur Verfügung stehe. Denkbar ist auch, daß die Gesellschaft über ihre wirtschaftlichen Aktivitäten, ihre Fähigkeit zu erfüllen oder über ihre finanzielle Situation hinwegtäuscht.

Derartige Verhaltensweisen beurteilen die Gerichte als unbillig. Fallen sie mit einer übermäßigen Beherrschung zusammen, lassen die Gerichte einen Durchgriff auf das Vermögen der beherrschenden Gesellschaft zu.

III. Unterkapitalisierung

Jedoch nicht nur die Tatsache, daß die Vermögen der Gesellschaften einer Unternehmensgruppe miteinander vermischt worden und damit dem Gläubiger nicht mehr zugänglich sind oder daß der Gläubiger getäuscht worden ist, wird als unbilliges Verhalten angesehen, son-

---

Jordan Paper Prods., 352 N.E.2d 821 (Ind. Ct. App. 1976); Quad / Graphics, Inc. v. Fass, F.Supp. 966 (E.D.Wis. 1982).

[261] Vgl. SCHEEL, Konzerninsolvenzrecht, S. 69.

[262] Ist ein solcher Faktor aber schon zum Nachweis einer übermäßigen Beherrschung herangezogen worden, so kann er nicht auch noch als unbilliges Verhalten verwertet werden und umgekehrt.

dern auch der Umstand, daß das Vermögen einer Gesellschaft im krassen Mißverhältnis zu ihren Verbindlichkeiten steht, die Gesellschaft somit unterkapitalisiert ist.
Die Gerichte waren schon zu Beginn des 20. Jahrhunderts der Auffassung, daß es jeder Logik entbehre, wenn einerseits Gesellschaften mit beschränkter Haftung ausgestattet würden, um Investitionen zu fördern, auf der anderen Seite aber diese beschränkte Haftung schon dann gewährt würde, wenn nur rein nominelle Investitionen getätigt worden seien[263]. Da die beschränkte Haftung von Gesellschaftern in erster Linie mit dem Ziel eingeführt wurde, Investitionen in risikoreiche, aber dennoch volkswirtschaftlich wünschenswerte Geschäfte zu fördern, schien es folgerichtig, diese beschränkte Haftung den Gesellschaftern auch nur dann zukommen zu lassen, wenn sie einen Minimumbetrag in die Gesellschaft investiert hatten[264].
Das Einzahlen eines Mindestkapitals in die Gesellschaft kann demnach als „*consideration*" (Entgelt, Gegenleistung) für die beschränkte Haftung angesehen werden. Die Gesellschafter „erkaufen" sich die Haftungsbeschränkung[265]. Haben die Gesellschafter diese Gegenleistung in Form einer angemessenen Kapitalisierung der Gesellschaft nicht erbracht, so können sie sich auch nicht auf die Haftungsbeschränkung berufen und ist ein Durchgriff auf das Privatvermögen der Gesellschafter gerechtfertigt[266].
Zudem besteht ein um so größerer Anreiz für Gesellschaften, Risiken einzugehen, je geringer ihr Kapital ist. Dieses hat wiederum eine größere Gefährdung der Gläubigeransprüche zur Folge. Auch aus diesem Grund erscheint eine Durchgriffshaftung bei Unterkapitalisierung gerechtfertigt. Eine Haftung kommt nur dann nicht mehr in Betracht, wenn der Gesellschafter den Gläubiger bei Abschluß des Geschäftes von der ungewöhnlichen Kapitalisierung der Gesellschaft informiert hat[267].
Diesen Grundsätzen unterliegt nicht nur ein Gesellschafter, der eine natürliche Person ist. Auch eine Muttergesellschaft muß sich als Mehrheitsgesellschafter ihrer Tochtergesellschaft daran messen lassen. Insbesondere, wenn ein wirtschaftlich integriertes Unternehmen in verschiedene Gesellschaften aufgeteilt wird, verlangen die Gerichte ein erhöhtes Maß an

---

[263] Oriental Inv. Co. v. Barclay, 25 Tex. Civ. App. 543, 64 S.W. 80 (1901); Hanson v. Bradley, 298 Mass. 371, 10 N.E.2d 259, 263 (1937); In re Mader's Store for Men, Inc., 77 Wis.2d 578, 254 N.W.2d 171, 188 (1979); Kinney Shoe Corp. v. Polan, 939 F.2d 209 (1991).
[264] „When the law substitutes a special fund, as a source from which creditors are to be paid, in place of a general fund (i.e. unlimited responsibility), it presupposes not only that the special fund exists, but it is such a fund as normally answers the requirements of the business, and that those who create the fund have not the unrestricted power arbitrarily to fix the fund at practically zero." LATTY, Subsidiaries and Affiliated Corporations, S. 120.
[265] DYE, 45 S. Cal. L. Rev. 823, 834 (1972).
[266] CARY / EISENBERG, Corporations, S. 182.

Beachtung von gesellschaftsrechtlichen Formalitäten und Transaktionen innerhalb der Unternehmensgruppe, die die wirtschaftliche Lebensfähigkeit der Gesellschaft betreffen. Eine Tochtergesellschaft, die nur nominell mit eigenem Kapital ausgestattet wird und welcher Vermögen nur dann zugeführt wird, wenn und soweit Kapital gerade erforderlich ist, ist ein typisches Beispiel, wann eine Muttergesellschaft für die Verbindlichkeiten der Tochtergesellschaft haften sollte[268].

Die Unterkapitalisierung einer Tochtergesellschaft erscheint als unbillig, da es nicht gerecht sein kann, eine Muttergesellschaft von der Haftung für die Schulden der Tochtergesellschaft zu verschonen, wenn die Tochtergesellschaft so unterkapitalisiert ist, daß sie selbst die Schulden nicht begleichen kann und es von vornherein offensichtlich war, daß diese Schulden entstehen würden[269].

1. Versuch einer Definition

So einleuchtend eine Haftung wegen Unterkapitalisierung ist, so große Schwierigkeiten bereitet die genaue Bestimmung einer Unterkapitalisierung. In einigen Staaten der USA besteht das gesetzliche Erfordernis, daß eine Kapitalgesellschaft bei ihrer Gründung mit einem Stammkapital von $ 500 bis $ 1.000 ausgestattet sein muß[270]. Ein solches Erfordernis bestand in der Mitte dieses Jahrhunderts in den meisten Staaten der USA[271]. Jedoch hat sich bald die Ansicht durchgesetzt, daß die Frage nach der adäquaten Kapitalausstattung einer Gesellschaft, mit einer einfachen gesetzlichen Bestimmung nicht zu lösen sei. Die Mehrzahl der Bundes-

---

267 EASTERBROOK / FISCHEL, The Economic Structure of Corporate Law, S. 59.

268 HACKNEY / BENSON, 43 U. Pitt. L. Rev. 837, 874 (1982).

269 Laborers Clean-Up Contract Admin. Trust Fund v. Uriarte Clean-Up Serv., Inc., 736 F.2d 516, 525 (9th Cir. 1984).

270 In South Dakota und Texas wird beispielsweise ein Mindeststammkapital von $ 1000 gefordert. Siehe für South Dakota S.D. Comp. Laws Ann. § 47-2-5(7) und für Texas Tex. Corp. & Ass'ns Code Ann. tit.3A, § 3.02 (7). In Ohio wird nur dann die Einzahlung eines Mindeststammkapitals gefordert, wenn die Gesellschaft ein Mindeststammkapital in der Satzung festgelegt hat. Die Einzahlung des Kapitals ist dann Gründungsvoraussetzung. Die Eintragung kann nur erfolgen
„ ... if the corporation is to have an initial stated capital, the amount of that stated capital ..... Siehe Ohio Rev. Code Ann. § 1701.04(5).

271 So in Arkansas ($ 300) (Ark. Stat. Ann. § 64-502(G)), Conneticut ($ 1000) (Conn. Gen. Stat. Ann. §§ 33-290(a)(5), Georgia ($500) (Ga. Code Ann. §§ 22-802(a)(8), Illinois ($ 1000) (Ill. Ann. Stat. ch. 157.47-9), Indiana ($ 1000) (Ind. Code Ann. §§ 23-1-3-5), Minnisota ($ 1000) (Minn. Stat. Ann. § 301.04(6); Missouri ($ 1000) (Miss. Code Ann. § 79-3-105(g)), North Carolina (a „minimum amount of consideration") (N.C. Gen. Stat. § 55-7-(5)).

staaten hat daher ein derartiges Mindesterfordernis aus ihren Gesetzen gestrichen[272]. Aus dieser Aufgabe eines gesetzlich vorgeschriebenen Minimumkapitals darf aber nicht der Rückschluß gezogen werden, daß der Gesetzgeber die völlig unzureichende Kapitalausstattung einer Gesellschaft sanktionieren wollte. Der Grund für diesen Schritt dürfte wohl eher darin zu sehen sein, daß es nahezu unmöglich ist, ein generelles Mindesterfordernis für jegliche Art von Gesellschaften aufzustellen, da der Kapitalbedarf einer Gesellschaft von der Art ihrer konkreten Geschäftstätigkeit abhängt und das Gesetz daher überwiegend als ungeeignetes Instrument angesehen wird, um das Problem der Unterkapitalisierung zu lösen[273].

Bei der Frage, ob eine Gesellschaft unterkapitalisiert ist, spielt demnach dieses gesetzliche Erfordernis keine Rolle. Vielmehr geht es um die Frage, ob das in die Gesellschaft eingezahlte Kapital im Verhältnis zu dem wirtschaftlichen Risiko des Geschäftsbetriebs der *corporation* angemessen ist. Anders ausgedrückt stellen die Gerichte darauf ab, ob die Gesellschafter eine Gesellschaft gegründet haben, die eine realistische Chance hat, eine unabhängige und lebensfähige Gesellschaft zu werden.

Es wird jedoch nicht verlangt, daß der Gesellschaft von vornherein soviel Kapital zugeführt wird, daß sie alle eventuell auftretenden Verbindlichkeiten aus dieser Haftungsmasse begleichen könnte. Auch sollen die Gesellschafter nicht die Funktion von Bürgen übernehmen und für den Erfolg der Gesellschaft garantieren, indem sie im Fall eines Mißerfolges persönlich für die Verbindlichkeiten der Gesellschaft einstehen müssen[274]. Wichtig ist vielmehr, daß die *corporation* im Hinblick auf das wirtschaftliche Risiko angemessen („*reasonable*") mit Kapital ausgestattet wird[275]. Als Vergleichsmaßstab wird die Kapitalausstattung anderer Gesellschaften in der betreffenden Branche herangezogen. Es werden in der Regel dieselben Prü-

---

[272] Die in der vorausgehenden Fußnote genannten Staaten haben alle die Anforderungen an das Mindeststammkapital aus ihren Gesetzestexten gestrichen. Die meisten Aufhebungen der Anforderungen an das Mindesstammkapital einer Gesellschaft erfolgten in der zweiten Hälfte der 80 iger Jahre, als viele Staaten ihre Gesellschaftsrechte dem Modell Business Corporation Act der American Bar Association anpaßten, der ebenfalls kein Mindeststammkapital vorsieht.
Vgl. auch HACKNEY / BENSON, 43 U. Pitt. L. Rev. 837, 852 (1982), die diese Entwicklung am Beispiel Pennsylvanias darlegen.

[273] Vgl. etwa HACKNEY / BENSON, 43 U. Pitt. L. Rev. 837, 856 (1982):
„The solution to the problem of allocation of risk associated with inadequacy capitalized corporations is therefore not to be found in most general corporate legislation."

[274] HACKNEY / BENSON, 43 U. Pitt. L. Rev. 837, 897 (1982).

[275] Minton v. Cavaney, 56 Cal.2d 576, 15 Cal Rptr.641, 364 P.2d 473 (1961).

fungsmethoden verwendet, wie sie ansonsten von Banken bei der Vergabe von Darlehen angewendet werden[276].

Der Begriff der „Angemessenheit" läßt sich jedoch nur schwerlich an einer genauen Definition festmachen.

Die Gerichte weisen in ihren Urteilen häufig lediglich darauf hin, daß die Kapitalausstattung der Gesellschaft „*inadequate*", „*grossly inadequate*" oder „*purely nominal*" sei[277] und stellen keine große Hilfe dar. Wann genau von einer Unterkapitalisierung ausgegangen werden muß, kann und soll nicht festgelegt werden. Auch die Frage, ob schon die einfache Unterkapitalisierung ausreichend oder eine „*gross*" bzw. „*serious*" Unterkapitalisierung nötig ist, wird nicht eindeutig beantwortet[278]. Die Gerichte beschränken sich jedoch in der Regel auf eindeutige und krasse Fälle, um jedes Spekulieren um eine genaue Trennlinie zu vermeiden[279]. In Zweifelsfällen wird ein Sachverständiger bestellt[280].

Weiter läßt sich feststellen, daß die Insolvenz einer Gesellschaft nicht automatisch zu einer Durchgriffshaftung führt. Jede andere rechtliche Regelung käme einer Aufhebung der beschränkten Haftung gleich. Jedoch kann der Konkurs einer Gesellschaft innerhalb von ein oder zwei Jahren nach ihrer Gründung als Indiz für eine Unterkapitalisierung gewertet werden, wobei aber den Gesellschaftern das Eingehen wirtschaftlicher Risiken zugestanden wird und eine Insolvenz bedingt durch das normale Geschäftsrisiko[281] für eine Durchgriffshaftung ohne Relevanz ist.

Die folgenden Beispielsfälle geben einen Anhaltspunkt für die von den Gerichten als nicht mehr ausreichend angesehene Relation von Gesellschaftskapital zu eingegangen Verbindlichkeiten.

---

[276] VELTINS, RIW 1983, S. 713, 715; WINTER, Schutz von Gläubigern, S. 52.

[277] Vgl. Anderson v. Abbott, 321 U.S. 349, 64 S.Ct. 531, reh`g. denied, 321 U.S. 804, 64 S.Ct. 845 (1944); Pepper v. Litton, 308 U.S. 295, 60 S.Ct. 238 (1939); Service Iron Foundry, Inc. v. M. A. Bell Co., 2 Kan.App.2d 622, 588 P.2d 463 (1978).

[278] Eine *gross undercapitalization* wird gefordert z.B. in Mull v. Colt Co., 3 F.R.D. 154, 163 (S.D.N.Y. 1962) oder Automoritz Del Golfo De California v. Resnick, 47 Cal.2d 792, 306 P.2d 1 (1957).

[279] DRÜKE, Haftung der Muttergesellschaft für Schulden der Tochtergesellschaft, S. 21 mit weiteren Nachweisen.

[280] Service Iron Foundry, Inc. v. M. A. Bell Co., 2 Kan.App.2d 622, 588 P.2d 463 (1978).

[281] BLUMBERG spricht in diesem Zusammenhang von „*economic adversity*", BLUMBERG, Substantive Law, S. 224.

In der Entscheidung Baltimore & Ohio Telegraph Co. v. Interstate Telegraph Co.[282] wurde z.B. eine Gesellschaft als unterkapitalisiert angesehen, die ein Kapital in Höhe von $ 100.000 aufweisen konnte, deren Verbindlichkeiten aber mehrere Millionen Dollar betrugen. In der Entscheidung Sabine Towing & Transporta-tion Co. v. Merit Ventures, Inc.[283] lag das Verhältnis bei $ 300.000 investiertem Kapital, zu $ 800.000, die erforderlich gewesen wären, in McKibben v. Mohawk Oil Co.[284] bei $ 1.000 Gesellschaftskapital gegenüber Verbindlichkeiten in Höhe von $ 2,8 Millionen Dollar[285].

2. *Maßgebliches Kapital*

Nicht nur der Begriff der Angemessenheit bereitet Schwierigkeiten. Auch die Frage, was genau das maßgebliche Kapital einer Gesellschaft ausmacht, auf das bei der Frage nach der Unterkapitalisierung Bezug genommen wird, ist umstritten.

Zum Teil wird die Ansicht vertreten, daß einerseits das gesamte Vermögen der Gesellschaft betrachtet werden müsse, darüber hinaus aber auch das Verhältnis von Eigen- und Fremdkapital (*debt - equity ratio*) von Bedeutung sei. Ein ausreichend hohes Gesamtvermögen der Gesellschaft garantiere, daß sie ihre Tätigkeiten nicht frühzeitig wegen mangelnder Finanzierungsmöglichkeiten werde einstellen müssen. Was das Verhältnis von Fremd- und Eigenkapital angehe, so schütze ein hoher Anteil an Eigenkapital die Stellung der Gläubiger. Eine Gesellschaft handele risikobewußter, wenn zunächst noch auf ihre eigenen Vermögenswerte zugegriffen würde und nicht nur das Vermögen der Gläubiger auf dem Spiel stünde. Es ist eine alte ökonomische Regel, daß Geschäftsleute mit ihrem eigenen Geld vorsichtiger umgehen als mit geliehenem Geld, da sie, so weit es das geliehene Geld angeht, nicht viel zu verlieren haben. Geht das investierte Kapital verloren, so hat sich ihr liquides Kapital nicht sehr verändert. Das einzige, das bleibt, sind nach wie vor die gegen sie bestehenden Ansprüche der Gläubiger auf Rückzahlung des geliehenen Geldes[286].

---

[282] 54 F. 50 (4th Cir. 1893).
[283] 575 F.Supp. 1442 (E.D. Tex. 1983).
[284] 667 P.2d 1223 (Alaska 1983).
[285] Vgl. BLUMBERG, Substantive Law, S. 467 mit vielen weiteren Beispielen.

Das Verhältnis von Eigen- und Fremdkapital wird auch von anderen Stimmen in der Literatur als bedeutend angesehen, auch wenn in der Regel nicht verlangt wird, daß das Fremd- das Eigenkapital nicht übersteigen dürfe.

Die extreme Kapitalisierung einer Gesellschaft mit Fremdkapital könne zumindest als ein aussagekräftiges Indiz für eine Unterkapitalisierung gelten[287].

Mit dem für den Begriff der Unterkapitalisierung relevanten Kapital meinen diese Stimmen meist nicht das Gesamtvermögen der Gesellschaft, welches schließlich von den Verbindlichkeiten übertroffen werden könne, auch könne nicht das Stammkapital maßgeblich sein, da dieses meist doch nur nominal sei, sondern ausschlaggebend sei das Schutzkissen an Kapital, das den Gläubigern zur Verfügung stehe[288].

In der Rechtsprechung wurde in jüngerer Zeit ausgeführt, daß zur Bestimmung des für eine Unterkapitalisierung relevanten Kapitals einer Gesellschaft nicht nur das reine Vermögen der Gesellschaft berücksichtigt werden dürfe, sondern daß auch andere Möglichkeiten, die zur Befriedigung der Ansprüche der Gläubiger existierten, in Betracht gezogen werden müßten. Insbesondere in deliktsrechtlichen Fällen solle beispielsweise die von einer Gesellschaft abgeschlossene Versicherung gegen eine mögliche deliktsrechtliche Haftung als der Gesellschaft zur Verfügung stehendes Kapital angesehen werden, da die Versicherungssumme zur Entschädigung der verletzten Opfer zur Verfügung stehe[289].

3. *Führen der Gesellschaft ohne Gewinnabsichten*[290]

Unterkapitalisierung kann ebenfalls von Bedeutung werden, wenn eine Gesellschaft derart betrieben wird, daß sie keinen Gewinn erwirtschaften kann bzw. soll. Gläubiger einer Gesellschaft haben grundsätzlich die Erwartung, daß die Gesellschaft mit dem Ziel geführt wird,

---

[286] In der amerikanischen Literatur wird dieses Phänomen plastisch als das „*Other-People's-Money-Problem*" bezeichnet.

[287] „The debt - equity ratio is relevant; in one case a ratio of 15 : 1 helped a court to conclude that capital was inadequate." HACKNEY / BENSON, 43 U. Pitt. L. Rev. 837, 895 (1982).

[288] „*Net assets*" oder auch „*total contribution made by the shareholders*".

[289] In dem Fall Radaszewski v. Telecom Corp., 981 F.2d 305 (8th Cir. 1992), hat beispielsweise das Gericht eine Haftung aufgrund der *piercing the corporate veil* - Doktrin verneint, obwohl die Gesellschaft nach üblichem Standard als unterkapitalisiert anzusehen war, da die Gesellschaft eine Haftpflichtversicherung über $ 11.000.000 abgeschlossen hatte und so ihren Verbindlichkeiten zumindest im Hinblick auf diese deliktsrechtlichen Fälle nachkommen konnte.

[290] „*Manipulation of assets*" oder auch „*purposeful insolvency*".

Profit zu erzielen und so in der Lage ist, Vermögensmasse zurückzulegen, um davon ihre Verbindlichkeiten zu begleichen.

Die Praxis der Gesellschafter, das Vermögen der Gesellschaft auszuhöhlen, indem sie alle erreichten Gewinne abziehen, wird als gravierender Verstoß gegen die Grundsätze des *„fair dealing"* und *„good faith"* angesehen. Sie ist daher ausreichend, um einen Durchgriff auf die Gesellschafter zu rechtfertigen[291].

4. *Anfängliche und nachträgliche Unterkapitalisierung*

Welcher Zeitpunkt maßgeblich ist für die Frage nach der Angemessenheit der Kapitalausstattung, wird von den Gerichten unterschiedlich behandelt.

Grundsätzlich muß die Gesellschaft zum Zeitpunkt ihrer Gründung auf eine angemessene finanzielle Grundlage gestellt werden. Das gleiche gilt, wenn die Gesellschaft in einem neuen Wirtschaftszweig tätig wird.[292]

Unsicherheit besteht jedoch, ob eine Gesellschaft, die während ihres Betriebes unvermeidbare Verluste erlitten hat und deren Kapitaldecke als Folge dessen nicht mehr im Verhältnis zu ihrem Risiko steht, ebenfalls als unterkapitalisiert anzusehen ist. In der Entscheidung DeWitt Truck Brokers, Inc. sprach das Gericht von einer andauernden (*„subsequent"*) Verpflichtung, eine Gesellschaft mit adäquatem Kapital auszustatten[293]. Diese Ansicht ist jedoch in der Minderheit.

Grundsätzlich geht man nur von einer anfänglichen Verpflichtung aus, die Gesellschaft mit ausreichendem Kapital zu versehen. Eine Unterkapitalisierung, die durch spätere wirtschaftliche Verluste entsteht, soll keine persönliche Haftung nach sich ziehen[294]. Schließlich hätten die Gesellschafter zumindest einmal ausreichendes Kapital zugeführt und damit den Preis für die beschränkte Haftung bezahlt[295].

---

291 DeWitt Truck Brokers, Inc. v. W. Ray Flemming Fruit Co., 540 F.2d 681 (4th Cir. 1976).

292 BLUMBERG, Substantive Law, S. 471.

293 540 F.2d 681 (4th Cir. 1976); so auch in Laya v. Erin Homes, Inc., 352 S.E.2d 93 (W. Va. 1986).

294 „We know of no rule of law requiring a corporate stockholder to commit additional private funds to an already faltering corporation", Truckweld Equipment Company, Inc. v. Olson, 26 Wash. App. 638, 645, 618 P.2d 1017, 1022 (1980).
Vgl. auch Consumer's Co-op. of Walworth County v. Olsen, 142 Wis.2d 465, 419 N.W.2d 211, 218 (1988), CNC Service Center, Inc. v. CNC Service Center, 753 F.Supp. 1427 (N.D. Ill. 1991).

295 DYE, 45 S. Cal. L. Rev. 823, 841 (1972).

Anderenfalls sei der Grundsatz der beschränkten Haftung bedeutungslos[296], da dann jeder unvorhergesehene wirtschaftliche Fehlschlag die persönliche Haftung der Gesellschafter auslösen könnte. Genau vor diesem Haftungsrisiko soll die beschränkte Haftung aber schützen.

Wird eine Unterkapitalisierung festgestellt, so haften die Gesellschafter nicht nur auf die Differenz zwischen dem eingezahlten und dem üblicherweise erforder-lichen Vermögen. Die Durchgriffshaftung hat dann vielmehr zur Folge, daß die Gesellschafter auf den vollen Betrag haften, der von der Gesellschaft geschuldet wird[297]. Die Haftung trifft aber nur diejenigen Gesellschafter, die in irgendeiner Form für die Unterkapitalisierung verantwortlich waren. Der passive Investor haftet dagegen nicht.

5. Die Bedeutung des Faktors Unterkapitalisierung

Die Unterkapitalisierung einer Gesellschaft ist ein wichtiger Faktor bei der Frage, ob eine Durchbrechung des Grundsatzes der beschränkten Haftung zulässig ist[298]. Jedoch sind bisher nur wenige Fälle bekannt, in denen ein Durchgriff allein auf der Grundlage dieses Gesichtspunktes zugelassen wurde. Grundsätzlich müssen noch andere Faktoren hinzukommen, um das Prinzip der Haftungstrennung zu durchbrechen[299]. Dies gilt selbst in den Fällen einer qualifizierten Unterkapitalisierung (*gross undercapitalization)*[300].
Einzelne Stimmen in der Literatur fordern jedoch, daß das alleinige Vorliegen von Unterkapitalisierung schon zu einer persönlichen Haftung der Gesellschafter führen müsse. Die Ausstattung einer Gesellschaft mit angemessenem Eigenkapital sei die Gegenleistung, der „Kaufpreis“ für die beschränkte Haftung[301]. Werde diese nicht erbracht, so könne die beschränkte

---

[296] HACKNEY / BENSON, 43 U. Pitt. L. Rev. 837, 898 (1982).
[297] ALTING, 2 Tulsa J. Comp. & Int'l Law 187, 201 (1995).
[298] Zu einem anderen Ergebnis kommt nur THOMPSON in seiner empirischen Studie. Diese Untersuchung ergebe, daß Unterkapitalisierung bei genauer Auswertung der Gerichtsentscheidungen nicht unter den Faktoren sei, die am häufigsten zur Begründung einer Durchgriffshaftung genannt würden. Auch gehöre die Unterkapitalisierung nicht zu den Faktoren, die mit größter Wahrscheinlichkeit ein *piercing the corporate veil* begründeten. THOMPSON, 76 Cornell L. Rev. 1036, 1067 (1991).
[299] DYE, 45 S. Cal. L. Rev., 823, 824 (1972); vgl. Arnold v. Brown, 27 Cal. App. 386, 396, 103 Cal. Rptr. 775, 783 (1973); Becherer v. Merrill Lynch, Pierce, Fenner & Smith, Inc., 43 F.3d 1054 (6th Cir. 1995); Paul Steel, Ltd. v. Omni Realty Partners, 885 P.2d 549 (Nev. 1994).
[300] PRESSER, Piercing the Corporate Veil, S. 1-54.
[301] LANDERS, 42 U. Chi. L. Rev. 589, 593 (1975).

Haftung nicht gewährt und müsse auf den Gesellschafter persönlich durchgegriffen werden. Die Unterkapitalisierung allein sei damit ausreichender Haftungsgrund[302].

Die Vertreter dieser Ansicht stützen ihre Meinung insbesondere auf Urteile aus der Rechtsprechung Kaliforniens, die in einzelnen Urteilen die Unterkapitalisierung als haftungsbegründend anzusehen scheint.

In der Entscheidung „Automoritz Del Golfo De California v. Resnick"[303] von 1957 sah der kalifornische Supreme Court eine Unterkapitalisierung zwar als einen wichtigen Faktor neben anderen an, eine Haftung gestützt allein auf diesen Aspekt lehnte er jedoch ab[304]. In dieser Entscheidung verklagte die Klägerin, eine mexikanische Gesellschaft, die Gesellschafter (E. G. Resnick, W. D. Cowan und R. W. Cowan) der Firma Erbel, Inc. persönlich. Die Klägerin verlangte von den Gesellschaftern die Kaufpreiszahlung für mehrere Kraftfahrzeuge, die die Gesellschaft Erbel, Inc. von der Klägerin erworben hatte. Das Gericht stellte fest, daß Erbel., Inc. einen monatlichen Umsatz von $ 100.000 bis $ 150.000 tätigte, die Gesellschafter aber nur jeweils $ 5.000 als Kapital in die Gesellschaft eingezahlt hatten.

Es ließ die Gesellschafter aus zwei Gründen für die Schulden von Erbel, Inc. persönlich haften. Zum einen hatte die Gesellschaft keine Aktien herausgegeben, darüber hinaus war die Gesellschaft unterkapitalisiert.

Der Supreme Court machte aber hinreichend deutlich, daß die Unterkapitalisierung zwar ein wichtiger Faktor bei der Frage nach einer persönlichen Haftung der Gesellschafter sei, daß ihr Vorliegen allein aber nicht ausreiche, um einen Durchgriff zu rechtfertigen.

Einige Jahre später, in der Entscheidung Minton v. Cavaney (1961)[305], soll eine Unterkapitalisierung dagegen als alleinige Grundlage für einen Haftungsdurchgriff ausreichend sein[306].

Dieser Entscheidung lag folgender Sachverhalt zugrunde. Die Tochter des Klägers ertrank in einem öffentlichen Schwimmbad, das von der Seminole Hot Springs Gesellschaft betrieben wurde. Nachdem der Kläger bereits erfolgreich die Gesellschaft wegen „wrongful death" auf Schadensersatzzahlung von $ 10.000 verklagte hatte, seine Forderung jedoch bei der Gesellschaft, die kaum noch Vermögen hatte, nicht befriedigen konnte, verklagte er nun den beherrschenden Gesellschafter persönlich. Der Supreme Court gewährte dem Vater den Anspruch,

---

[302] DYE, 45 S. Cal. L. Rev. 823, 835 (1972).
[303] Automoritz Del Golfo De California v. Resnick, 47 Cal.2d 792, 306 P.2d 1 (1957).
[304] Automoritz Del Golfo De California v. Resnick, 47 Cal.2d 792, 797, 306 P.2d 1, 4 (1957).
[305] Minton v. Cavaney, 56 Cal.2d 576, 15 Cal. Rptr. 641, 364 P.2d 473 (1961).
[306] Minton v. Cavaney, 56 Cal.2d 576, 579, 15 Cal. Rptr. 641, 643, 364 P.2d 473, 475 (1961).

da die Gesellschaft unterkapitalisiert gewesen sei und eine solche Unterkapitalisierung die persönliche Haftung der Gesellschafter nach sich ziehen könne.

In der Folgezeit haben sich Gerichte, die eine persönlich Haftung der Gesellschafter allein gestützt auf eine Unterkapitalisierung annehmen wollten[307], immer wieder auf die Entscheidung Minton v. Cavaney berufen. Bei genauerem Hinsehen ergibt sich jedoch, daß der kalifornische Supreme Court sich in dieser Entscheidung zwar auf das Vorliegen von Unterkapitalisierung bezogen hat, daß aber auch hier noch andere Faktoren wie das Nichteinhalten gesellschaftsrechtlicher Formalitäten („*lack of corporate formalities*") etc. vorlagen [308].

Diese widersprüchlichen Entscheidungen und undeutlichen Formulierungen der Gerichte lassen es unklar bleiben, ob selbst nach der kalifornischen Rechtsprechung Unterkapitalisierung allein einen Durchgriff rechtfertigen kann. Auch ging es in diesen Urteilen immer um einen Durchgriff auf einen Gesellschafter, der eine natürliche Person war. Die Entscheidungen könnten anders ausfallen, wenn es sich bei dem Gesellschafter um eine andere *corporation* handelte[309].

Die überwiegende Zahl der Meinungen hält aber eine Durchgriffshaftung allein wegen der ungenügenden Kapitalausstattung einer Gesellschaft für nicht gerechtfertigt[310]. Die Durchgriffshaftung ermögliche dem Geschädigten nicht nur einen Ausgleich für das nicht eingezahlte Kapital bzw. für den tatsächlich durch die Unterkapitalisierung erlittenen Schaden, sondern darüber hinaus für die Verluste die gegebenenfalls auch bei angemessener Kapitalausstattung der Gesellschaft aufgetreten wären[311]. Würde man eine Durchgriffshaftung allein auf der Grundlage von inadäquater Kapitalausstattung zulassen, so stünde dies im Widerspruch zu der dem Gesetz zugrundeliegenden Politik, daß ein Investor sein Haftungsrisiko auf einen angemessenen Betrag begrenzen können solle[312].

---

[307] „One highly relevant factor in determining a unity of interest is undercapitalization. In fact, the California Supreme Court has held that undercapitalization alone will justify piercing the corporate veil." , Nilson, Robbin, Dalgam, Berliner, Carson & Wurstet v. Louisiana Hydroelec, 854 F.2d 1538, 1544 (9th Cir. 1988). Siehe auch Slottow, Fidelity Bank v. American Casualty Co.of Reading, 1 F.3d 912, 917, amended and reh'g denied, 10 F.3d 1355 (9th Cir. 1993).

[308] Die Gesellschaft hatte weder „*stock certificates*" herausgegeben, noch hatte sie auf eine Anfrage des „*California Commissioner*" mit der Bitte um bestimmte Informationen geantwortet.

[309] Vgl. HACKNY / BENSON, 43 U. Pitt. L. Rev. 837, 889 (1982).

[310] So die überwiegende Ansicht. Vgl. PRESSER, Piercing the Corporate Veil, S. 1-54; CLARK, 90 Harv. L. Rev. 505 (1977).

[311] HACKNEY / BENSON, 43 U. Pitt. L. Rev. 837, 888 (1982).

[312] „Piercing the corporate veil solely for undercapitalization thus would convert an investor into a guarantor". CLARK, Corporate Law, S. 535, 547-550.

6. *Unterkapitalisierung bei deliktsrechtlichen und bei vertragsrechtlichen Gläubigern*

Vielfach wird diskutiert, ob eine Unterkapitalisierung hinsichtlich vertragsrechtlicher Gläubiger überhaupt von Bedeutung sein könne. Schließlich habe ein vertragsrechtlicher bzw. freiwilliger Gläubiger die Möglichkeit, vor Eingehen des Geschäftes sich von einer ausreichenden Kapitalisierung der Gesellschaft zu überzeugen. Komme er dieser Möglichkeit nicht nach, so treffe ihn diese Nachlässigkeit und könne er sich nicht auf eine Durchgriffshaftung berufen.

Gegen ein solche Unterscheidung zwischen deliktsrechtlichen und vertragsrechtlichen Gläubigern hat sich in der Literatur Kritik geregt. Zwar sei es richtig, daß ein Gläubiger sich nicht mehr auf die Unterkapitalisierung der Gesellschaft berufen könne, wenn er von der unzureichenden Kapitalausstattung der Gesellschaft Kenntnis hatte. In diesen Fällen finde sich die Grundlage für die beschränkte Haftung der Gesellschafter jedoch nicht darin, daß die Unterkapitalisierung bei vertragsrechtlichen Gläubigern keine Haftung begründen könne, sondern vielmehr in dem Rechtsprinzip des Estoppel, d.h. darin, daß der Gläubiger aus Billigkeitsgründen seine „Einrede" der Unterkapitalisierung verwirkt habe.

Ein Gläubiger habe jedoch nicht die Verpflichtung, sich über die ausreichende Kapitalisierung einer Gesellschaft zu erkundigen. Schließlich sollten die Anteilseigner und nicht die Gläubiger den größten Teil des Risiko eines Mißerfolges eines Geschäftes tragen. Dem Anteilseigner sollte es nicht möglich sein, daß Risiko auf die Gläubiger zu übertragen. Die Gläubiger müßten sich darauf verlassen können, daß die Gesellschaft entweder zumindest anfänglich ausreichend mit Kapital ausgestattet worden sei oder daß die Gesellschafter persönlich hafteten, wobei dieses aber natürlich nicht heiße, daß die Gläubiger davon ausgehen dürften, daß die Gesellschaft wirtschaftlich gesund sei[313].

Schließlich erscheine es unbillig, von dem Gläubiger eine erhöhte Sorgfaltspflicht zu verlangen, wenn sich die andere Seite, d.h. die Gesellschafter, unbillig verhielte[314].

---

[313] DYE, 45 S. Cal. L. Rev. 823, 836 - 839 (1972).

C. *Zusammenfassung*

Die Untersuchung der konkreten Anwendung der Doktrin des *piercing the corporate veil* hat gezeigt, daß ihre Anwendung sehr fallbezogen erfolgt. So ist es zwar möglich, aus den Gerichtsentscheidungen gewisse Leitlinien und Fallgruppen herauszukristallisieren, im Vordergrund steht aber immer die Einzelfallentscheidung. Die Gerichte untersuchen den zur Entscheidung vorliegenden Sachverhalt nach bestimmten Indizien. Innerhalb verbundener Gesellschaften sind dies Indizien, die auf eine faktische wirtschaftliche Einheit von Mutter- und Tochtergesellschaft hinweisen, die von den Gesellschaften zum Nachteil der Gläubiger eingesetzt wurde. Anhand der Indizien wird eine Gesamtschau aller Umstände und eine Abwägung im Einzelfall vorgenommen, die die Frage beantworten soll, ob in dem konkret vorliegenden Fall eine Durchbrechung der beschränkten Haftung zur Vermeidung unbilliger Ergebnisse geboten ist.

Eine solche einzelfallbezogene Vorgehensweise hat sicherlich den Vorteil, daß sie sehr flexibel ist und auf die Besonderheiten des jeweiligen Falls eingehen kann. Sie bringt aber auch den Nachteil mit sich, daß der Ausgang einer Entscheidung ungewiß ist und meist nicht vorhergesehen werden kann[315]. Die Lehre des *piercing the corporate veil* wird aufgrund der Untersuchung einzelner Indizien und Faktoren auch „*grab bag analysis*" genannt[316]. Die Gerichte gehen selten systematisch vor, folgen keinem Konzept, sondern suchen willkürlich einzelne Fakten heraus, auf die sie ihre Entscheidungen stützen[317]. Dadurch wird immer nur ein Ausschnitt der Beziehung von Mutter- und Tochtergesellschaft untersucht. Die Gesamtheit der Verflechtung wird auseinander gerissen und durch das bloße Auflisten einzelner Fakten ersetzt[318]. Auf diese Weise ist es sehr schwierig, die Gesamtheit der Beziehungen von verbundenen Gesellschaften zu erfassen.

---

[314] LATTY, Subsidiaries and Affiliated Corporations, S. 127.

[315] Die einzelfallbezogene Analyse hat zum Teil zu harrscher Kritik geführt, z.B. EBY, 75 Wash. L. Rev. 147 (2000).

[316] Vgl. z.B. ANTUNES, Liability of Corporate Groups, S. 247.

[317] LANDERS bezeichnete die Lehre des *piericng the corporate veil* einmal als „exercise of cataloging a number of factors in order to reach a normative conclusion that piercing is or is not appropriate". LANDERS, 42 U. Chi. L. Rev. 589, 620 (1975).

[318] ANTUNES hat in diesem Zusammenhang insbesondere darauf hingewiesen, daß durch das Aufsprengen der Beziehung in einzelne Bruchstücke die Tatsache vernachläßigt würde, daß das Vorliegen des wichtigsten Elements der Kontrolle in dem einen Geschäftsbereich nicht gleich bedeutend sei mit dem Vorliegen von Kontrolle in anderen oder gar allen Geschäftsbereichen. ANTUNES, Liability of Corporate Groups, S. 248.

4. Kapitel Neuere Entwicklungen

Diese Kritikpunkte sind in der Literatur zum Anlaß genommen worden, um neue Konzepte für eine Haftung von Gesellschaften zu entwickeln, die vielfach eine Lösung außerhalb des traditionellen Prinzips des *entity law* und der Doktrin des *piercing the corporate veil* suchen. Diese neuen Konzepte haben überwiegend eines gemeinsam. Sie lehnen einen generellen Ansatz, der für alle Rechtsgebiete gültig ist, ab und wollen ein Haftungssystem finden, daß den Problemen eines speziellen Rechtsbereiches gerecht wird.

Ansonsten aber sind die unterschiedlichsten Vorschläge entwickelt worden. Auch wenn sie immer noch die Ausnahme in dem Regel - Ausnahme - Konzept von *entity law* und *piercing the corporate veil* darstellen, so lassen sie doch erkennen, wie versucht wird, den dargestellten Problemen des bisherigen Rechtsansatzes zu begegnen und in welche Richtung auf lange Sicht der Umgang mit verbundenen Gesellschaften gehen könnte.

Exemplarisch sollen im folgenden drei dieser Richtungen vorgestellt werden.

Zunächst wird auf den sog. *enterprise law* Ansatz eingegangen. Unter besonderer Berücksichtigung der wirtschaftlichen Realitäten wird hier versucht, der Beziehung von verbundenen Gesellschaften gerecht zu werden.

Daran anschließend folgt eine Untersuchung der Behandlung der Haftung zwischen Gesellschaften im Gesetzesrecht, die am Beispiel des Umwelthaftungsrecht dargestellt wird.

Abschließend wird ein Ansatz dargestellt, der im besonderen von dem bisherigen *entity law* abweicht. Er fordert die Aufhebung der beschränkten Haftung im Bereich von deliktsrechtlichen Ansprüchen. Dieses Haftungsmodell ist zwar nicht speziell auf verbundene Gesellschaften ausgerichtet, kann aber die Haftung von Gesellschaften einer Unternehmensgruppe völlig neu definieren.

A. *Enterprise Theory*

Nach dem *entity law* ist eine Gesellschaft eine eigene selbständige Einheit, die unabhängig von ihren Gesellschaftern besteht. Aus rechtsdogmatischer Sicht sind daher auch verbundene Gesellschaften unabhängige Einheiten.

Diese Sichtweise ist schon in den 40 iger Jahren insbesondere von BERLE kritisiert worden[319]. Es entspreche nicht mehr der wirtschaftlichen Realität, die Gesellschaften einer Unternehmensgruppe als selbständige Einheiten zu betrachten. Wirtschaftlich gesehen seien Mutter- und Tochtergesellschaft vielmehr ein großes Unternehmen (*enterprise*). Rechte und Pflichten einer der Gesellschaften einer Unternehmensgruppe müßten daher auf die ganze Unternehmensgruppe ausgedehnt werden. Verbleibe den Gesellschaften kein autonomer Entscheidungsbereich und sei eine Muttergesellschaft mehr als nur ein Investor, der ein rein finanzielles Interesse an der Tochtergesellschaft habe, so stellten die Gesellschaften eine wirtschaftliche Einheit dar, mit der Folge, daß die Vermögen der einzelnen Gesellschaften zu einer Haftungsmasse zusammengefaßt werden müßten. Eine Muttergesellschaft sei dann schon aufgrund des „*enterprise*“ - Gedanken haftbar[320]. Eines Umwegs über die persönliche Gesellschafterhaftung nach den Grundsätzen des *piercing the corporate veil* bedürfe es dann nicht mehr.

Vereinzelt ist dieser Ansatz auch in der Rechtsprechung aufgenommen worden.
Typisches Anwendungsbeispiel sind die New Yorker „Taxifälle“[321]. Hier haben die Betreiber mehrerer Taxis jeweils ein oder zwei Taxis als einzelne Gesellschaften inkorporiert. Offensichtliches Ziel war es, die Haftung, die durch den Betrieb eines der Taxis entstehen konnte, auf diese eine Gesellschaft zu begrenzen. Für jedes Taxi wurde jeweils nur die gesetzlich vorgeschriebene Mindestversicherungssumme abgeschlossen, welche offensichtlich in keinem Verhältnis zu möglicherweise entstehenden Schäden stand. Die Gerichte entschieden in diesen Fällen unter Berufung auf die Theorie BERLES, daß die einzelnen Gesellschaften als Teil

---

[319] BERLE, 47 Colm. L. Rev. 343 (1947).

[320] Außerhalb konkreter Haftungsfragen wird dieser Ansatz teilweise verwendet, um in Gerichtsverfahren die innerstaatliche Gerichtsbarkeit und Zuständigkeit über eine Muttergesellschaft zu begründen. Indem Mutter- und Tochtergesellschaft als ein großes Unternehmen betrachtet werden, erklären sich einige Gerichte für zuständig, über eine Muttergesllschaft richten zu können, deren Tochtergesellschaft im einem anderen Bundesstaat verklagt wird (vgl. z.B. Mathes v. P. T. National Utility Helicopters Ltd., 68 Cal.App.3d 182, 137 Cal Rptr. 104 (1977); Edwards v. Gult Mississippi Marine Co., 449 F.Supp. 1363 (S.D. Tex. 1978)). Vergleiche zu diesem Problemkreis auch unter Teil 1, 4. Kapitel C II 2.
Auch im Bereich des Steuerrechts und des Arbeitsrechts finden sich Entwicklungen, die auf den *enterprise law* - Ansatz hinauslaufen. Vgl. BLUMBERG, Procedural Law, S. 429.

[321] Z.B. Teller v. Clear Service Co., 173 N.Y.S.2d 183 (Sup. Ct. 1958); Robinson v. Chase Maintenance Corp., 190 N.Y.2d 773 (Sup. Ct. 1959); Mull v. Colt Co., 31 F.R.D. 154 (S.D.N.Y. 1962); Boyle v. Judy Cab Co., 203 N.Y.S.309 (Sup. Ct. 1960); Black & White Inc. v. Love, 367 S.W.2d 247 (1963); Collins v. Booker, 210 S.E.2d 676 (1973).

eines Gesamtunternehmens angesehen werden müßten und daher auch das gesamte Unternehmen und nicht nur die einzelne Gesellschaft haften müßte.

Die wohl bekannteste in diesem Zusammenhang ergangene Entscheidung ist Walkovsky v. Carlton[322]. Der Kläger dieses Falles wurde schwer verletzt, als er in New York von einem Taxi angefahren wurde. Das Taxi gehört der beklagten Gesellschaft „Seon Cab Corp." Der Beklagte Carlton war Anteilseigner von zehn Gesellschaften, darunter auch die Gesellschaft „Seon". Jede dieser Gesellschaften führte zwei Taxis, für die nur die gesetzlich erforderte Minimalversicherung von $ 10. 000 je Taxi bestand. Der Kläger legte dar, daß es auf den ersten Blick zwar so erscheinen möge, als wenn die zehn Gesellschaften unabhängig von einander betrieben würden, tatsächlich aber würden sie im Hinblick auf ihre Finanzierung, Reparaturen, Angestellte und Einstellplätze der Taxis wie ein einziges Unternehmen geführt. Er könne daher die Anteilsinhaber der Gesellschaften persönlich in Anspruch nehmen, da eine solch vielschichtige Gesellschaftsform einen ungesetzlichen Versuch darstelle, Mitglieder der Allgemeinheit zu betrügen.

Das Gericht legte in seiner Entscheidung mit Bezug auf den Aufsatz von BERLE dar, daß man unterscheiden müsse, ob der Kläger behaupte, daß eine Gesellschaft Teil eines großen Unternehmens sei und sie im Grunde von diesem großen Unternehmen geführt werde oder ob er behaupte, daß die Gesellschaft nur eine Hülle („*dummy*") für die individuellen Gesellschafter sei, die die Gesellschaft in Wahrheit wie ihre persönlichen Angelegenheiten führten.
In beiden Fällen wäre ein Haftungsdurchgriff gerechtfertigt, jedoch würde jeder Fall ein unterschiedliches Ergebnis bewirken. Im ersteren würde nur eine andere Gesellschaft herangezogen, im anderen Fall wären die Anteilseigner persönlich haftbar.
Das Gericht wies die Klage ab, da der Kläger die Voraussetzungen beider Alternativen nicht ausreichend dargelegt habe.

[322] 18 N.Y.2d 414, 276 N.Y.S.2d 585, 223 N.E.2d, 6 (1966).

Das Urteil wird überwiegend dahingehend verstanden, daß das Gericht, dann, wenn der Kläger eine wirtschaftliche Einheit der Gesellschaften nachgewiesen hätte, eine Haftung des Gesellschafters im Sinne des „*enterprise*“ - Ansatzes bejaht hätte[323].
Außerhalb dieser „Taxifälle“ sind jedoch kaum Fälle bekannt, die auf der Grundlage der „*enterprise*“-Theorie entschieden wurden[324].

In jüngster Zeit ist der Gedanke des *enterprise law* insbesondere von BLUMBERG wieder aufgegriffen worden. Auch BLUMBERG kritisiert vehement, daß die Behandlung verbundener Gesellschaften nach dem *entity* - Grundsatz nicht mehr zeitgemäß sei und an den wirtschaftlichen Realitäten vorbeigehe. Daher müßten Unternehmen, die zwar juristisch als getrennte Einheiten gegründeten wurden, in der Praxis aber als eine wirtschaftliche Einheit anzusehen seien, auch als eine Einheit behandelt werden. BLUMBERG tritt dafür ein, daß hinsichtlich der Frage, ob nur die einzelne Gesellschaft oder der gesamte Unternehmensverbund haften soll, das *entity law* von dem *enterprise law* ersetzt werden solle. Die Grundsätze des *enterprise law* erforderten keinen Betrug oder andere Voraussetzungen der Doktrin des *piercing the corporate veil*. Daher könne einer Muttergesellschaft nach dem *enterprise law* auch dann eine Haftung auferlegt werden, wenn die Voraussetzungen des *piercing the corporate veil* nicht vorlägen[325]. Das *enterprise law* berücksichtige Faktoren wie Kontrolle, wirtschaftliche Integration, finanzielle und administrative Verflechtungen und ein einheitliches Auftreten im Geschäftsverkehr. Es muß eine „erhebliche gegenseitige Interdependenz“ zwischen den Gesellschaften einer Unternehmensgruppe nachgewiesen werden[326]. Bildeten die Gesellschaften unter Berücksichtigung dieser Faktoren eine wirtschaftliche Einheit, so könne der gesamte Unternehmensverbund für alle Verbindlichkeiten, die von der Gesellschaft eingegangen würden, haftbar gemacht werden[327]. Insoweit Haftungsfragen betroffen seien, soll sich eine Kon-

---

[323] Eine andere Ansicht vertritt DRÜKE, der in dem Urteil keine Anerkennung der *enterprise - entity* - Theorie sieht. Nicht die Tatsache, daß ein einheitliches Unternehmen in mehrere rechtlich selbständige Gesellschaften aufgeteilt worden sei, hätte das Gericht gegebenenfalls zu einer Haftung veranlaßt. Aussschlaggebend sei vielmehr gewesen, daß die Aufspaltung Gesellschaften zurückgelassen habe, die von Beginn an erkennbar nicht in der Lage gewesen seien, Forderungen aus größeren Verkehrunfällen zu befriedigen und damit grob unterkapitalisiert gewesen seien. Siehe DRÜKE, Haftung der Muttergesellschaft für Schulden der Tochtergesellschaft, S. 8.
[324] BLUMBERG / STRASSER, in: Protecting the Corporate Parent, S. 175, 237.
[325] BLUMBERG, The Multinational Challenge to Corporation Law, S. 94.
[326] Vgl. BLUMBERG, ZGR 1991, Sonderheft 11, S. 264, 279.
[327] In jüngster Zeit ist der Vorschlag gemacht worden, mit Hilfe des *enterprise law* nicht die Haftung auf die Muttergesellschaft auszudehnen, sondern vielmehr die Haftung auf die Muttergesellschaft zu verlagern. Die Muttergesellschaft solle anstelle der Tochtergesellschaft haften. Vgl. die „*note*“ in 107 Harv. L. Rev. 1455 (1994).

zernmutter nicht mehr durch die Gründung einer Tochtergesellschaft der Haftung entziehen können.
Jedoch muß auch BLUMBERG eingestehen, daß eine solch weitgreifende Änderung der Haftungsstruktur im amerikanischen Gesellschaftsrecht nicht in der näheren Zukunft zu erreichen sei. Es bedürfe hierfür einer gesetzlichen Regelung, für die derzeit aber kein politischer Boden bestehe. Daher solle zunächst ein Weg der kleinen Schritte gegangen werden. Das *entity law* bleibe dabei immer noch die grundsätzliche Regel, jedoch solle diese Grundregel in einigen Rechtsgebieten von dem *enterprise* - Konzept abgelöst werden, wenn eine Festhalten an dem *entity law* inakzeptable Ergebnisse zur Folge hätte. Entscheidungen von Fall zu Fall sollen den Boden für die aus BLUMBERGS Sicht sachgerechtere Anwendung des *enterprise laws* bereiten, so daß die hinter den Regelungen stehende Politik und deren Ziele in den einzelnen Rechtsgebieten voll zur Geltung käme.

Bisher ist der *enterprise law* - Ansatz jedoch noch keine wirkliche Alternative zum *entity law* und dem *piercing the corporate veil*. Er weist noch ähnliche Schwierigkeiten auf wie man sie der Lehre des *piercing the corporate veil* nachsagt. Einen genauen Prüfungsansatz liefert auch die Frage nach der wirtschaftlichen Integration von verbundenen Gesellschaften nicht. Auch hier läuft eine Prüfung auf die Aufweisung verschiedener einzelner Faktoren hinaus. Es zeichnet sich daher auch hier eine kasuistische Behandlung des Problemkreises ab. Die größere Bedeutung des *enterprise law* - Ansatzes für die Beurteilung des Verhältnisses von Konzerngesellschaften ist daher wohl nicht in seiner besseren Praktikabilität zu sehen, sondern in dem sachgerechteren methodischen Ansatz.
Die Frage nach der wirtschaftlichen Verflochtenheit stellt den Hintergrund, vor dem die Haftung von verbundenen Gesellschaften beantwortet werden sollte.

Auch die amerikanischen Gerichte halten den Ansatz als nicht für die breite Praxis anwendbar. Die Taxifälle sind sicherlich ein bemerkenswertes Beispiel für einen neuen Ansatz der Durchbrechung der Rechtsform und für den Umgang mit Mißbrauchsfällen. Außerhalb der oben beschriebenen Entscheidungen haben die Gerichte aber nicht auf den „*enterprise*“ - Ansatz zurückgegriffen. Seine Bedeutung ist demnach in der Praxis nur gering.

B. *Entwicklungen im Gesetzesrecht am Beispiel des CERCLA*

Neuere Entwicklungen lassen sich auch im Bereich des Gesetzesrechts erkennen.
Der Gesetzgeber hat nach Wegen gesucht, um den wirtschaftlichen Realitäten gerecht zu werden. In einzelnen Bereichen legen daher Gesetze für bestimmte Anwendungsbereiche eine andere Behandlungsform der Gesellschaft fest. Hierbei handelt es sich zum einen um Spezialgesetze, die sich insbesondere mit der Behandlung verbundener Gesellschaften in ausgesuchten Bereichen befassen[328]. Sie legen Regelungen für Konzernsachverhalte fest, die bewußt über das *entity*-Prinzip hinausgehen. Um eine bestmögliche Förderung des Gesetzeszwecks zu erreichen, haftet eine Muttergesellschaft unter den gesetzlich festgeschriebenen Voraussetzungen vielfach für die Schulden der Tochtergesellschaft, ohne daß die Elemente der Doktrin des *piercing the corporate veil* vorliegen. Diese Gesetze erleichtern die Auslegungsarbeit der Gerichte erheblich, da sie anders als das *common law* dem Gericht konkrete Richtlinien an die Hand geben. Allerdings kann man auch hinsichtlich dieser Spezialgesetze nicht von einem einheitlichen Konzernrecht sprechen. Selbst eine allgemeingültige Definition des Begriffs des Konzerns kann nicht ausgemacht werden. Die Gesetze müssen immer vor dem Hintergrund des jeweiligen Regelungszwecks und den politischen Zielen des einzelnen Gesetzes ausgelegt und angewandt werden. Die Kriterien einer Konzerndefinition ändern sich daher mit dem spezifischen Gesetz. Gemeinsam ist den Gesetzen allenfalls, daß sie sich überwiegend auf den Begriff der Kontrolle als wesentliches Merkmal eines Konzerns beziehen.
Neben diesen Spezialgesetzen gibt es die allgemeinen Gesetze, die nicht ausdrücklich auf verbundene Gesellschaften Bezug nehmen. Sobald die Gesetze auf Konzernsachverhalte anzuwenden sind, stellt sich den Gerichten das Problem, ob nach dem Sinn und Zweck des Gesetzes an den Grundsätzen des *entity law* festzuhalten oder die Behandlung der Gesellschaften als ein Unternehmen angebracht ist. Sie müssen berücksichtigen, in welchem Umfang eine konzernrechtliche Auslegung der Vorschrift notwendig oder wünschenswert ist, um eine Mutter-, Tochter- oder auch Schwestergesellschaft mitzuerfassen und so zu verhindern, daß der Gesetzeszweck scheitert oder das Gesetz umgangen wird.

---

[328] Zu nennen sind beispielsweise der Foreign Corrupt Practice Act und der Income Revenue Code. Zu weiteren Beispielen siehe bei EBKE in: Gesellschaftsrecht der Konzerne im internationalen Vergleich, S. 279, 293 ff..

Derartige allgemeine Gesetze sind in den letzten Jahren insbesondere im Umweltrecht erlassen worden[329]. Das bekannteste dieser Gesetze und das wohl am kontroversten diskutierte ist der Comprehensive Environmental Response, Compensation, and Liability Act[330], kurz CERCLA oder auch *Superfund*.

Der CERCLA regelt, welche Personengruppen zu einer Beseitigung von Altlasten herangezogen werden können. Er geht hierbei nicht explizit auf eine mögliche Haftung von Muttergesellschaften für Altlasten einer Tochtergesellschaft ein. Dieser Umstand hatte in den Jahren nach dem Erlaß des CERCLA eine heftige Diskussion in der US - amerikanischen Literatur[331] und Rechtsprechung zur Folge. Es stand in Frage, ob der Gesetzeswortlaut die Heranziehung von Muttergesellschaften für von der Tochtergesellschaft verursachte Altlasten ermöglichte, ohne daß die Voraussetzungen der Doktrin des *piercing the corporate veil* vorlägen. Viele Gerichte sahen in dem Schweigen des Gesetzgebers zu einer möglichen Haftung von Muttergesellschaften, eine Aufforderung, dem Ziel des Gesetzes möglichst weitgehend gerecht zu werden und Muttergesellschaften auch ohne Vorliegen der Voraussetzungen des *piercing the corporate veil* haftbar zu machen[332]. Der Supreme Court entschied schließlich 1998 mit der sogenannten Bestfoods - Entscheidung[333] diesen Streitstand dahingehend, daß auch unter dem CERCLA eine Haftung von Muttergesellschaften nur dann in Frage komme, wenn die Vor-

---

[329] Hierzu gehören unter andererem der Clean Air Act (42 U.S.C. §§ 7470 ff. (1982)); der Federal Water Pollution Control Act (33 U.S.C. § 1321 (1982)) und der Surface Mining Control & Reclamation Act (30 U.S.C. § 1201 (1982)).

[330] 42 U.S.C. § 9601 ff..

[331] Die zum CERCLA erschienenen Beiträge in der US - amerikanischen Literatur sind kaum noch zu übersehen. Siehe z.B. FRISCHKNECHT, Parent Corporation Liability for Subsidiary Violations under § 107 of United States v. Cordova Chemical. Co., 1998 B.Y.U.L. Rev. 265 (1998); MCKANE, Operator Liability for Parent Corporations under CERCLA: A Return to Basics, 91 Nw. U. L. Rev. 1642 (1997); SCHIPANI, Environmental Law and Business in the 21st Century: Infiltration of Enterprise Theory into Environmental Jurisprudence, 22 Iowa J. Corp. L. 599 (1997); THOMPSON, The Limits of Liability in the New Limited Liability Entities, 32 Wake Forest L. Rev. 1 (1997); BAKST, Piercing the Corporate Veil for Environmental Torts in the United States and the European Union: The Case for the Proposed Civil Liability Directive, 19 B.C. Int'l & Comp. L. Rev. 323 (1996); OSWALD / SCHIPANI, CERCLA and the Erosion of Traditional Corporate Law Doctrine, 86 Nw. U. L. Rev. 259 (1992); HEIDT, Liability of Shareholders under the Comprehensive Environmental Response Compensation and Libility Act (CERCLA), 52 Ohio St. L. J. 133 (1991); KEZSBOM / GOLDMAN, „Successor" and „Parent" Liability for Superfund Cleanup Costs: The Evolving State of the Law, 10 Va. Envtl. L. J. 45 (1990); ARONOVSKY / FULLER, Liability of Parent Corporations for Hazardous Substance Releases under CERCLA, 24 U.S.F.L. Rev. 421 (1990).

[332] John S. Boyd Co., Inc. v. Boston Ga Co., 775 F.Supp. 435 (D. Mass 1991), aff'd 992 F.2d 401 (1st Cir. 1993); Lanyford-Coaldale Water Authority v. Tonolli Corp., 4 F.3d 1209 (3rd Cir. 1993); The Fishbein Family Partnership v. PPG Indus., 871 F.Supp. 765 (D.N.J. 1994).

[333] United States v. Bestfoods (118 S.Ct. 1876 (1998)).
Zu dieser Entscheidung siehe IRBY, 52 Ark. L. Rev. 613 (1999); MILLER / MANGONE, 28-Mar Colo. Law. 85 (1999); NOTE in 28-Oct. Real Est. L. Rep. 3 (1999); GUZZANO, 23 Nova L. Rev. 927 (1999); LASETER /

aussetzungen des Grundsatzes des *piercing the corporate veil* gegeben seien. Das Gericht machte in dieser Entscheidung deutlich, daß die Haftung unter dem CERCLA als eine Veranlasserhaftung angelegt sei und eine Muttergesellschaft für die Beseitigung von Altlasten der Tochtergesellschaft nur herangezogen werden könne, wenn sie selbst auch als Veranlasserin der Altlasten anzusehen sei. Ansonsten komme eine Haftung der Muttergesellschaft nur unter dem traditionellen Prinzip des *piercing the corporate veil* in Betracht[334].

Da die Kontroverse um die Haftung von Muttergesellschaften unter dem CERCLA lange Zeit die US - amerikanische Literatur und Rechtsprechung zum CERCLA dominierte und die „Bestfood“ - Entscheidung ein klares Bekenntnis zu den allgmeinen *common law* Grundsätzen der beschränkten Haftung und ihrer Ausnahme des *piercing the corporate veil* darstellt, soll im folgenden ein Überblick über diese Diskussion und Entwicklung gegeben werden.

I. Regelungszweck des CERCLA

Hintergrund des CERCLA sind Altlastenschäden, die Ende der 70 iger Jahre in den USA im großen Umfang entdeckt wurden. Die Beseitigung der Altlasten verursachte immense Kosten, und veranlaßte viele Unternehmen, ihr Haftungsrisiko durch Auslagerung gefahrenträchtiger Aktivitäten in Tochtergesellschaften zu begrenzen oder gar auszuschließen. Jedoch überstiegen die Kosten der Altlastensanierung das in den Tochtergesellschaften vorhandene Kapital zum Teil erheblich. Der Kongreß sah sich daher veranlaßt, ein Gesetz zur Regelung dieser

---

MAYFIELD, 50 Mercer L. Rev. 1005 (1999); COOK, 59 La. L. Rev. 1003 (1999); HOPKINS, 29 Envt'l L. Rep. 10545.

[334] Neben die haftungsrechtliche Problematik tritt bei der Anwendung des CERCLA noch eine verfassungsorganisationsrechtliche. Es stehen bundesrechtliche und einzelstaatenrechtliche Vorschriften im Konflikt. Wie dieses Problem zu lösen ist, läßt jedoch auch die Bestfoods-Entscheidung offen.
Um zu seiner vollen Wirkung zu kommen, ist es nicht nur erforderlich, daß der Anwendungsbereich weit ausgelegt wird, sondern auch, daß ein einheitliches *federal common law* zu seiner Auslegung entwickelt wird. In der Entscheidung United States v. A & F Materials Co. (578 F.Supp. 1249, 1255 (S.D. Ill. 1984)) nennt das Gericht hierfür mehrere Gründe. Zum einen zeige der Erlaß des CERCLA, daß auf Bundesebene ein besonderes Interesse an der Milderung der Altlastenschäden bestehe. Darüber hinaus sei die Durchsetzung insbesondere der Haftungsvorschriften Sache des Bundes. Auch drohe ansonsten die Gefahr des „dumpings“ zwischen den einzelnen Staaten, die weniger rigoros in der Anwendung der Haftungsvorschriften des CERCLA seien. Schließlich habe der Bund ein großes Interesse daran, daß der Superfund unbeschadet bestehen bleibe.

Probleme zu erlassen und umfangreiche Haftungsregelungen festzulegen. So wurde im Dezember 1980 nach heftigen und langen Auseinandersetzungen der CERCLA vom Kongreß verabschiedet. Das mit ihm begonnene Sanierungsprogramm wurde zuletzt 1995 erneuert und dadurch der finanzielle Rahmen des *Superfunds* gesichert.
Der CERCLA beinhaltet weitreichende Regelungen, um die Entstehung, den Transport und die Beseitigung bzw. Lagerung gefährlicher Substanzen zu kontrollieren[335]. Er ermächtigt die Bundesumweltbehörde EPA[336], die Verursacher von Altlasten zu deren Sanierung zu verpflichten bzw. selbst die Altlastensanierung vorzunehmen und dann die Verantwortlichen in Regreß zu nehmen. In letzterem Fall finanziert sie ihre Maßnahmen aus einem „*superfund*" vor und zieht dann die Verantwortlichen zu Ausgleichszahlungen in diesen Fond heran[337]. Zur Bestimmung dieser Zahlungspflicht hält der CERCLA umfangreiche privatrechtliche Haftungsregelungen bereit.

II. Die Haftungsregelung des § 107 (a) CERCLA

Wichtigste Haftungsvorschrift des CERCLA ist § 107 (a)[338]. Er regelt die Haftung für die Sanierung von Altlasten. Als Haftungsvoraussetzungen legt er fest:

In der Praxis folgen die Gerichte jedoch meist *state common law*. Vgl. BLUMBERG, General Statutory Law, S. 616 mit Verweis auf CPC International, Inc. v. Aerojet-General Corp., 777 F.Supp. 549 (W.D. Mich. 1991).

335 BLUMBERG, General Statutory Law, S. 614.

336 „Environmental Protection Agency".

337 Ausführlich zu den Entschädigungsfonds im Umwelthaftungsrecht der USA siehe HOHLOCH, Entschädigungsfonds auf dem Gebiet des Umwelthaftungsrechts, S. 187 ff..

338 Diese Haftungsregel hat auszugsweise folgenden Wortlaut:
„Notwithstanding any other provision or rule of law, and subject only to the defenses set forth in subsection (b) of this section-
(1) the owner and operator of a vessel or a facility,
(2) any person who at the time of disposal of any hazardous substance owned or operated any facility at which such hazardous substances werde disposed of ...
shall be liable for -
(A) all costs of removal or remedial action incurred by the United States Government ... not inconsistent with the national contingency plan;
(B) any other necessary costs of response incurred by any other person consistent with the national contingency plan;
(C) damages for injury to, destruction of, or loss of natural resources, including the reasonable costs of assessing such injury, destruction, or loss resulting from such a release; and
(D) the costs of any health assessment or health effects study carried out under section 9604 (i) of this title.", 42 U.S.C. §§ 9601-75 (1994).

(1) Das kontaminierte Eigentum muß eine Anlage sein.

(2) Eine gefährliche Substanz muß von dieser Anlage ausgegangen sein bzw. droht von dieser Anlage auszugehen.

(3) Es sind durch dieses Austreten bzw. das drohende Austreten der gefährlichen Substanz Kosten entstanden.

(4) Die Person, die zur Haftung herangezogen werden soll, fällt unter eine der vier Kategorien von Personen, die möglicherweise zur Verantwortung gezogen werden können (*potentially responsible parties*).

Zu den Personengruppen, die einer Haftung unterfallen können, gehören

(1) der gegenwärtige Eigentümer („*owner*") und Betreiber („*operator*") der Anlage,

(2) jede Person, der die Anlage zu der Zeit gehört hat oder die sie betrieben hat, als die gefährlichen Substanzen ausgetreten sind,

(3) die Erzeuger gefährlicher Substanzen,

(4) Transporteure der gefährlichen Substanzen, sofern sie die Anlage selbst ausgesucht haben.

Nicht explizit als *potentially responsible parties* genannt werden Muttergesellschaften.

Die Tatbestandsmerkmale des § 107 (a) CERCLA sind weit gefaßt und sind bei ihrer Anwendung weit auszulegen, um dem Ziel des Gesetzgebers, eine weitestgehende Beseitigung der Altlasten durch ihre Verursacher zu erreichen, nahezukommen[339]. Diese weite Fassung der Tatbestandsmerkmale lassen jedoch den Rechtsanwender bei ihrer Anwendung weitestgehend allein.

Besondere Schwierigkeiten hat die Auslegung der Begriffe des „*operator*" und des „*owner*" gegeben. Insbesondere bei der Anwendung dieser Begriffe auf verbundene Gesellschaften

[339] „The statute should not be narrowly interpreted to frustrate the government's ability to respond promptly and effectively, or to limit the liability of those responsible for cleanup costs beyond the limits expressly provided." BLUMBERG, General Statutory Law, S. 615.

bestanden bis zur Klarstellung durch den Supreme Court in der Bestfood Entscheidung Unsicherheiten, wann eine Muttergesellschaft als *„owner“* und *„operator“* angesehen werden und damit zu einer Haftung für die Beseitigung von Altlasten der Tochergesellschaft herangezogen werden kann.

1. Die Rechtsprechung bis zur Bestfoods - Entscheidung

In der bisherigen Rechtsprechung gab es drei verschiedene Ansätze, wie die Begriffe des *„operator“* und des *„owner“* auszulegen seien und damit drei Ansätze für die Bestimmung der Haftungsvoraussetzungen einer Muttergesellschaft für Altlasten der Tochtergesellschaft.

a) „Actual Control“ - Test

Eine Vielzahl von Gerichten sah eine Muttergesellschaft als Betreiberin einer Anlage der Tochtergesellschaft an und machte sie unter § 107 (a) CERCLA für Altlasten der Tochtergesellschaft haftbar, schon wenn sie ihre Tochtergesellschaft kontrollierte und diese Kontrolle auch tatsächlich ausübte[340]. Diese Gerichte waren der Ansicht, daß das Ziel des CERCLA, Verantwortliche für die Beseitigung von Altlasten zu finden, es erfordere, den Grundsatz der Haftugnstrennung außer acht zu lassen und eine Muttergesellschaft als Betreiberin einer Anlage anzusehen, wenn sie die die Geschäftsführung und die *day - to day decisions* der Tochtergesellschaft kontrollierte. In diesem Zusammenhang wurde von *„active involvement“* oder *„active participation“* der Muttergesellschaft als Voraussetzung für eine Haftung gesprochen.

Als Begründung wurde angeführt, daß eine Muttergesellschaft, die die Tagesgeschäfte der Tochtergesellschaft kontrollieren könne, auch in der Lage sei, die Umweltverschmutzungspo-

---

[340] Vgl. Colorado v. Idarado Mining Co., 18 ELR 20578 (D. Colo. Apr, 29 1987); Mobay v. Allied-Signal Inc.,761 F.Supp. 345 (D.N.J. 1991); John S. Boyd Co., Inc. v. Boston Ga Co., 775 F.Supp. 435 (D. Mass 1991), aff'd 992 F.2d 401 (1st Cir. 1993); John S. Boyd Co., Inc. v. Boston Ga Co., 775 F.Supp. 435 (D. Mass 1991), aff'd 992 F.2d 401 (1st Cir. 1993); Lanyford-Coaldale Water Authority v. Tonolli Corp., 4 F.3d 1209 (3rd Cir. 1993); The Fishbein Family Partnership v. PPG Indus., 871 F.Supp. 765 (D.N.J. 1994).

litik der Tochtergesellschaft zu kontrollieren und daher die Entstehung der Altlasten hätte verhindern können.

So führte das Gericht in der Entscheidung City of New York v. Exxon Corp.[341] aus, daß zu den relevanten und wichtigen Faktoren bei der Frage nach der Haftung einer Muttergesellschaft gehöre, ob die Muttergesellschaft die zeitweise Möglichkeit gehabt habe, die Freisetzung gefährlicher Substanzen zu entdecken, ob die Muttergesellschaft die Macht gehabt habe, Vorgänge dirigieren zu können, die zu einer Abgabe führten sowie die Möglichkeit der Muttergesellschaft, Schäden vorzubeugen und abzuwenden[342].

b) „Authority to Control" - Test

Der *„authority to control"* - Ansatz war noch weiter gefaßt als der *„actual control test"*. Die Gerichte, die diesem Ansatz folgten, ließen die bloße Möglichkeit der Ausübung der Kontrolle über die Geschäfte der Tochtergesellschaft genügen, um eine Muttergesellschaft als Betreiberin einer Anlage für Altlasten der Tochtergesellschaft haften zu lassen[343].
Dies führte dazu, daß die Gerichte eine Muttergesellschaft schon allein deshalb zur Beseitigung von Altlasten einer Tochtergesellschaft heranzogen, wenn sie Eigentümerin der Tochtergesellschaft war. Ein Verhalten der Muttergesellschaft forderten sie nicht.

Die grundlegende Entscheidung für den sogenannten *„authority to control"* - Test stellt Idaho v. Bunker Hill Co.[344] dar. Danach sollte eine Muttergesellschaft schon dann unter dem CERCLA direkt haftbar sein und damit als *owner* oder *operator* gelten, wenn sie die Möglichkeit zur Kontrolle der Umgangsweise mit den gefährlichen Substanzen hatte. Das Gericht nahm hierbei ausdrücklich Bezug auf die Definition aus der NEPACCO-Entscheidung, die

---

[341] 112 B.R. 540, 548 (Bankr. S.D.N.Y.)
[342] „Thus, while the parent corporation's capacity to discover in a timely fashion the release or threat of release of hazardous substances, the parent corporation`s power to direct mechanisms causing the release, and the parent corporation`s capacity to prevent and abate damage, are certainly relevant and material factors to consider in evaluating a parent corporation's potential liability, the corporation must exercise its power or capacity to control its subsidiary in order to be held liable under Section 107 (a)."
[343] Vgl. United States v. Nicolet, 712 F.Supp. 1193 (E.D. Pa. 1989); Nurad, Inc. v. William E. Hooper & Sons, Co., 966 F.2d 837 (4th Circuit 1996).
[344] 635 F.Supp. 665 (D. Idaho 1986).

„owner oder operator“ als eine Person definierte, die zum einen die Möglichkeit hatte, die umweltverschmutzenden Tätigkeiten zu kontrollieren und zum anderen die Möglichkeit hatte, Schaden zu verringern und zu verhindern[345].

c) *Indirekte Haftung und Piercing the corprate veil*

Einige Gerichte waren schließlich der Ansicht, daß die *common law* - Doktrin des *piercing the corporate veil* nach wie vor die einzige Möglichkeit sein dürfe, um eine Muttergesellschaft haftbar zu machen. Der CERCLA könne hierfür keine Grundlage sein.
So unterschied das Berufungsgericht des ersten Circuit in der Entscheidung Kayser-Roth[346] zum ersten Mal zwischen einer Haftung als Eigentümer und als Betreiber. Bei der Betreiberhaftung handele es sich um eine direkte Haftung der Muttergesellschaft, die auf ein eigenes Verhalten der Gesellschaft zurückzuführen sei. Die Haftung als Eigentümer sei dagegen eine indirekte Haftung, die nur dann zulässig sei, wenn die Voraussetzungen der Haftung nach dem traditionellen Grundsatz des *piercing the corporate veil* vorlägen.

In die gleiche Richtung ging die Entscheidung Joslyn Manufactoring Co. v. T.L. James & Co.[347]. Hier lehnte das Gericht explizit die Haftung einer Muttergesellschaft unter dem CERCLA ab. Zur Begründung führte es an, daß weder der Wortlaut, noch die historische

---

[345] „A person who has the capacity to control pollution activities, and who has the capacity to prevent and abate damage.“ United States v. NEPACCO, 579 F.Supp. 823, 848 (W.D. Mo. 1984), aff'd in part, rev'd in part, 810 F.2d 726 (8th Cir. 1986), cert. denied, 484 U.S. 848 (1987).

[346] United States v. Kayser-Roth, 910 F.2d 24, 27 (1st Cir. 1990), cert. denied, 498 U.S. 1084 (1991).
Dem Gericht lag folgender Sachverhalt zur Entscheidung vor:
1982 stellte die EPA fest, daß von der Gesellschaft Stamina Mills, Inc., eine in der Textilindustrie tätige Fabrik, Trichlorethylen in das Grundwasser gelangt war. Altlastensanierungsmaßnahmen wurden erforderlich, die überwiegend durch den durch den CERCLA errichteten Superfund finanziert wurden. Das Gericht hatte nun insbesondere darüber zu entscheiden, ob die Firma Kayser-Roth Corp., Muttergesellschaft und einzige Gesellschafterin von Stamina Mills, Inc., für die entstandenen Kosten in Regreß genommen werden konnte.
Wichtig ist diesbezüglich zu wissen, daß die Gesellschaft Stamina Mills, Inc. 1977 aufgelöst wurde. Nach dem Liquidierungsplan übernahm die Kayser-Roth Corp. die Haftung für alle Verbindlichkeiten von Stamina Mills, Inc..
Die beiden Gesellschaften hatten ursprünglich gemeinsame *officers* und *directors*. Stamina Mills Inc. benötigte die Zustimmung der Kayser-Roth Corp. hinsichtlich fast aller Aktivitäten, einschließlich des Umweltbereichs. So lag auch die endgültige Entscheidung, Trichlorethylen zu verwenden, bei der Kayser-Roth Corp..

[347] 893 F.2d 80 (5th Cir. 1990), cert. denied, 498 U.S. 1108 (1991).
So auch United States v. Cordova Chem. Co., 59 F.3d 584 (6th Cir. 1995); G.L. Industries of Michigan v. Forstmann-Little, 800 F.Supp. 695 (S.D. Ind. 1991); In re Acushnet River & New Bedford Harbor Proceedigs, 675 F.Supp. 22 (D. Mass. 1987).

Entstehung des Gesetzes die Einbeziehung einer Muttergesellschaft unter die Definition von *„owner und operator“* rechtfertige. Eine Muttergesellschaft könne vielmehr nur dann für die Verletzungen des CERCLA durch die Tochtergesellschaft herangezogen werden, wenn die zugrunde liegende Sachverhaltskonstellation eine Haftung nach den Grundsätzen des *piercing the corporate veil* zulasse. Wenn der Kongreß eine so grundlegende Regel des Gesellschaftsrechts wie die beschränkte Haftung hätte ändern wollen, dann hätte er es ausdrücklich festlegen können. Da das Gesetz aber keine ausdrückliche Haftung einer Muttergesellschaft vorsehe, könne eine solche Haftung auch nicht auferlegt werden[348].

2. *Die Bestfoods - Entscheidung*

Der Supreme Court stellte in der Bestfoods - Entscheidung klar, daß bei der Haftung unter dem CERCLA deutlich zwischen einer direkten und einer indirekten Haftung unterschieden werden müsse. Zu einer direkten Haftung könne nur herangezogen werden, wer unter dem CERCLA als Betreiber (*„operator“*) einer Anlage angesehen werden könne. Um als *operator* angesehen zu werden, müsse derjenige „manage, direct, or conduct operations specifically related to pollution, ... operations having to do with leakage or disposal of hazadous waste, or decisions about compliance with environmental regulations“[349].
Die direkte Haftung stelle somit eine Haftung für eigenes Handeln, eine Veranlasserhaftung dar. Zu einer indirekten Haftung als Eigentümerin („owner“) einer Anlage der Tochtergesellschaft könne eine Muttergesellschaft nur unter den Voraussetzunen des *piercing the corporate veil* herangezogen werden.

Die bisherigen *tests* der *„actual control“* und der *„capacity to control“* verwischten den Unterschied zwischen direkter und indirekter Haftung.
Unter dem CERCLA solle derjenige zur Verantwortung gezogen werden, der die Altlasten verursacht habe. Bezogen auf verbundene Gesellschaften heiße dies, daß eine Muttergesellschaft nicht allein aus ihrer Stellung als Eigentümerin der Tochtergesellschaft oder aus der

---

348 Diese Sichtweise hat insbesondere BLUMBERG kritisiert, da es nicht richtig sei, *common law* Grundsätze in das geschriebene Recht, dem andere Wertungen zugrunde lägen, hineinzuziehen. Vgl. BLUMBERG, Supplement zum General Statutory Law, S. 248.
349 United States v. Bestfoods, 118 S.Ct. 1876, 1887 (1998).

Ausübung von Kontrolle heraus zu einer Haftung als Betreiberin einer Anlage herangezogen werden könne. Für die Frage, ob sie Betreiberin der Anlage der Tochtergesellschaft, von der Umweltschäden ausgingen, angesehen werden könne, sei nicht das Verhältnis von Muttergesellschaft zu Tochtergesellschaft maßgeblich, sondern das Verhältnis der Muttergesellschaft zu den Maßnahmen, durch die Altlasten entstanden seien.
Die Frage nach dem Verhältnis der verbundenen Gesellschaften untereinander und der Kontrolle einer Muttergesellschaft über ihrer Tochtergesellschaft sei vielmehr allein relevant für eine indirekte Haftung nach den Grundsätzen des *piercing the corporate veil*.

Der Rechtsprechung der Bestfoods - Entscheidung sind bereits einige Gerichte gefolgt[350]. Der Supreme Court stellte mit der Entscheidung klar, daß es sich bei der Haftung nach dem CERCLA um eine reine Veranlasserhaftung und nicht, wie zuvor vielfach diskutiert, um eine Haftung der Muttergesellschaft für Schulden der Tochtergesellschaft unter Durchbrechung des Grundsatzes der Haftungstrennung handelt.
So kann eine Muttergesellschaft unter dem CERCLA nur dann zu einer Haftung für Altlastenschäden herangezogen werden, wenn sie die Altlasten veranlaßt hat oder wenn sie nach den Grundsätzen des *piercing the corporate veil* haftbar gemacht werden kann.

C. Aussetzung der beschränkten Haftung im Bereich des Deliktsrechts - ein Gedankenspiel der Literatur

I. Ineffektivität der beschränkten Haftung im Bereich des Deliktsrechts

Ausgelöst insbesondere durch einen Aufsatz der Professoren HANSMANN und KRAAKMAN aus dem Jahr 1991[351] hat es in der Literatur in den letzten Jahren eine rege Diskussion gegeben, ob nicht zumindest hinsichtlich deliktsrechtlicher Fälle die beschränkte Haftung der Gesell-

---

[350] Browning-Ferris Industries of Illinois, Inc. v. Ter Maat, 195 F.3d 953 (7 th Cir. 1999); United States v. Anthony Dell'Aquilla, Enterprises and Subsidiaries, 150 F.3d 329 (3d Cir. 1998); AT&T Global Information Solutions Company v. Union Tank Car Company, No. C2-94-876 (S.D.Ohio, Nov. 2, 1998).
[351] HANSMANN / KRAAKMAN, 100 Yale L. J. 1879 (1991).
Ähnliche Überlegungen wurden allerdings auch schon früher angestellt. Vgl. z.B. die „*note*" aus 76 Yale L. J. 1190 (1967)

schafter aufgehoben werden sollte[352]. Ein beherrschender Gesellschafter würde dann auch ohne das Vorliegen der Voraussetzungen der Doktrin des *piercing the corporate veil* für die deliktsrechtlichen Verbindlichkeiten der Gesellschaft haften. Dieser Ansatz zielt zwar nicht direkt auf eine Neuregelung der Haftung zwischen verbundenen Gesellschaften ab, jedoch hätte seine Umsetzung auch eine große Bedeutung für die Haftung von Gesellschaften einer Unternehmensgruppe. Eine Muttergesellschaft würde danach als Anteilsinhaberin der Tochtergesellschaft für deren deliktsrechtlichen Verbindlichkeiten haften. Die Aufhebung der beschränkten Haftung bei deliktsrechtlichen Verbindlichkeiten ist nicht als eine spezielle Fallgruppe des Grundsatzes des *piercing the corporate veil* gedacht. Hier wird nicht eine Anwendung der Doktrin des *piercing the corporate veil* unter besonderer Berücksichtigung der politischen Zielsetzung des Deliktsrecht gefordert. Vielmehr soll über die Aussetzung der beschränkten Haftung bei deliktsrechtlichen Ansprüchen ein Delikt dem eigentlichen Haftungsträger zugeordnet werden.

Ausgangspunkt des Ansatzes von HANSMANN und KRAAKMAN ist, daß sie die beschränkte Haftung als ineffizient ansehen. Sie erlaube einer Gesellschaft, Kosten, die durch besonders risikoreiche Unternehmungen entstünden, zu externalisieren und auf Dritte und auf die Gemeinschaft insgesamt abzuwälzen.
Die Externalisierung von Kosten schaffe daher falsche Anreize. Durch sie erschienen auch solche Investitionen lohnenswert, die, würden alle Kosten internalisiert, unrentabel wären. Gesellschaften seien eher geneigt, übermäßige Risiken einzugehen und zu wenig für Vorsichtsmaßnahmen zur Vermeidung von Unfällen auszugeben[353]. Dadurch könnten die Gesellschafter zwar größere Gewinne abschöpfen, dieses ginge jedoch auf Kosten der Gemeinschaft und auf Kosten vieler Deliktsopfer, die unentschädigt blieben.

Dieser Zustand sei unbillig und gesamtwirtschaftlich gesehen unproduktiv. Daher solle die beschränkte Haftung zumindest hinsichtlich von der Gesellschaft begangener Delikte aufgehoben werden. Denn ein Deliktsopfer habe nicht die Möglichkeit, sich durch vertragliche

---

[352] Vgl. z.B. GRUNDFEST, 102 Yale L. J. 387 (1992); HANSMANN / KRAAKMAN, 102 Yale L. J. 427 (1992); ALEXANDER, 106 Harv. L. Rev. 387 (1992); HANSMANN / KRAAKMAN, 106 Harv. L. Rev. 446 (1992).
[353] HANSMANN / KRAAKMAN, 100 Yale L. J. 1879, 1882 (1991).

Absprachen gegen das durch beschränkte Haftung erhöhte Ausfallrisiko seiner Forderung abzusichern bzw. sich für dieses Risiko entschädigen zu lassen[354].
Um etwaige Nachteile einer unbeschränkten Haftung aufzufangen, solle die beschränkte Haftung durch eine pro-rata Haftung der Gesellschafter ersetzt werden. Jeder Gesellschafter hafte dann für die deliktsrechtlichen Verbindlichkeiten der Gesellschaft entsprechend seinem Eigentumsanteil an der Gesellschaft.
Die Aufhebung der beschränkten Haftung habe den Vorteil, daß nicht mehr die Grundsätze des Gesellschaftsrechts maßgeblich seien, sondern wieder Deliktsrecht zur Anwendung käme, welches die sachgerechteren Antworten für deliktsrechtliche Probleme bereithielte[355].

Andere weniger drastische Alternativen lehnen HANSMANN und KRAAKMAN ab, da sie nicht effektiv genug seien. Wurde in der Literatur häufig der Vorschlag gemacht, daß etwaige Nachteile der beschränkten Haftung auch durch die gesetzliche Festlegung einer Mindestversicherungssumme oder einer Mindestkapitalisierung ausgeglichen werden könnten, so weisen die beiden Professoren diesen Ansatz als ungeeignet zurück. Es sei nicht möglich, sich auf eine bestimmte Summe für alle Gesellschaften zu einigen, da das deliktsrechtliche Haftungsrisiko einer Gesellschaft von ihrem jeweiligen Betätigungsbereich abhinge.
Auch die Möglichkeit, *directors* und *officers* an Stelle der Gesellschafter zu einer persönlichen Haftung heranzuziehen, weisen sie zurück. Eine solche Maßnahme hätte zwar den Vorteil, daß das Management einen Anreiz hätte, sich insbesondere gegen deliktsrechtliche Risiken zu versichern. In Bereichen aber, wo eine Versicherung nicht verfügbar sei, würden die Entscheidungsträger übervorsichtig, mit der Folge, daß risikoreiche, aber volkswirtschaftlich dennoch wünschenswerte Projekte nicht mehr gewagt würden.
Schließlich sehen sie auch eine Begrenzung der Aufhebung der beschränkten Haftung auf verbundene Gesellschaften (*parent-subsidiary situations*) oder auf *close corporations* als nicht ausreichend an, da ansonsten Umgehungsversuchen Tür und Tor geöffnet würden[356].

---

[354] Vgl. auch im 1. Teil, 2. Kapitel D I.
[355] HANSMANN / KRAAKMAN, 100 Yale L. J. 1879, 1916 (1991).
Das *tort law* beinhaltet insbesondere zwei Grundsätze. Zum einen soll es Abschreckung vor der Begehung von Delikten bewirken (*deterrence*). Darüber hinaus soll der effektivste Kostenträger das Kostenrisiko tragen (*efficient risk-bearing*). Vgl. THOMPSON, 47 Vand. L. Rev. 1, 3 (1994).

II. Kritik

1. Beeinträchtigung der Kapitalmärkte

Die Idee der Aufhebung der beschränkten Haftung ist insbesondere aus wirtschaftlicher Sicht vehement kritisiert worden[357]. Von der Einführung der beschränkten Haftung und damit der Möglichkeit, bestimmte Kosten zu externalisieren, habe man sich erhofft, die Nachfrage nach Gesellschaftsanteilen zu erhöhen und so eine wirtschaftliche Entwicklung auszulösen, die bestimmte Synergieeffekte nach sich ziehen werde. Solange man aber nicht wisse, was genau diese Synergieeffekte ausmache und was der Grundsatz der beschränkten Haftung im einzelnen zum gesamtwirtschaftlichen Wohlstand beitrage, dürfe die beschränkte Haftung nicht aufgehoben werden[358]. Bisher jedenfalls liege der Eindruck nahe, daß die wirtschaftlichen Prinzipien, mit denen man die Regeln der Haftung zu erklären versuche, nicht in der Lage seien, die gesamtwirtschaftlichen Vorteile der beschränkten Haftung vollständig zu erfassen[359].
Sicher sei jedoch, daß durch eine Aufhebung der beschränkten Haftung die öffentlichen Kapitalmärkte empfindlich gestört würden, da die Gesellschaftsanteile weniger liquide wären und eine Risikominimierung von Kapitalinvestitionen durch Diversifizierung erheblich erschwert würde[360].

Dieses Argument überzeugt jedoch insbesondere HANSMANN und KRAAKMAN nicht. Die Auswirkungen auf die Kapitalmärkte würden sich gering halten, wenn die beschränkte Haftung durch eine pro-rata Haftung ersetzt würde. Die Aktien blieben dann liquide, weil die Haftung des jeweiligen Anteilsinhabers nicht von der Finanzstärke der anderen Anteilsinhaber abhinge. Ein potentieller Investor bräuchte daher keine weitergehenden Informationen über andere Anteilsinhaber einzuholen. Der Kauf von Anteilen würde nicht komplizierter, und es würden keine zusätzlichen Kosten entstehen.

---

356 HANSMANN / KRAAKMAN, 100 Yale L. J. 1879, 1931 (1991)

357 Siehe umfassend zur unbeschränkten Haftung von Gesellschafter RAPAKKO, Unlimited Shareholder Liability in Multinationals, zu kritischen Anmerkungen insbesondere S. 271 ff..

358 PRESSER, Piercing the Corporate Veil, S. 1-67.

359 THOMPSON, 47 Vand. L. Rev. 1, 23 (1994); MANNE, 53 Va. L. Rev. 259, 260 (1967).

2. *Prozessuale Schwierigkeiten*

Kritik macht sich weiterhin daran fest, daß die Befürworter der Aufhebung der beschränkten Haftung die prozessualen Hindernisse, die der Umsetzung ihres Vorschlags entgegen stünden bzw. die die Kosten ihrer Durchsetzung enorm erhöhen würden, erheblich unterschätzten[361]. Staatlichen Gerichten fehle häufig die innerstaatliche Zuständigkeit (*personal jurisdiction*), um auch über die Anteilseigner zu urteilen, die außer dem Innehaben der Gesellschaftsanteile keinen weiteren Kontakt mit dem Gerichtsstaat (*forum state*) hätten. Gegen diese Anteilseigner könne das Gericht keinen gültigen Titel erlassen[362]. Die Deliktsgläubiger müßten daher in dem betreffenden Staat des Anteilseigners noch einmal klagen und in diesem Staat dann auch das Urteil vollstrecken lassen. Hierdurch würden wiederum enorme Kosten verursacht, die das Konzept der unbeschränkten bzw. pro-rata Haftung praktisch undurchsetzbar machten[363].

3. *Nichtbeachtung demokratischer Grundsätze*

Neben diesen Erwägungen kritisiert insbesondere PRESSER, daß der Vorschlag von HANSMANN und KRAAKMAN wiederum ein Beispiel dafür sei, daß in der Literatur in der Regel die demokratische Grundlage der beschränkten Haftung übersehen würde[364]. Eine Aufhebung der beschränkten Haftung würde zum einen kleine Investoren davon abhalten, auf den öffentlichen Kapitalmärkten zu investieren und auf diese Weise an dem allgemeinen Wohlstand teilzuhaben. Zudem würden Unternehmer mit geringeren finanziellen Mittel aus Angst vor

---

[360] Vgl. oben unter 1. Teil, 2. Kapitel C II 1.
[361] ALEXANDER, 106 Harv. L. Rev. 387, 431 (1992).
Vgl. auch HAMILTON, Corporations, S. 300. „The proposal appears to suffer from at least one major defect: there is no practical way to implement it. Any state that has the temerity to impose corporate tort liability on shareholders would presumably witness the immediate migration of corporations formed in that state to more hospitable climes."
[362] Eine Zuständigkeit für Deliktsfragen läßt sich in den USA nicht so leicht begründen wie durch § 32 ZPO oder Art. 3 GVÜ. Die Reichweite ihre innerstaatliche Zuständigkeit bestimmen die Staaten selbst durch Gesetz oder durch *common law*. Einen Rahmen setzt allerdings das Verfassungsgebot des *due process*. Dieses erfordert, daß der Beklagte gewisse *minimum contacts* zum jeweiligen Gerichtsstaat hat, damit das Verfahren den Anforderungen von „*traditional notions of fair dealing*" und von „*substantial justice*" entspricht (vgl. World- Wide Volkswagen Corp. v. Woodson, 444 U.S. 286, 291 (1980)). Soll demnach jemand in einem anderen Bundesstaat als dem Staat seines Wohnsitzes verklagt werden, so muß der Kläger einen hinreichenden Bezug des Beklagten zu dem jeweiligen Gerichtsstaat nachweisen.
[363] LEEBRON, 91 Colum. L. Rev. 1565, 1612 (1992); ALEXANDER, 106 Harv. L. Rev. 387, 389 (1992).
[364] Vgl. oben zu dem Ansatz von PRESSER, Teil 1, 2. Kapitel, C I 3.

einer weit greifenden Haftung davon abgehalten, eine Gesellschaft zu gründen[365]. Dieser Aspekt spreche ebenso wie die wirtschaftlichen Gründe gegen eine Aufhebung der beschränkten Haftung, selbst wenn sie nicht durch eine unbeschränkte Haftung, sondern eine pro-rata Haftung ersetzt würde[366].

PRESSER ist daher ein entschiedener Gegner jeglicher Aufweichung der beschränkten Haftung[367].

III. Fazit

In jüngster Zeit sind solche Vorschläge der Aufhebung der beschränkten Haftung zwar vermehrt geäußert worden. Ziel ist es, die Grundsätze des Deliktsrechts auch im Gesellschaftsrecht zur Geltung zu bringen und denjenigen haften zu lassen, der nach Deliktsrecht haftungsrechtlich verantwortlich wäre. Jedoch erscheint es recht unwahrscheinlich, daß sich in der näheren Zukunft etwas an dem Grundkonzept der beschränkten Haftung ändern wird. Auch der US - amerikanische Gesetzgeber scheint an der beschränkten Haftung festhalten zu wollen, wie die erst in den letzten Jahren ermöglichte Gründung einer *Limited Liability Company* und einer *Limited Liability Partnership* zeigen.

Dieses erscheint auch insoweit sinnvoll, als die Firmen Anreize haben, sich zu Beträgen, die ihr existierendes Kapital übersteigen, zu versichern. Die Versicherungsgesellschaft wird dann Vertragspartner, wodurch die Externalität verringert wird[368].

Nicht zuletzt erlaubt es die Doktrin des *piercing the corporate veil*, in einzelnen Fällen die beschränkte Haftung zu durchbrechen, wenn sie ansonsten zu unbilligen Ergebnissen führen würde[369].

---

365 PRESSER, Piercing the Corporate Veil, S. 1-66.

366 Diese Kritik hält PRESSER auch dem Vorschlag LEEBRONS (LEEBRON, 91 Colum. L. Rev. 1565 (1991)) entgegen, der ebenfalls die Aufhebung beschränkter Haftung fordert, jedoch begrenzt auf *close corporations*. Innerhalb von *public corporations* soll nach LEEBRON die beschränkte Haftung bestehen bleiben.Vgl. PRESSER, Piercing the Corporate Veil, S. 1-66.

367 „I sing here the plot to murder the corporation through eroding the rule of shareholder limited liability. On a number of fronts that venerable doctrine is crumbling, and with its disintegration has become perhaps the greatest danger to American enterprise and the law which is supposed to promote it, a danger all but unnoticed". PRESSER, 87 Nw. U. L. Rev. 148, 149 (1992).

368 Der Kauf einer Versicherung hat den Effekt, daß ein Vertragsgläubiger geschaffen wird, wo vorher keiner war. Die versicherte Gesellschaft muß jetzt über höhere Prämien für die Risiken zahlen, die sie eingeht. Da die Firma jetzt die Kosten für riskantere Projekte trägt, sind die sozialen Kosten und Nutzen bei Investmententscheidungen wieder ausgeglichen.

Gerade im Hinblick auf verbundene Gesellschaften erscheint die Aufhebung der beschränkten Haftung wenig sinnvoll. Will man einen besseren Schutz von deliktsrechtlichen Opfern erreichen, so erscheint die Doktrin des *piercing the corporate veil* hinsichtlich Gesellschaftern, die eine natürliche Person sind, ausreichenden Schutz zu bieten. Führt ein solcher Gesellschafter die Gesellschaft wie seine eigenen Angelegenheiten, so wird er persönlich haftbar gemacht und haftet auch für die deliktsrechtlichen Ansprüche mit seinem Privatvermögen. Trennt er deutlich zwischen privaten und Gesellschaftsangelegenheiten, so schützt ihn die beschränkte Haftung vor einer persönlichen Haftung. Die beschränkte Haftung erfüllt dann genau den Zweck, aus dem sie eingeführt wurde.

Insoweit Gesellschafter betroffen sind, die eine andere Gesellschaft sind, so ist es wohl sinnvoller, anstelle einer pauschalen Aufhebung der beschränkten Haftung ein differenziertes Haftungssystem zu entwickeln, das auf die Art und Intensität der Verflechtung von Gesellschaften abgestimmt ist.

D. *Zusammenfassung*

Die neueren Ansätze zur Behandlung verbundener Gesellschaften befinden sich noch am Anfang. Sie setzen alle bei einer Regelung an, die versucht, den Zweck und die politischen Ziele eines Rechtsbereichs zu bestmöglicher Geltung zu verhelfen.

Eine völlige Aufhebung der beschränkten Haftung geht jedoch den falschen Weg. Ein solches Konzept erscheint schon wegen seiner wirtschaftlichen Auswirkungen als nicht akzeptabel. Nicht nur einzelne Investoren würden abgeschreckt, auch für eine Unternehmensgruppe würde es keinen Sinn ergeben, bestimmte Geschäftsbereiche in eine Tochtergesellschaft auszugliedern, da, gleichgültig wie selbständig und unabhängig diese Gesellschaft arbeitet, die Muttergesellschaft als Anteilsinhaberin sich immer einer drohenden deliktsrechtlichen Haftung ausgesetzt sähe. Unternehmen könnten abgeschreckt werden, in innovative und risikoreiche Wirtschaftszweige zu investieren. Dies erscheint insbesondere vor dem Hintergrund, daß die Gründung einer Gesellschaft zum Zwecke der Haftungsbeschränkung ein ausdrücklich

---

[369] „Disregard techniques operate as a sort of escape route from the unbearable results occasionally originating from the rigidity of the system itself." ANTUNES, Liability of Corporate Groups, S. 239.

zulässiges Ziel der beschränkten Haftung und als wesentliche Grundlage des Gesellschaftsrecht anerkannt ist, wenig sachgerecht.

Es sollte eher ein Haftungssystem entwickelt werden, das auf die Besonderheiten von verbundenen Gesellschaften eingeht. In diese Richtung geht der *enterprise law* - Ansatz, der nach der wirtschaftlichen Integration der Konzerngesellschaften fragt und an dieses Merkmal die Haftung anknüpft. Jedoch fehlt es hier noch an praktikablen Prüfungsmaßstäben.

2. Teil Deutsches Recht

Das deutsche Recht sieht mit der Gesellschaft mit beschränkter Haftung und der Aktiengesellschaft zwei verschiedene Formen von Kapitalgesellschaften vor. Auch in Deutschland gibt es damit die Möglichkeit, Gesellschaften zu gründen, die unabhängig von ihren Gesellschaftern Inhaber von Rechten und Pflichten sein können. § 13 Abs. 2 GmbHG sieht für die Gesellschaft mit beschränkter Haftung und § 1 Abs. 1 S. 2 AktG für die Aktiengesellschaft vor, daß den Gläubigern für die Verbindlichkeiten der Gesellschaft nur das Gesellschaftsvermögen haftet, auf das Privatvermögen der Gesellschafter und Anteilseigner aber nicht zurückgegriffen werden kann (Trennungsprinzip).
Es gibt jedoch auch im deutschen Recht Rechtsgrundsätze, mit denen dieser Grundsatz durchbrochen werden kann. Hier ist zunächst an die Konzernhaftung zu denken, die ein speziell für verbundene Gesellschaften ausgebildetes Haftungssystem vorsieht. Die Konzernhaftung begründet die Haftung einer Muttergesellschaft für die Schulden der Tochtergesellschaft und damit, wenn die Muttergesellschaft Mehrheitsanteilsinhaber der Tochtergesellschaft ist, auch die Haftung eines Gesellschafters für die Schulden der Gesellschaft.

Daneben wird auch im deutschen Recht immer wieder das Haftungsinstitut der Durchgriffshaftung diskutiert. Die Durchgriffshaftung begründet wie im US - amerikanischen Recht die Möglichkeit, den Grundsatz der Haftungstrennung beiseitezuschieben und einen gegen die Gesellschaft bestehenden Anspruch auf die Gesellschafter zu erstrecken. Wird hierbei auf einen Mehrheitsgesellschafter durchgegriffen, der eine andere Gesellschaft ist, so stellt der Durchgriff von der Gesellschaft auf den Gesellschafter zugleich einen Durchgriff von der Tochtergesellschaft auf die Muttergesellschaft dar. Über die Durchgriffshaftung kann dann eine Muttergesellschaft zur Begleichung der Verbindlichkeiten der Tochtergesellschaft herangezogen werden.
Die Grundsätze der beiden Haftungsmodelle sollen im folgenden dargestellt werden.

1. Kapitel Konzernhaftung

A. *Gefahrenlage*

Ausgangspunkt der Konzernhaftung ist der Gedanke, daß die Konzernabhängigkeit einer Gesellschaft bestimmte Gefahren insbesondere für die Gläubiger der Gesellschaft, die abhängige Gesellschaft selbst und ihre Minderheitsgesellschafter mit sich bringt. Diese Gefahrenlage soll durch die Konzernhaftung ausgeglichen werden.
Durch die Beherrschung einer abhängigen Gesellschaft kann ein herrschendes Unternehmen seine unternehmerischen Eigeninteressen zum Nachteil der Gläubiger und etwaiger Minderheitsgesellschafter durchsetzen, ohne grundsätzlich für die Verbindlichkeiten der beherrschten Gesellschaft herangezogen werden zu können. Es besteht die Gefahr, daß die abhängige Gesellschaft auf die Konzerninteressen ausgerichtet und auf ihre Belange nicht mehr ausreichend Rücksicht genommen wird[370].

Die Einflußmöglichkeit der Gesellschafter besteht zwar auch in einer unabhängigen Gesellschaft, doch werden hier die Interessen des Mehrheitsgesellschafters in der Regel auch die der Gesellschaft sein, da auch der Mehrheitsgesellschafter die Gesellschaft möglichst gewinnbringend einsetzen möchte. Verfolgt der Mehrheitsgesellschafter im Konzern noch anderweitige wirtschaftliche Interessen, ist dieser Interessengleichlauf nicht mehr in allen Fällen gewährleistet[371].

Betrachtet man zunächst die AG, so könnte davon ausgegangen werden, daß hier die Gefahr der konzernrechtlichen Herrschaftsmacht nicht besteht, da der Vorstand von den Anteilsinhabern nicht weisungsabhängig ist (§ 76 Abs. 1 AktG). Trotzdem sind zahlreiche Aktiengesellschaften konzernrechtlich verbunden. Der Gesetzgeber hat auf dieses Phänomen reagiert und den Aktienkonzern ausführlich geregelt (§§ 15 ff., 291 ff. AktG). Die AG ist nach diesen Vorschriften eine überaus konzernoffene Gesellschaft. Sie kann Unternehmensverträge (§§ 291 ff., 308 ff. AktG) abschließen und damit ihre Selbständigkeit aufgeben. Über die §§ 311 ff. AktG wird daneben auch eine rein faktische Einflußnahme eines beherrschenden

---

[370] Vgl. GUMMERT, WiB 1994, S. 217.

Unternehmens legitimiert. Dieser Konzernoffenheit mußte der Gesetzgeber auf der anderen Seite Regelungen zur Wahrung von Schutzinteressen gegenüberstellen. Das gesetzliche Aktienkonzernrecht dient daher gleichzeitig der Legitimation und der Begrenzung der Konzernherrschaft[372].

Die GmbH erscheint dagegen als ideale Konzerntochter[373], da der Geschäftsführer von den Gesellschaftern bestimmt wird (§ 46 Nr. 5 GmbHG) und von ihren Weisungen abhängig ist. Der Mehrheitsgesellschafter kann daher auch ohne Vertragsabschluß eine Weisungsdichte herbeiführen, wie sie im Aktienrecht nur im Vertragskonzern zu finden ist[374]. Insofern kann von einer „natürlichen Konzernoffenheit“ der GmbH gesprochen werden[375]. In dieser Konzernoffenheit liegt eine besondere Gefahr, da der Mehrheitsgesellschafter jetzt unter Umständen nicht mehr das Eigeninteresse der Gesellschaft verfolgt, sondern die GmbH auf das Konzerninteresse ausrichtet. Hier sind die Kapitalaufbringungs- und Kapitalerhaltungsregeln zum Schutze der Gläubiger nicht mehr ausreichend, da die Verfolgung der Eigeninteressen einer Gesellschaft nicht nur in der Bewahrung des Ist - Zustandes, sondern in einem wirtschaftlichen, bestandsmehrenden Verhalten besteht[376]. Der Fortbestand und die wirtschaftliche Stabilität einer Gesellschaft ist für die Gläubigerinteressen besonders wichtig. Entfällt dieses Ziel, so entsteht eine besondere Gläubigergefährdung. Dieser Gefahrenlage muß ebenfalls mit entsprechenden Haftungsregelungen begegnet werden.

B. Konzernrechtliche Regelungen des Aktienrechts

Konzernrechtliche Vorschriften finden sich mit den §§ 15 ff., 291 ff. AktG im AktG für den Aktienkonzern. Das GmbHG dagegen kennt keine konzernspezifischen Regelungen.
Die §§ 15 - 19 AktG legen die tatbestandlichen Voraussetzungen eines Konzerns fest, lassen jedoch haftungsrechtliche Fragen außer Betracht. Sie sind rechtsformneutral gefaßt. Es ist

---

[371] Vgl. HACHENBURG - ULMER, GmbHG, Anh. § 77, Rn. 98.
[372] SCHMIDT, Gesellschaftsrecht, S. 507.
[373] Vgl. SCHMIDT, Gesellschaftsrecht, S. 1207; EMMERICH / SONNENSCHEIN, Konzernrecht, S. 397.
[374] Vgl. zu diesem Problemkreis BOUJONG, FS Odersky, S. 739, 748.
[375] SCHMIDT, Gesellschaftsrecht, S. 507.
[376] LIMMER, Haftungsverfassung, S. 298.

daher unbestritten, daß sie nicht nur auf die AG, sondern auch auf die GmbH Anwendung finden[377].

I. Begriff des Konzerns

Ein Konzern im Sinne von § 18 AktG liegt vor, wenn ein herrschendes und ein abhängiges Unternehmen unter der einheitlichen Leitung des herrschenden Unternehmens (Unterordnungskonzern, § 18 Abs. 1, S. 1, 1. HS AktG) oder rechtlich selbständige Unternehmen unter einer einheitlichen Leitung zusammengefaßt sind (Gleichordnungskonzern, § 18 Abs. 2 AktG). Nicht ausreichend für den Begriff des Konzerns ist dagegen ein reines Abhängigkeitsverhältnis.

Innerhalb der so umschrieben Konzerne wird weiter zwischen Vertragskonzernen und faktischen Konzernen (vgl. §§ 291 f., 308 ff., 311 ff. AktG) und innerhalb der faktischen Konzerne zwischen einfachen und qualifizierten faktischen Konzernen unterschieden.

Die Reichweite des Konzernbegriffs wird wesentlich durch das Verständnis des Begriffs des Unternehmens geprägt. Nach der mittlerweile allgemein anerkannten Rechtsprechung des BGH in dem Urteil VEBA / Gelsenberg[378] kann ein Unternehmen auch eine natürliche Person sein, wenn diese sich noch anderweitig - auch branchenfremd - unternehmerisch betätigt. Die Rechtsform des Subjekts soll unerheblich sein, da auch eine natürliche Person mit Rücksicht auf sonstige unternehmerische Interessen in sich den Interessenkonflikt verkörpern könne, vor dessen Gefahren die abhängige Gesellschaft geschützt werden solle[379]. Nicht ausreichend ist dagegen, wenn die natürliche Person lediglich an anderen Gesellschaften maßgeblich beteiligt ist, ohne selbst dort Einfluß auszuüben[380].

---

377 LUTTER / HOMMELHOFF, GmbHG, Anh. § 13, Rn. 5

378 BGHZ 69, S. 334, 337 ff.; siehe auch BGHZ 95, S. 330, 337 („Autokran"); BGHZ 115, S. 187 („Video").

379 Vgl. ROWEDDER - KOPPENSTEINER, GmbHG, Anh. nach § 52, Rn. 8.

380 HOMMELHOFF, ZGR 1994, S. 395, 397.

II. Haftungsrechtliche Vorschriften des Aktienkonzernrechts

Kennzeichnend für die Regelungen des Aktienrechts ist die Unterscheidung zwischen Vertragskonzernen und faktischen Konzernen und somit zwischen den durch Unternehmensverträge verbundenen Unternehmen (§§ 291 ff., 308 ff. AktG) und der Beherrschung von Unternehmen bei Fehlen eines Beherrschungsvertrages.

1. Vertragskonzern

Schließen Gesellschaften einen Beherrschungs- oder Gewinnabführungsvertrag ab und entsteht so ein Vertragskonzern[381], schließt sich hieran gemäß § 302 Abs. 1 AktG eine pauschale Verlustausgleichspflicht des herrschenden Unternehmens an. Die Verlustausgleichspflicht führt dazu, daß das herrschende Unternehmen am Ende eines jeden Geschäftsjahres intern die Verluste der abhängigen Gesellschaft ausgleichen muß[382]. Die Gläubiger können diesen Anspruch pfänden lassen[383]. Nach Beendigung des Beherrschungsverhältnisses formt sich diese Verlustausgleichspflicht in einen Anspruch der Gläubiger auf Sicherheitsleistung um, § 303 Abs. 1 AktG. Ist die abhängige Gesellschaft insolvent oder wird die Eröffnung eines Insolvenzverfahrens mangels Masse abgelehnt, so können die Gläubiger direkt von der Muttergesellschaft Zahlung verlangen.

Der Abschluß eines Unternehmensvertrages führt demnach über die Haftungsregelungen der §§ 302, 303 AktG insoweit zu einer Aufhebung des Trennungsprinzips, als daß das herr-

---

[381] Der Abschluß eines Unternehmensvertrages verleiht dem herrschenden Unternehmen das Recht, die Leitung der abhängigen Gesellschaft an sich zu ziehen. Er begründet ein Weisungsrecht des herrschenden Unternehmens. Selbst für die abhängige Gesellschaft nachteilige Weisungen im Konzerninteresse sind jetzt zulässig (§ 308 AktG). Diese nachhaltigen Eingriffe in die Selbständigkeit der abhängigen Gesellschaft sind nur zulässig, weil mit dem Abschluß des Beherrschungsvertrages auch eine Reihe von Sicherungen zugunsten der Gläubiger, Aktionäre und Minderheitsgesellschafter einhergehen, vgl. LIMMER, Haftungsverfassung, S. 295. Der Schutz der Gläubiger wird durch die §§ 300 - 303 AktG gewährleistet, durch die eine Aushöhlung des Gesellschaftsvermögen verhindert und die Erhaltung der bilanzmäßigen Substanz der Gesellschaft sichergestellt wird, vgl. EMMERICH / SONNENSCHEIN, Konzernrecht, S. 251 ff..

[382] Die §§ 302, 303, AktG begründen eine Risikohaftung für den Fall der Beherrschung einer Gesellschaft durch eine andere. Die herrschende Gesellschaft ist über § 302 AktG verpflichtet, in pauschalierter Form den Verlust der abhängigen GmbH auszugleichen, ohne daß ihr eine Entlastungsmöglickeit offen stünde, vgl. PRIESTER, FS Semler, S. 561.

[383] SCHOLZ - EMMERICH, GmbHG, Anhang Konzernrecht, Rn. 127.

schende Unternehmen für die Verbindlichkeiten der beherrschten Gesellschaft einstehen muß. Zunächst besteht diese Einstandspflicht in einer Innenhaftung in Form einer Verlustausgleichspflicht, die sich dann in einen direkten Anspruch der Gläubiger für die Verbindlichkeiten der abhängigen Gesellschaft umformen kann. Insbesondere dieser Anspruch im Fall der masselosen Insolvenz der beherrschten Gesellschaft wird auch als Durchgriffshaftung bezeichnet[384], da so den Gläubigern ein direkter Anspruch gegen die Muttergesellschaft gewährt wird. Den Gläubigern steht auf diese Weise nicht nur das Vermögen des abhängigen Unternehmens als Haftungsmasse zur Verfügung, sondern auch das Vermögen des beherrschenden Gesellschafters.

2. *Einfacher faktischer Konzern*

Neben einem solchen Vertragskonzern kann ein rein faktischer Konzern entstehen. Ein einfacher faktischer Konzern liegt vor, wenn eine Gesellschaft von einem anderen Unternehmen abhängig ist, ohne daß diesem Verhältnis ein Beherrschungsvertrag zugrunde liegt.

Der Abhängigkeitsbegriff wird in § 17 AktG definiert. Eine Gesellschaft ist danach von einem anderen Unternehmen abhängig, wenn dieses auf die Gesellschaft unmittelbar oder mittelbar einen beherrschenden Einfluß ausüben kann. In derartigen Fällen muß das herrschende Unternehmen gemäß §§ 311 Abs. 1, 317 AktG die einzelnen Nachteile, die es der abhängigen Gesellschaft zugefügt hat, ausgleichen bzw. Schadensersatz leisten.
Auch diese Schadensersatzansprüche begründen eine Haftung des beherrschenden Unternehmens mit seinem Privatvermögen für Verbindlichkeiten der abhängigen Gesellschaft. Punktuell wird über diese Schadensersatzansprüche der Grundsatz der Haftungstrennung beiseitegeschoben und ein Zugriff nicht nur auf das Vermögen der abhängigen Gesellschaft, sondern auch des beherrschenden Unternehmens zugelassen.

---

[384] STIMPEL, FS Goerdeler, S. 601, 609; MICHALSKI / ZEIDLER, ZIP 1996, S. 224; TEIPEL, Haftungsdurchgriff und lex fori, S. 36.

3. *Qualifizierter faktischer Konzern*

Ist die Einflußnahme des beherrschenden Unternehmens auf eine abhängige Gesellschaft so groß, daß einzelne nachteilige Maßnahmen nicht mehr isoliert werden können, so versagen die Mechanismen der §§ 311, 317 AktG und ein Einzelnachteilsausgleich ist nicht mehr möglich. Es handelt sich dann um einen sogenannten qualifizierten faktischen Konzern. Diese Konzernart ist gesetzlich nicht spezifiziert. Nach gefestigter Ansicht werden auf einen solchen qualifizierten faktischen Konzern die Regeln über den Vertragskonzern vorsichtig übertragen, wenn durch die rein faktische Einflußnahme eine solche Beherrschungsdichte entsteht, wie sie ansonsten nur im Vertragskonzern anzutreffen ist[385]. Dieses ist der Fall, wenn die Leitungsmacht im Kern auf das herrschende Unternehmen übergegangen ist[386]. Bloße Herrschaft im Sinne von § 17 AktG oder aktive Einflußnahme - auch wenn sie ein Dauerzustand ist - genügt dafür nicht.

Auch bei einem qualifizierten faktischen Aktienkonzern kann es demnach über die Anwendung der §§ 302, 303 AktG zu einer Durchbrechung des Trennungsprinzips kommen und die Gesellschafter für die Verbindlichkeiten der abhängigen Gesellschaft haftbar gemacht werden.

Eine qualifizierte faktische Abhängigkeit wird in der Form des Aktienkonzerns selten anzutreffen sein. Der Vorstand einer AG ist eigenverantwortlich (§ 76 Abs. 1 AktG) und an die Weisungen der Gesellschafter nicht gebunden[387]. Der Mehrheitsgesellschafter hat somit in der AG keine Geschäftsführungskompetenz, so daß eine rein faktische Einflußnahme über die Gesellschafter in der AG schwierig ist[388]. Jedoch können auch im aktienrechtlichen Konzern derart dichte Abhängigkeitsverhältnisse entstehen, daß zumindest in tatsächlicher Hinsicht

---

[385] HÜFFER, AktG, § 302, Rn. 30.
[386] Vgl. LUTTER, AG 1990, S. 179, 183.
[387] Vgl. ALTMEPPEN, ZIP 1996, S. 693, 694.
[388] Teilweise wird vertreten, daß es qualifizierte faktische Konzernverhältnisse bei Aktienkonzernen nicht geben dürfe, zumal die eigenverantwortliche Leitung durch den Vorstand der abhängigen Gesellschaft nach § 76 Abs. 1 AktG nicht berührt werden dürfe, vgl. HOMMELHOFF, Konzernleitungspflicht, S. 142. Gegen diese Ansicht spricht jedoch, daß eine der Beherrschungsvertragssituation analoge faktische Konzernherrschaft dem herrschenden Unternehmen auch eine analoge Folgelast auferlegen muß. Liegt eine qualifizierte Abhängigkeit vor, so kann die Verlustausgleichsfolge der §§ 302, 303 AktG nicht daran scheitern, daß die qualifizierte Abhängigkeit auf irreguläre Weise ohne Unternehmensvertrag zustande gekommen ist, vgl. SCHMIDT, Gesellschaftsrecht, S. 967.

von der rechtlichen Selbständigkeit der abhängigen Gesellschaft „nur noch eine formale Hülle“[389] übrigbleibt[390]. Der deshalb notwendige Schutz außenstehender Aktionäre und Gläubiger erfordert auch im Aktienrecht eine zusätzliche Absicherung.

Der qualifizierte faktische Aktienkonzern spielt aber wegen der Eigenverantwortlichkeit des Vorstandes in der Praxis eine weitaus geringere Rolle als der qualifizierte faktische GmbH - Konzern.
In der GmbH ist die Geschäftsführung von den Weisungen der Gesellschafter bzw. der Gesellschafterversammlung abhängig und so in besonderem Maße dem Einfluß eines Mehrheitsgesellschafters ausgesetzt. Eine GmbH erscheint daher geradezu als ideale Konzerntochter[391], die auch durch eine rein faktische Einflußnahme ohne Abschluß eines Unternehmensvertrages in die Abhängigkeit geführt werden kann. Der Tatbestand des qualifizierten faktischen Konzerns und die Voraussetzungen der analogen Anwendung der §§ 302, 303 AktG sollen daher erst im Bereich des GmbH - Konzernrechts näher besprochen werden. Die zum qualifizierten faktischen GmbH - Konzern entwickelten Grundsätze sind nach überwiegender Ansicht auf den qualifizierten faktischen Aktienkonzern übertragbar[392].

C. *Haftung im GmbH - Konzern*

Für den GmbH - Konzern bestehen keine gesetzlichen Regelungen. Die Konzernoffenheit der GmbH birgt aber gerade besondere Gefahren für außenstehende Gesellschafter und Gläubiger. Es besteht bei der GmbH noch mehr als bei der AG die Gefahr, daß ein anderes Unternehmen die Kapitalmehrheit erwirbt und damit die GmbH dem Einfluß des Unternehmens und damit den Zielprojektionen einer externen Planungs- und Entscheidungsinstanz untergeordnet wird[393]. Gerade im Bereich der abhängigen GmbH besteht also ein Regelungsbedürfnis für die Haftung von verbundenen Gesellschaften.

---

[389] BGH „Autokran“ BGHZ 95, S. 330, 342.
[390] EMMERICH / SONNENSCHEIN, Konzernrecht, S. 409.
[391] Vgl. SCHMIDT, Gesellschaftsrecht, S. 1207; EMMERICH / SONNENSCHEIN, Konzernrecht, S. 397.
[392] HÜFFER, AktG, § 302, Rn. 30; LUTTER, ZGR 1982, S. 244, 262; SCHMIDT, Gesellschaftsrecht, S. 967; EMMERICH / HABERSACK, Aktienkonzernrecht, vor § 311, Rn. 21.

I. Vertragskonzern

Ebenso wie im Bereich des Aktienkonzerns kann auch eine GmbH mit einem anderen Unternehmen einen Beherrschungs- oder Gewinnabführungsvertrag schließen. Auch hier muß dann gelten, daß das herrschende Unternehmen analog § 302 Abs. 1 AktG die Jahresfehlbeträge der GmbH ausgleichen und nach Beendigung des Beherrschungsverhältnisses gemäß § 303 Abs. 1 AktG analog Sicherheit für die Ansprüche der Gläubiger leisten muß[394]. Ebenso wie im Aktienvertragskonzern wandelt sich dieser Sicherheitsanspruch in einen direkten Zahlungsanspruch der Gläubiger um, wenn die abhängige GmbH vermögenslos wird.

II. Einfacher faktischer GmbH - Konzern

Für ein herrschendes Unternehmen ist es in der GmbH noch einfacher als in der AG, rein faktisch auf die Geschäftsführung der abhängigen GmbH Einfluß zu nehmen. Die Ausübung des beherrschenden Einflusses kann durch einzelne Maßnahmen erfolgen, die grundsätzlich einem Nachteilsausgleich zugänglich sind. Im Bereich des AktG würden in einem solchen Fall die Vorschriften über den einfachen faktischen Aktienkonzern eingreifen.

Das Haftungsmodell des Aktienrechts für den einfachen faktischen Aktienkonzern läßt sich jedoch nicht auf den einfachen faktischen GmbH - Konzern übertragen. Ein generelles Privileg, wie es für die AG mit § 311 AktG besteht, der einzelne nachteilige Maßnahmen eines beherrschenden Unternehmens legitimiert, sofern sie bis zum Ende des laufenden Geschäftsjahres ausgeglichen werden, besteht für die GmbH nicht. Das GmbH - Recht enthält gerade keine solche Erlaubnis zur Schädigung der Gesellschaft[395].

Die Nachteilszufügung ohne Nachteilsausgleich stellt daher eine Pflichtverletzung dar, die schädigende Beschlüsse und Maßnahmen rechtswidrig macht und das herrschende Unternehmen zum Schadensersatz verpflichtet[396]. Dieser Haftungsansatz wird teilweise auf die

---

[393] MAYER, Handbuch des Gesellschafts- und Wirtschaftsrechts, Kapitel C, Rn. 1013, S. 236.
[394] SCHMIDT, Gesellschaftsrecht, S. 1214.
[395] BGHZ 95, S. 340; ROWEDDER - KOPPENSTEINER, Anh. § 52, Rn. 53; ASSMANN, FS 100 Jahre GmbH - Gesetz, S. 657, 668; LUTTER / HOMMELHOFF, GmbHG, Anh. § 13, Rn. 16.
[396] BGHZ 65, S. 15 (ITT); ROWEDDER - KOPPENSTEINER, GmbHG, Anh. 52, Rn. 56 ff..

mitgliedschaftliche Treuepflicht des herrschenden Unternehmens gestützt, teils wird die Geschäftsführerhaftung des § 43 GmbHG auf das einflußnehmende Unternehmen ausgedehnt[397]. Gläubiger des Ersatzanspruches ist zunächst die geschädigte GmbH. Der Anspruch wird durch die Geschäftsführer der GmbH geltend gemacht. Ein Gläubiger, der von der GmbH keine Befriedigung erlangen kann, kann diesen Anspruch der Gesellschaft pfänden und seine Überweisung an ihn (§§ 829, 835 ZPO) beantragen[398].

III. Qualifizierter faktischer GmbH - Konzern

Der Nachteilsausgleich für einzelne schädigende Maßnahmen über Schadensersatzansprüche ist nur so lange möglich, wie einzelne Maßnahmen isoliert und einzeln abgewickelt werden können. Dieses Haftungskonzept versagt jedoch dann, wenn das beherrschende Unternehmen die abhängige Gesellschaft umfassend nachteilig beeinflußt. In einem solchen Fall funktioniert das oben beschriebene Haftungs- und Ausgleichssystem nicht mehr, obwohl es grundsätzlich noch weiter gilt. Das beherrschende Unternehmen verhält sich wie in einem Vertragskonzern und muß sich auch so behandeln lassen. Es werden dann die Sanktionen des Vertragskonzerns analog angewandt, insbesondere die Verlustausgleichspflicht nach § 302 Abs. 1 AktG und die Haftung den Gläubigern gegenüber nach § 303 Abs. 1 AktG.

Der derzeitige Stand der Haftungsverfassung im qualifizierten faktischen GmbH - Konzern ist das Ergebnis einer längeren Entwicklung in der Rechtsprechung. In einer Entscheidungskette, in der der BGH zwischen einer Haftung schwankte, die zeitweise an den Zustand der Konzernierung, dann wieder an eine nachteilige Ausübung der Herrschaftsmacht anknüpfte, hat der BGH in seiner letzten richtungsweisenden Entscheidung **„TBB“**[399] ein Haftungskonzept entwickelt, das heute überwiegende Anerkennung auch in der Literatur gefunden hat[400].

---

[397] SCHMIDT, Gesellschaftsrecht, S. 1218.
[398] LUTTER / HOMMELHOFF, GmbHG, Anh. § 13, Rn. 23.
[399] BGHZ 122, S. 123, NJW 1993, S. 1200; ZIP 1993, S. 589.
[400] Zum „TBB“ - Urteil vergleiche z.B. BURGARD, WM 1993, S. 925; HOMMELHOFF, ZGR 1994, S. 395; KRIEGER, ZGR 1994, S. 375; KOHL, MDR 1993, S. 715; KROPFF, AG 1993, S. 485; SCHMIDT, ZIP 1993, S. 549; VERSTEEGEN, DB 1993, S. 1225.

1. Entwicklung in der Rechtsprechung

Ausgelöst wurde diese Entwicklung durch das sogenannte „**Autokran**“ - Urteil[401]. Der BGH unterschied in dieser Entscheidung erstmalig zwischen einem einfachen faktischen und einem qualifizierten faktischen GmbH - Konzern.
Ausgangspunkt war die Annahme, daß auch in einem faktischen Konzern die Einflußnahme des herrschenden Unternehmens so groß sein könne, daß diese der Einflußnahme in einem Vertragskonzern gleichkomme.
Dieser Fall liege insbesondere dann vor, wenn die dauernde und umfassende Leitung der Geschäfte der abhängigen GmbH durch das herrschende Unternehmen erfolge, so daß die abhängige Gesellschaft einer „Betriebsabteilung“ gleiche und ihre Selbständigkeit nur eine „formale Hülle“ sei. Dies begründe die Vermutung, daß auf die eigenen Belange der abhängigen GmbH keine Rücksicht genommen worden sei[402].
Die Nähe zu der im aktienrechtlichen Vertragskonzern gegebenen Gefahrenlage rechtfertige das analoge Heranziehen der §§ 303 Abs. 1, 322 Abs. 2, 3 AktG und somit die Ausfallhaftung des herrschenden Unternehmens im Fall der Vermögenslosigkeit der abhängigen GmbH.
Der BGH billigte dem herrschenden Unternehmen jedoch in Anlehnung an § 317 Abs. 2 AktG eine Entlastungsmöglickeit zu, wonach das herrschende Unternehmen dann nicht hafte, wenn es nachweisen könne, daß auch ein gewissenhafter Geschäftsführer die Geschäfte der abhängigen GmbH nicht anders geführt hätte[403].

Ein nächster Schritt erfolgte mit dem sogenannten „**Tiefbau**“ - Urteil[404]. Auch in dieser Entscheidung hat der BGH als Tatbestandsvoraussetzung die dauernde und umfassende Ausübung der Leitungsmacht durch das herrschende Unternehmen gefordert. Diese solle schon dann vorliegen, wenn das herrschende Unternehmen alle finanziellen Entscheidungen der

---

Ablehnend stehen dieser Rechtsprechung u.a. gegenüber KÜBLER, FS Heinsius, S. 397, 422 ff.; BÄLZ, AG 1992, S. 277.
[401] BGHZ 95, S. 330, ZIP 1985, S. 1263.
[402] Vgl. HACHENBURG - ULMER, GmbHG, Anh. § 77, Rn. 103.
[403] Das Urteil löste eine rege Diskussion in der Literatur aus. Siehe nur ASSMANN, JZ 1986, S. 881 und S. 928; EHLKE, DB 1986, S. 523; HEINSIUS, AG 1986, S. 99; KÜBLER, FS Heinsius, S. 397; LUTTER, ZIP 1985, S. 1425; PRIESTER, ZIP 1986, S. 137; REHBINDER, AG 1986, S. 85; ULMER, AG 1986, S. 123; WERNER, FS Goerdeler, S. 677; WIEDEMANN, ZGR 1986, S. 656.
[404] BGHZ 107, S. 7, ZIP 1989, S. 440.

abhängigen Gesellschaft bestimme. Nicht ausreichend sei dagegen die bloße personelle Verflechtung der Gesellschaften[405].

In konsequenter Weiterentwicklung des „Autokran" - Urteils erstreckte der BGH die bereits dort anerkannte Ausfallhaftung gem. §§ 303 Abs. 2, 3 AktG auf eine Verlustübernahmepflicht und erkannte damit die analoge Anwendung von § 302 AktG zumindest für den Fall der mehrgliedrigen abhängigen GmbH an. Danach bestehe keine direkte Haftung des herrschenden Unternehmens gegenüber den Gläubigern, sondern nur eine Innenhaftung gegenüber der abhängigen Gesellschaft, die nur in Ausnahmefällen gemäß § 309 Abs. 4 AktG von den Gläubigern geltend gemacht werden könne.

Hinsichtlich einer Entlastungsmöglichkeit griff der BGH nicht mehr auf § 317 Abs. 2 AktG zurück, sondern entließ die herrschende Gesellschaft nur dann aus der Haftung, wenn sie nachweisen konnte, daß die eingetretenen Verluste auf Umständen beruhten, die nicht im Zusammenhang mit der Ausübung der Leitungsmacht standen[406]. Beispielhaft nannte der BGH etwa branchenspezifische Einbrüche[407].

Seinen Höhepunkt erreichte die Diskussion um ein Haftungskonzept für den qualifizierten faktischen GmbH - Konzern mit der sogenannten **„Video"** - Entscheidung[408].

Hier bestätigte der BGH, daß auch eine natürliche Person Unternehmen im Sinne des Konzernrechts sein könne. Damit hafte grundsätzlich jeder Alleingesellschafter, der sich zugleich anderweitig - auch branchenfremd - unternehmerisch betätige gemäß §§ 302, 303 AktG analog[409]. Voraussetzung hierfür sei allein die dauernde und umfassende Ausübung der Geschäftsführung der abhängigen GmbH. Der Haftung könne nur dann entgangen werden, wenn nachgewiesen werde, daß bei Entstehen der Verluste das Konzerninteresse keine Rolle gespielt habe[410].

---

[405] BGHZ 107, S. 7, 12.
[406] Vgl. hierzu DECHER, DB 1989, S. 965.
[407] Zu Beiträgen aus der Literatur zu diesem Urteil siehe z.B. SCHMIDT, ZIP 1989, S. 545; STIMPEL, ZGR 1991, S. 144; VONNEMANN, BB 1990, S. 217; ZIEGLER, WM 1989, S. 1041 und 1077.
[408] BGHZ 115, S. 187.
[409] Vgl. hierzu KROPF, AG 1993, S. 485.
[410] Das „Video" - Urteil wurde in der Literatur heftig kritisiert, vgl. z.B. FLUME, ZIP 1992, S. 817; KLEINDIEK, ZIP 1991, S. 1330; SCHMIDT, ZIP 1991, S. 1325; TIMM / GEUTING, ZIP 1992, S. 821. Dem BGH wurde vorgeworfen, daß er die Haftung des herrschenden Unternehmens zu einer reinen Gefährdungshaftung ausgestaltet habe.

Den bisherigen Abschluß fand die Entwicklung mit dem sogenannten „**TBB**" - Urteil[411]. Das dort entwickelte Haftungskonzept ist in der Literatur überwiegend positiv aufgenommen worden. Der BGH hat seine Rechtsprechung mehrfach bestätigt[412] und auch die Instanzgerichte haben das Urteil rezipiert[413]. Dem Haftungskonzept des BGH hat sich auch das BAG[414] und das BSG[415] angeschlossen.

Das „TBB" - Urteil trug der heftigen Kritik an dem „Video" - Urteil Rechnung und schränkte die zuvor als zu weit angesehene Haftung wieder ein. An die Stelle einer - durch eng gefaßte Entlastungsmöglichkeiten kaum entschärften - Automatik der Haftung für die „qualifizierte" Einflußnahme tritt jetzt eine in ihren Voraussetzungen engere Haftung[416]. Mit dem TBB - Urteil wurde die dauernde und umfassende Leitung der abhängigen Gesellschaft als Haftungstatbestand aufgegeben. Die Haftung des beherrschenden Unternehmens knüpft jetzt an die Beeinträchtigung der Interessen der abhängigen Gesellschaft und damit an einen objektiven Mißbrauch der beherrschenden Gesellschafterstellung an.

Ein eine GmbH beherrschender Gesellschafter, der sich auch außerhalb dieser Gesellschaft unternehmerisch betätigt, haftet nun entsprechend den §§ 302, 303 AktG, wenn er die Konzernleitungsmacht in einer Weise ausübt, die keine angemessene Rücksicht auf die eigenen Belange der abhängigen Gesellschaft nimmt, ohne daß sich der ihr insgesamt zugefügte Nachteil durch Einzelausgleichsmaßnahmen kompensieren ließe[417].

---

[411] BGHZ 122, S. 123, ZIP 1993, S. 589.

[412] Siehe BGH NJW 1994, S. 446 (Quickborner EDV) mit Anm. Schmidt und BGH ZIP 1994, S. 1690 (Architekten - GmbH), dazu SCHMIDT, ZIP 1994 S. 1742 und GUMMERT, WiB 1995, S. 23; BGH WiB 1995, S. 551 (Bauträger) mit Anm. Gummert; BGH NJW 1997, S. 943 (Konzernherr - Urteil); BGH GmbHG 1998, S. 87; BGH AG 2000, S. 186.

[413] OLG München ZIP 1994, S. 1776; OLG München, GmbHR 1998, S. 285; OLG Bamberg AG 1998, S. 191; OLG Rostock NZG 1999, S. 170 mit Anm. Habersack; OLG Düsseldorf NZG 1999, S. 502 mit Anm. Habersack.

[414] Vgl. BAG GmbHR 1993, S. 218; BAG GmbHR 1994, S. 315, 316; BAG ZIP 1995, S. 491; BAG WiB 1996, S. 386 mit Anm. Gummert; BAG DB 1999, S. 485.
Zur Entwicklung der Rechtsprechung des BAG zum qualifizierten faktischen Konzern ZIEGENHAIN, ZIP 1994, S. 1003.

[415] Vgl. BSG ZIP 1994, S. 1944.

[416] Zum „TBB" - Urteil vergleiche z.B. BURGARD, WM 1993, S. 925; HOMMELHOFF, ZGR 1994, S. 395; KRIEGER, ZGR 1994, S. 375; KOHL, MDR 1993, S. 715; KROPFF, AG 1993, S. 485; SCHMIDT, ZIP 1993, S. 549; VERSTEEGEN, DB 1993, S. 1225; WILKEN, WiB 1997, S. 453; KÖLLING, NZG 2000, S. 8; KIETHE / GROESCHKE, NZG 2000, S. 1151.
Ablehnend stehen dieser Rechtsprechung gegenüber KÜBLER, FS Heinsius, S. 397, 422 ff.; BÄLZ, AG 1992, S. 277.

[417] BGHZ S. 122, 123 (TBB).

2. *Voraussetzungen der Haftung*

a) *Konzernerfordernis*

Der BGH hat in seinen Entscheidungen nicht konkret dazu Stellung bezogen, ob das Vorliegen eines Konzerns im Sinne von § 18 AktG eine Haftungsvoraussetzung auch im qualifizierten faktischen GmbH - Konzern ist und in dem TBB - Urteil auf eine ausdrückliche Prüfung und Annahme eines Konzernverhältnisses verzichtet.

Der BGH hat in dieser Entscheidung eine Haftung nicht mehr allein an das Vorliegen von Konzernstrukturen geknüpft, sondern mit dem Erfordernis der Beeinträchtigung der Interessen der abhängigen Gesellschaft und damit dem Erfordernis eines objektiven Mißbrauchs der beherrschenden Gesellschafterstellung ein Verhalten als Haftungsvoraussetzung benannt.

Insoweit könnte fraglich sein, ob die Haftung im qualifizierten faktischen GmbH - Konzern überhaupt noch das Vorliegen eines Konzerntatbestandes erfordert. So läßt es ein Teil der Literatur[418] ausreichen, wenn ein Gesellschafter ein Unternehmen im Unternehmensverbund beherrschen kann, mithin zwischen dem Gesellschafter und der Gesellschaft lediglich ein Abhängigkeitsverhältnis besteht.

Überzeugender erscheint es jedoch, nicht nur eine Abhängigkeit im Sinne von § 17 Abs. 1 AktG zu fordern. Denn selbst dann, wenn ein Unternehmen die Möglichkeit hat, auf eine abhängige Gesellschaft unmittelbar oder mittelbar einen beherrschenden Einfluß auszuüben und somit eine Abhängigkeit im Sinne von § 17 Abs. 1 AktG vorliegt, ist es durchaus denkbar, daß der beherrschten Gesellschaft ein weiter Gestaltungsspielraum zusteht und sie ihre unternehmerischen Entscheidungen noch weitestgehend selbständig trifft.

In solchen Fällen liegt dann ein einfacher qualifizierter Konzern vor. Ein qualifizierter faktischer Konzern besteht erst dann, wenn neben der Abhängigkeit auch eine einheitliche Leitung im Sinne von § 18 AktG besteht[419].

---

[418] Z.B. EMMERICH / SONNENSCHEIN, Konzernrecht, S. 40; HOMMELHOFF, ZGR 1994, S. 395, 400; ALTMEPPEN, DB 1994, S. 1912.

[419] So auch PREUß, Dogmatik der konzernspezifischen Haftung, S. 107; HACHENBURG / ULMER, GmbHG, Anh. § 77, Rn. 126; KRIEGER, ZGR, 1994, S. 375, 377.

b) *Objektiver Mißbrauch*

Der beherrschende Gesellschafter muß seine Einflußmöglichkeit in der abhängigen Gesellschaft objektiv mißbraucht haben. Hiervon ist insbesondere auszugehen, wenn die Eigeninteressen der abhängigen GmbH nachhaltig beeinträchtigt wurden.
Der Maßstab für derartige Nachteilszufügungen orientiert sich an den §§ 311, 317 AktG, d.h. es ist von ihnen auszugehen, wenn eine Beeinträchtigung der Vermögens- oder Ertragslage der abhängigen Gesellschaft festgestellt werden kann, die auf die Abhängigkeit zurückzuführen ist. Zum Vergleich wird auf die Geschäftsleitung eines ordentlichen und gewissenhaften Geschäftsführers einer unabhängigen GmbH geschaut[420].

Wann genau ein solcher objektiver Mißbrauch vorliegt, läßt sich nicht abstrakt definieren. Stets sind die konkrete GmbH und ihre konkreten Interessen zu betrachten. Hierfür werden einzelne Indizien und Fakten untersucht, die auf einen Mißbrauch der Interessen der abhängigen GmbH hinweisen.

Von einer nachhaltigen Beeinträchtigung des Eigeninteresses der abhängigen GmbH und damit einem objektiven Mißbrauch der Leitungsmacht, wird ausgegangen, wenn das beherrschende Unternehmen Maßnahmen veranlaßt, die eine Existenzvernichtung der abhängigen GmbH herbeiführen. Hiervon ist bei einer Schädigung der abhängigen Gesellschaft zugunsten anderer Konzernunternehmen durch die Einstellung oder den Abzug von Geschäftsaktivitäten oder Finanzmitteln der Tochtergesellschaft zugunsten anderer, unter Umständen eigens neu gegründeter Konzerngesellschaften (sog. GmbH - Stafetten), auszugehen[421]. Gleiches gilt bei der Herbeiführung der Insolvenz der abhängigen Gesellschaft, sobald sich hohe Ansprüche geschädigter Dritter gegen sie abzeichnen[422]. Voraussetzung ist jedoch, daß die existenzvernichtende Maßnahme der beherrschenden Gesellschaft einen Eingriff in eine gesicherte Rechtsposition der abhängigen GmbH darstellt[423].

---

[420] Vgl. EMMERICH / SONNENSCHEIN, Konzernrecht, S. 400; LIMMER, DStR 1993, S. 767.
[421] BGH NJW 1996, S. 1283; BGH NJW 1997, S. 943; OLG Köln, BB 1997, S. 169; OLG Dresden, AG 1997, S. 330.
[422] OLG Bamberg, AG 1998, 191, 193.
[423] MAYER, Handbuch des Gesellschafts- und Wirtschaftsrechts, Kapitel C, Rn. 1042, S. 243.

Darüber hinaus kann sich aus der Personalpolitik des Konzerns ein wichtiges Indiz für eine Interessenbeeinträchtigung ableiten lassen. So liegt eine Interessenbeeinträchtigung bei einem Abzug von notwendigem Personal oder bei einer Übernahme qualifizierten Personals durch die Konzernobergesellschaft nahe.
Konzernfinanzierungs- und Liquiditätsgeschäfte dürfen nicht zum Nachteil der abhängigen GmbH vorgenommen werden. Es sind dem Marktpreis entsprechende Konditionen zu sichern[424]. Hieran fehlt es, wenn Liquidität zu unangemessenen Bedingungen abgezogen wird, insbesondere etwa durch ein rigides cash-management, bei dem Liquidität einer abhängigen Gesellschaft zur Begleichung von Schulden anderer Konzerngesellschaften eingesetzt wird, oder durch die Konzentration des Finanzwesens bei der Muttergesellschaft oder anderer Konzerngesellschaften mit der Folge des Liquiditätsverlusts der Tochtergesellschaft[425].

Indizwirkung kommt weiterhin insbesondere der Ausübung einer dauernden und umfassenden Leitungsmacht durch das herrschenden Unternehmen gegenüber der abhängigen Gesellschaft zu. Der BGH hat aber in der TBB - Entscheidung klargestellt, daß die Ausübung der dauernden und umfassenden Leitungsmacht nicht zum Haftungstatbestand im qualifiziert faktischen GmbH - Konzern gehört[426]. Entscheidend ist allein die nachteilige Einwirkung auf die Interessen der abhängigen Gesellschaft. Die dauernde und umfassende Ausübung von Leitungsmacht wird vielmehr als der Grund dafür gesehen, daß ein Einzelausgleich nicht mehr möglich ist[427].

Ein Mißbrauch der beherrschenden Gesellschafterstellung liegt auch dann vor, wenn der beherrschende Gesellschafter eine abhängige vermögenslose Gesellschaft dazu veranlaßt, auf eine Forderung gegen eine andere abhängige Gesellschaft zu verzichten und dadurch bewirkt, daß die verzichtende Gesellschaft ihren Verbindlichkeiten nicht mehr nachkommen kann[428].

Gleiches gilt, wenn der beherrschende Gesellschafter die abhängige Gesellschaft dazu bewegt, ihn aus einer Generalübernehmerhaftung zu entlassen und sich mit Ansprüchen gegen

---

[424] BGH NJW 1994, S. 446; BSG NJW-RR 1995, S. 730.
[425] SCHOLZ - EMMERICH, GmbHG, Anh. Konzernrecht, Rn. 121.
[426] BGHZ S. 122, 123, 131.
[427] Vgl. dazu auch PREUß, Dogmatik der konzernspezifischen Haftung, S. 109, 110; KÖLLING, NZG 2000, S. 8, 12.
[428] BGH DB 2000, S. 2420, GmbHR 2000, S. 1263; OLG München, AG 2000, S. 186. Hierzu auch KIETHE / GROESCHKE, NZG 2000, S. 1151.

die Subunternehmer zu begnügen. Dieser Verlust eines einheitlich Haftenden gegenüber der Verweisung auf viele verschiedene Unternehmen mit jeweils verschiedener Liquidität stellt ebenfalls einen gravierenden Nachteil dar[429].

Auch darf die beherrschte Gesellschaft nicht in ihrem Bestand gefährdet werden. Indizien für eine solche Bestandsgefährdung sind etwa wirtschaftliche Umstrukturierungsmaßnahmen, die die beherrschte GmbH in ein solches Abhängigkeitsverhältnis bringen, daß sie nach Beendigung des Konzernverhältnisses nicht mehr allein überlebensfähig ist. Daneben sind die Einstellung erfolgreicher Produkte, der Abschluß von für die abhängige Gesellschaft nachteiligen Verträgen, insbesondere bei langfristigen Lieferverträgen oder die Übertragung eines dauernd ertraglosen bzw. verlustbringenden Geschäfts auf die Tochtergesellschaft[430] zu nennen.

Einzelne Maßnahmen, selbst wenn sie zum Vorteil der Muttergesellschaft vorgenommen werden, sind jedoch nicht ausreichend. Auch lassen Doppelmandate, Personalunion oder gar die Insolvenz der abhängigen Gesellschaft noch nicht auf eine Beeinträchtigung des Eigeninteresses der beherrschten GmbH schließen[431].

Hilfreich kann neben der Betrachtung der reinen Fakten auch ein Heranziehen der Satzung der abhängigen Gesellschaft mit dem dort definierten Gesellschaftszweck und Gesellschaftsinteresse sein[432]. Wird dort beispielsweise der Zweck der GmbH mit „Durchführung von Aufgaben der Forschung und Entwicklung im Y - Konzern“, „Übernahme von Finanzierungsaufgaben im Z - Konzern“ definiert, so ist die Leitung einer solchen Tochtergesellschaft ohne eigene Produktion, Markt und Vertrieb keine Verletzung ihrer Eigeninteressen[433].

---

429 OLG Dresden, AG 2000, S. 416.

430 Vgl. LUTTER / HOMMELHOFF, GmbHG, Anh. § 13, Rn. 19; KRIEGER, in: Heidelberger Konzernrechtstage, S. 41 ff.; ENSTHALER / KREHER, BB 1995, S. 1422, 1426 ff..

431 BAUMBACH / HUECK - ZÖLLNER, GmbHG, Schlußanhang I, Rn. 87.

432 BURGRAD, WM 1993, S. 925, 928; ESCHENBRUCH, Konzernhaftung, Rn. 3435; LUTTER / HOMMELHOFF, GmbHG, Anh. § 13, Rn. 20.

433 HOMMELHOFF, ZGR 1994, S. 403.

c) *Undurchführbarkeit des Einzelausgleichs*

Weitere Haftungsvoraussetzung ist die fehlende Isolierbarkeit der schädigenden Eingriffe. Ein Bedürfnis für eine besondere Haftung im qualifizierten faktischen Konzern besteht nur, wenn die bisherigen Haftungssysteme versagen. Kann man einzelne nachteilige Maßnahmen des herrschenden Unternehmens noch isolieren, so können die durch diese Maßnahmen entstandenen Nachteile über Schadensersatzansprüche kompensiert werden. Ein solcher Einzelausgleich beispielsweise nach §§ 30, 31, § 43 Abs. 2 GmbHG, §§ 823 Abs. 2 BGB i.V.m. 64 GmbHG, § 826 BGB oder wegen einer Treuepflichtverletzung geht vor. Die Ausgleichspflicht nach den §§ 302, 303 AktG analog kann erst dann zur Anwendung kommen, wenn es nicht mehr möglich ist, einzelne Maßnahmen herauszukristallisieren[434].

So hat die Rechtsprechung in einer neuen Entscheidung beispielsweise eine Haftung aus qualifiziertem faktischem Konzern abgelehnt, nachdem sie zuvor das Vorliegen eines objektiven Mißbrauchs von Konzernleitungsmacht, die keine angemessene Rücksicht auf die eigenen Belange der beherrschten Gesellschaft nehme, bejaht hatte[435].

In dem Fall hatte eine abhängige Gesellschaft im Stadium der Unterbilanz gegenüber einem anderen Konzernunternehmen auf einen Befreiungs- oder Aufwendungsersatzanspruch, der ihr im Zusammenhang mit einer eigenen Verbindlichkeit zustand, im Konzerninteresse verzichtet und dadurch ihren Gläubiger nicht mehr befriedigen können.

Der zugefügte Nachteil konnte hier durch Einzelmaßnahmen kompensiert werden. Der abhängigen Gesellschaft stand insoweit wegen Verstoßes gegen das Kapitalerhaltungsgebot des § 30 GmbHG ein Anspruch gemäß § 31 GmbHG gegen die andere Konzerngesellschaft auf Wiederbegründung der erlassenen Verbindlichkeit zu[436].

Schwierigkeiten bereitet jedoch die genaue Bestimmung, ab wann mit Rücksicht auf die Intensität der Beherrschung einzelne Einflußnahmen des herrschenden Unternehmens auf die abhängige GmbH nicht mehr isolierbar sind. Am meisten Zustimmung hat in diesem Zusammenhang wohl die Definition LUTTERS gefunden, wonach ausschlaggebend ist, ob eine Gesamtbetrachtung zu dem Ergebnis führt, daß die Geschäftsführung der abhängigen Gesell-

---

[434] LUTTER, DB 1994, S. 129, 130; GOETTE, DStR 1994, S. 1818, 1819; SCHMIDT, AG 1994, S. 184; KRIEGER, ZGR 1994, S. 375, 380; OLG Oldenburg, NZG 2000, S. 555..

[435] BGH DB 2000, S. 2420, GmbHR 2000, S. 1263 mit Anm. Wiese, DStR 2000, S. 2140 m. Anm. Goette.

[436] BGH DB 2000, S. 2420.

schaft in ihrem Kern auf die Muttergesellschaft übergegangen ist[437]. Als Anschauungsbeispiel wird häufig auf Gestaltungen hingewiesen, bei denen die abhängige Gesellschaft wie eine bloße Betriebsabteilung geführt wird[438].
Auf der faktischen Seite ist von einer mangelnden Isolierbarkeit der Nachteile insbesondere auszugehen, wenn die Einzelmaßnahmen aufgrund konzerninterner Unübersichtlichkeiten nicht mehr nachvollzogen werden können. Von einer solchen Unübersichtlichkeit kann beispielsweise ausgegangen werden, wenn keine ordnungsgemäße Buchführung existiert und daher die Leistungen innerhalb des Konzerns nicht nachvollzogen werden können[439] oder Organprotokolle nicht ordnungsgemäß geführt wurden[440].

d) Verschulden

In der Literatur vielfach umstritten ist die Frage, ob die Haftung im qualifizierten faktischen GmbH - Konzern ein Verschulden des beherrschenden Gesellschafters voraussetzt. Der BGH forderte in der TBB - Entscheidung[441] den objektiven Mißbrauch der Leitungsmacht des beherrschenden Unternehmens als Haftungsvoraussetzung. Ob darüber hinaus ein Verschulden erforderlich ist, hat er nicht explizit beantwortet. Festhalten läßt sich zumindest, daß die Haftung mit dem Erfordernis des objektiven Mißbrauchs und damit der nachteiligen Ausübung von Konzernleitungsmacht an ein Verhalten anknüpft[442]. Insbesondere das gesellschaftsrechtliche Haftungssystem kennt aber nur eine verschuldensabhängige Verhaltenshaftung. Auch wird das haftungsbegründende Tatbestandsmerkmal der Unmöglichkeit des Einzelausgleichs in der Regel durch Maßnahmen des beherrschenden Unternehmens wie etwa die Verletzung von Buchführungspflichten begründet, die ein Verschulden des beherrschenden Unternehmens darstellen. Demnach ist von einem Verschuldenserfordernis auszugehen[443].

---

[437] LUTTER, AG 1990, S. 179, 183.
[438] Vgl. SCHMIDT, Gesellschaftsrecht, S. 1231.
[439] Hierzu ausführlich SCHULZE - OSTERLOH, ZIP 1993, S. 1838.
[440] Vgl. ESCHENBRUCH, Konzernhaftung, Rn. 3443 mit weiteren Nachweisen.
[441] BGHZ 122, 123 ff..
[442] Vgl. SCHMIDT, Gesellschaftsrecht, S. 1225; PREUß, Dogmatik der konzernspezifischen Haftung, S. 117.
[443] Vgl. PREUß, Dogmatik der konzernspezifischen Haftung, S. 118. Im Ergebnis so auch HOMMELHOFF, GmbHG, Anh. § 13, Rn. 24; ESCHENBRUCH, Konzernhaftung, Rn. 3440; KÖLLING, NZG 2000, S. 8, 13. A.A. BUCHNER / WEIGEL, DNotZ 1994, S. 580, 593; STODOLKOWITZ, ZIP 1992, S. 1517, 1521.

3. *Darlegungs- und Beweislast*

Zwischen der dauernden und umfassenden Leitung einer abhängigen GmbH und einer nachhaltigen Beeinträchtigung der Interessen der GmbH besteht kein Vermutungszusammenhang. Der Kläger muß daher die Umstände darlegen und beweisen, die die Annahme zumindest nahelegen, daß Eigenbelange der GmbH mit Rücksicht auf das Konzerninteresse über konkret ausgleichsfähige Einzeleingriffe hinaus beeinträchtigt worden sind. Ihm kommt allerdings eine Erleichterung seiner Substantiierungs- und Beweislast zugute, so daß ein bloßes Behaupten hinsichtlich solcher Tatsachen ausreichend ist, bei denen es sich um Betriebsinterna des herrschenden Unternehmens handelt und dem Antragsteller die nötigen Kenntnisse fehlen[444].

4. *Rechtsfolge*

a) *Verlustausgleichspflicht gem. § 302 Abs. 1 AktG analog*

Unter den dargelegten Voraussetzungen trifft das herrschende Unternehmen eine Verlustausgleichspflicht gem. § 302 Abs. 1 AktG analog. Der abhängigen Gesellschaft steht ein Anspruch gegen die Muttergesellschaft auf Ausgleich des entstandenen Jahresfehlbetrages zu. Es handelt sich hierbei um eine reine Innenhaftung, die nur von der abhängigen Gesellschaft geltend gemacht werden kann[445]. Die Gläubiger selbst haben keinen eigenen Anspruch gegen das herrschende Unternehmen. Sie können allenfalls den Anspruch der Tochtergesellschaft pfänden lassen bzw. gem. §§ 309 Abs. 4, 317 Abs. 4 AktG analog den Anspruch für die abhängige Gesellschaft geltend machen, wenn ein Insolvenzverfahren mangels Masse abgelehnt wurde[446].

---

[444] Vgl. BGHZ 122, S. 123, 125 (TBB); vgl. auch HACHENBURG - ULMER, GmbHG, Anh. § 77, Rn. 143 ff.; EBENROTH / WILKEN, ZIP 1993, S. 558.
[445] STIMPEL, FS Goerdeler, S. 601, 613.
[446] Vgl. HACHENBURG – ULMER, GmbHG, Anh. § 77, Rn. 169.

b) Anspruch auf Sicherheitsleistung gem. § 303 Abs. 1 AktG analog

Ein eigener Anspruch steht den Gläubigern erst nach Beendigung des Beherrschungsverhältnisses zu. Gem. § 303 Abs. 1 AktG analog können sie von dem herrschenden Unternehmen eine Bereitstellung von Sicherheiten für ihre Ansprüche verlangen.

Eine besondere Bedeutung kommt diesem Sicherungsanspruch aber erst dann zu, wenn die abhängige Gesellschaft vermögenslos geworden ist. Dann wandelt sich der Anspruch auf Sicherheitsleistung in einen Zahlungsanspruch um. Das herrschende Unternehmen trifft eine Ausfallhaftung[447].

Streitig ist der Haftungsumfang einer solchen Ausfallhaftung. Es bestehen unterschiedliche Auffassungen, ob die Haftung des herrschenden Unternehmens in vollem Umfang greift oder ob sie nur bis zur Höhe des Ausfalls des Stammkapitals besteht.

Einige Stimmen in der Literatur wollen nur die Erhaltung des zur Deckung des Stammkapitals erforderlichen Vermögens gewährleisten. Begründet wird dies mit Blick auf die §§ 30, 31 GmbHG, die zeigten, daß die Kapitalerhaltungsregeln im GmbH - Recht insgesamt schwächer ausgestaltet seien als im Aktienrecht[448].

Gegen eine solche Beschränkung spricht jedoch der Normzweck des § 302 Abs. 1 AktG. Diese Vorschrift ist mehr als nur eine Kompensation der beeinträchtigten Kapitalerhaltungsregeln. Vielmehr soll die Verlustausgleichspflicht einen Ausgleich für die Beeinträchtigung der Eigeninteressen der GmbH darstellen[449]. Darüber hinaus würde man anderenfalls den qualifizierten faktischen Konzern besser stellen als den einfach faktischen Konzern, obwohl die Gefahr der Interessenbeeinträchtigung im qualifizierten faktischen Konzern sehr viel höher ist als im einfach faktischen Konzern. Ein unbilliges Ergebnis wäre die Folge[450]. Diese Ansicht hat mit dem Video - Urteil[451] höchstrichterliche Bestätigung gefunden[452].

---

[447] Vgl. z. B. OLG F.a.M., NZG 2000, S. 933.
[448] REHBINDER, AG 1986, S. 85, 98; ULMER, AG 1986, S. 123, 129; VONNEMANN, BB 1990, S. 217, 222.
[449] Vgl. LIMMER, Haftungsverfassung, S. 329.
[450] Vgl. JOOST, in: Heidelberger Konzernrechtstage, S. 133, 140.
[451] BGHZ 115, S. 187.
[452] Der BGH hat das „TBB" - Urteil als eine Klarstellung der vorangegangen Rechtsprechung bezeichnet. Es ist daher davon auszugehen, daß der bisher zum qualifizierten faktischen GmbH-Konzern ergangenen Rechtsprechung des BGH nach wie vor Gültigkeit zukommt, soweit der BGH sie nicht ausdrücklich korrigiert hat. Vgl. BUCHNER / WEIGL, DNotZ 1994, S. 580, 588.

5. *Struktur- oder Verhaltenshaftung*

In den bis zum „TBB“ - Urteil ergangenen Entscheidungen schwankte der BGH zwischen Haftungsmodellen, die entweder an den Zustand der Einbindung der abhängigen Gesellschaft in den Konzern anknüpften oder an die nachteilige Ausübung der Leitungsmacht durch das beherrschende Unternehmen.

Das mit dem „TBB“ - Urteil festgeschriebene Haftungskonzept läßt sich nicht eindeutig in eine der Kategorien von Verhaltens- oder Konzernleitungshaftung einerseits oder von Zustands- oder Strukturhaftung andererseits einordnen. Sie weist Elemente der Verhaltenshaftung auf, indem sie schädigende Eingriffe in die Belange der abhängigen Gesellschaft voraussetzt, aber auch Elemente einer Strukturhaftung, da sie sich auch an strukturellen Gegebenheiten orientiert[453]. So stellt das Haftungskonzept mit der Frage, ob das Eigeninteresse der abhängigen Gesellschaft beeinträchtigt wurde, auf die Konzernleitung und damit auf ein Verhalten ab. Dieses Element ist aber nicht das eigentlich haftungsbegründende. Die Konzernhaftung geht eben gerade nicht auf Ersatz der schädigenden Einwirkung, sondern hat eine in ihrer Höhe davon unabhängige Verlustausgleichspflicht zur Folge und knüpft damit an einen durch Verhalten geschaffenen Zustand, an eine „Konzernstruktur“ an.

6. *Einordnung der Haftung im qualifizierten faktischen GmbH - Konzern in ein spezifisches Haftungssystem*

Die Haftung im qualifizierten faktischen GmbH - Konzern stellt einen konzernrechtlichen Haftungstatbestand dar. Zwar wird auf das Erfordernis der dauernden und umfassenden Ausübung von Leitungsmacht als Haftungsvoraussetzung verzichtet[454]. Eine Situation, die der konzernrechtlichen Struktur bei Vorliegen eines Vertragskonzerns im Sinne von § 303 Abs. 1 AktG gleicht, wird also nicht über diese Haftungsvoraussetzung herbeigeführt. Dennoch bleibt die Einbindung des jetzigen Haftungssystems in einen Konzerntatbestand bestehen.

---

[453] Vgl. z.B. MICHALSKI / ZEIDLER, NJW 1996, S. 224, 226.
[454] Vgl. oben 2. Teil, 1. Kapitel, C III b.

Denn Voraussetzung für eine Haftung im qualifizierten faktischen GmbH - Konzern ist das Vorliegen eines Konzernverhältnisses im Sinne von § 18 AktG[455].
Diese Konzernhaftung stellt eine Sonderhaftung dar. Sie läßt sich nicht ausschließlich einem Haftungssystem, sei es dem bürgerlichen Recht, insbesondere dem Deliktsrecht in Form der §§ 823, 826 BGB, oder den allgemeinen Haftungstatbeständen des Gesellschaftsrechts, insbesondere den verschuldensabhängigen Verhaltenshaftungstatbeständen, zuordnen. Zwar steht die Haftung im qualifizierten faktischen GmbH - Konzern in der Nähe einer verschuldensabhängigen Verhaltenshaftung[456]. Von einem deliktsrechtlichen Haftungssystem unterscheidet sie sich jedoch insoweit, als sie neben einem vorwerfbaren Verhalten eine Sonderverbindung zwischen Mutter- und Tochtergesellschaft, d.h. eine Konzernierung des abhängigen Unternehmens verlangt. Neben dem rein verhaltensbezogenen Element wird damit auch an ein Zustandselement angeknüpft. Diese Konzernverbundenheit stellt ein sonderprivatrechtliches Tatbestandsmerkmal dar, das sich nicht in das deliktsrechtliche Haftungssystem einordnen läßt[457].

Auch eine Zuordnung rein zu den gesellschaftsrechtlichen Haftungssystemen ist nicht möglich. So ist dem Recht der Kapitalgesellschaften mit den §§ 93 Abs. 2, 117 Abs. 1 AktG und den §§ 43 Abs. 2, 64 Abs. 2 GmbHG zwar eine verschuldensabhängige Verhaltenshaftung nicht fremd. Jedoch läßt sich eine Analogie zu den gesellschaftsrechtlichen Vorschriften nur schwer begründen. Dies gilt auch im Hinblick auf § 302 AktG, dem eine Gefährdungshaftung in Form der Zustandshaftung zugrunde liegt, während die Haftung im qualifizierten faktischen GmbH - Konzern eine verschuldensabhängige Verhaltenshaftung darstellt, die mit dem Erfordernis des Konzerns im Sinne von § 18 AktG als Haftungsvoraussetzung ein zustandsbezogenes Element erfordert[458].
Die Haftung im qualifizierten faktischen GmbH - Konzern ist somit ein Sonderhaftungsrecht und damit eine Haftung eigener Art[459].

---

[455] Vgl. PREUß, Dogmatik der konzernspezifischen Haftung, S. 136.
[456] Vgl. PREUß, Dogmatik der konzernspezifischen Haftung, S. 129.
[457] Vgl. PREUß, Dogmatik der konzernspezifischen Haftung, S. 144.
[458] Vgl. PREUß, Dogmatik der konzernspezifischen Haftung, S. 133.
[459] Vgl. PREUß, Dogmatik der konzernspezifischen Haftung, S. 146.

2. Kapitel Durchgriffshaftung

Neben der Konzernhaftung besteht in Deutschland ein weiteres Haftungsinstitut, auf dessen Grundlage Gesellschafter einer Kapitalgesellschaft für Verbindlichkeiten der Gesellschaft persönlich haftbar gemacht werden können. Es handelt sich hierbei um die Durchgriffshaftung[460]. Vom konzeptionellen Ansatz her entspricht sie dem US - amerikanischen *piercing the corporate veil*. Wie auch im US - amerikanischen Recht wird mit der deutschen Durchgriffshaftung unter bestimmten Voraussetzungen der „Schleier" der juristischen Person durchbrochen, um neben der Gesellschaft auch die Gesellschafter persönlich haftbar zu machen. Wird hierbei auf einen Mehrheitsgesellschafter durchgegriffen, der gleichzeitig ein Unternehmen im Sinne des § 15 AktG ist, so stellt der Durchgriff von der Gesellschaft auf den Gesellschafter gleichzeitig einen Durchgriff von der Tochtergesellschaft auf die Muttergesellschaft dar. Eine Muttergesellschaft kann dann zur Begleichung der Verbindlichkeiten der Tochtergesellschaft herangezogen werden.

Die Durchgriffshaftung wird in der Regel rechtsformunabhängig diskutiert. Bedeutung kommt der Durchgriffshaftung überwiegend aber nur in der GmbH zu. Voraussetzung für einen Durchgriff ist, daß der Gesellschafter, auf den durchgegriffen werden soll, auf die haftungsbegründende Maßnahme in der Gesellschaft Einfluß hatte und auf ihn ein Verstoß gegen Organisations- und Kapitalschutzvorschriften zurückzuführen ist. Der Gesellschafter muß also Einfluß auf die Führung der Geschäfte der Gesellschaft haben. Eine solche Einflußmöglichkeit besteht für einen Gesellschafter aber nur in einer GmbH. In der AG hat ein Gesellschafter aufgrund der Unabhängigkeit des Vorstandes nach § 76 Abs. 1 AktG in der Regel keine Möglichkeit, die Geschäftsführung der AG zu bestimmen[461]. Die weiteren Ausführungen beschränken sich daher auf eine Durchgriffshaftung in der GmbH, besitzen grundsätzlich aber auch für die AG Gültigkeit.

---

[460] Das Institut der Durchgriffshaftung ist nicht nur in Deutschland und in den USA bekannt, sondern in einer Vielzahl von Staaten zu finden. Zur Durchgriffshaftung im englischen Recht siehe z.B. HOHLOCH, EU - Handbuch Gesellschaftsrecht, Vereinigtes Königreich, Rn. 292 ff.. Zur Durchgriffshaftung in der Schweiz, Österreich, Italien und Frankreich siehe TEIPEL, Haftungsdurchgriff und lex fori, S. 46 ff..

[461] In diesem Sinne auch VON ARNIM, NZG 2000, S. 1001, 1004.

A. *Begriff und Tatbestand der Durchgriffshaftung*

Die für Kapitalgesellschaften kennzeichnende Trennung zwischen dem Gesellschaftsvermögen und dem Privatvermögen der Gesellschafter ist im deutschen Recht für die GmbH in § 13 Abs. 2 GmbHG gesetzlich verankert (Trennungsprinzip). Auch der deutsche Gesetzgeber wollte damit den Gesellschaftern die Möglichkeit geben, mit kalkulierbarem Risiko wirtschaftlich tätig zu werden und sich allein durch die Gründung einer juristischen Person von einer Haftung mit seinem Privatvermögen zu befreien.
Rechtssituationen, in denen es unbillig erscheint, daß sich ein Gesellschafter hinter eine juristische Person zurückziehen kann, soll mit dem gesetzlich nicht statuierten Rechtsinstitut der Durchgriffshaftung begegnet werden.

Hinter der Konstruktion der Durchgriffshaftung steht der Gedanke, daß sich derjenige, der sich rechtsmißbräuchlich verhält, nicht auf den Vorteil der beschränkten Haftung berufen darf. Dieser Gedanke zeigt die Nähe der Durchgriffshaftung zu den Grundsätzen Treu und Glauben (§ 242 BGB) und zum Grundsatz des venire contra factum proprium[462].

Der Begriff der Durchgriffshaftung darf nicht mit dem sogenannten „Zurechnungsdurchgriff" verwechselt werden[463].
Die Durchgriffshaftung ist nur ein einzelner Aspekt des Sammelbegriffs des „Durchgriffs". Der Begriff des Durchgriffs bezeichnet allgemein die Durchbrechung des gesellschaftsrechtlichen Trennungsprinzips. Der Haftungsdurchgriff bezieht sich nur auf den haftungsrechtlichen Bereich dieses Sammelbegriffes. Er hebt das Trennungsprinzip nur hinsichtlich der Haftungsmassen auf. Es geht bei ihm allein um die Frage, ob ein Gesellschafter für Verbindlichkeiten der Gesellschaft in Anspruch genommen werden kann, obwohl kein besonderer Verpflichtungsgrund vorliegt. Die gegen die Gesellschaft bestehenden Ansprüche werden dann auf die dahinterstehenden Gesellschafter erstreckt[464]. Hiervon zu unterschieden ist der Zurechnungsdurchgriff, der sich auf die Frage bezieht, ob in einem Rechtsverhältnis, an dem eine Gesellschaft beteiligt ist, auf die hinter der Gesellschaft stehenden Gesellschafter in dem

---

[462] COING, NJW 1977, S. 1793.
[463] HACHENBURG - MERTENS, GmbHG, Anh. § 13, Rn. 32.
[464] BORK, ZGR 1994, S. 237, 241.

Sinne „durchzugreifen" ist, daß der Gesellschaft die Verhältnisse oder die Erklärungen ihrer Gesellschafter sowie deren Eigenschaften oder Kenntnisse zugerechnet werden können. Diesbezüglich sind allein die Auslegung der Erklärungen der Parteien und die jeweils in Betracht kommenden gesetzlichen Vorschriften maßgeblich[465].

B. Behandlung in der Rechtsprechung

Auch die deutschen Gerichte haben früh erkannt, daß ein Festhalten an der Trennung zwischen juristischer Person und den dahinter stehenden Gesellschaftern nicht immer zu gerechten Ergebnissen führt.
So entschied schon das Reichsgericht (RG), daß der Richter „vor der Konstruktion die Wirklichkeit des Lebens und die Macht der Tatsachen zu berücksichtigen" habe[466].
Dieser Linie folgte später auch der BGH, der die Rechtsform der juristischen Person jedenfalls dann in Frage stellt, wenn deren Verwendung dem Zweck der Rechtsordnung widerspricht[467].
Jedoch ist auch der BGH, wie zuvor das RG, der Ansicht, daß ein Durchgriff immer nur dann in Betracht kommen könne, wenn die beschränkte Haftung „zu Ergebnissen führte, die mit Treu und Glauben nicht in Einklang" stünden und wenn die Ausnutzung der rechtlichen Verschiedenheit der juristischen Person und der dahinterstehenden natürlichen Personen einen Rechtsmißbrauch bedeute. Es dürfe „über die Rechtsfigur der juristischen Person nicht leichtfertig und schrankenlos hinweggegangen werden"[468].
Insgesamt steht der BGH dem Haftungstatbestand des Durchgriffs eher zögerlich gegenüber. Auch hat er keine einheitliche Durchgriffsdogmatik entwickelt, sondern betont in seinen Entscheidungen, daß die in Betracht kommenden Sachverhalte zu vielfältig seien, um allgemeine Regeln aufzustellen[469].

---

[465] GEIßLER, GmbHR 1993, S. 71, 73.
[466] RGZ 129, S. 50; vgl. auch RGZ 99, S. 232; 103, S. 64.
[467] BGHZ 20, S. 4, 14.
Das BSG hat hierzu entschieden: „In diesen Fällen versagt die Berufung auf das Haftungsprivileg des § 13 Abs. 2 GmbHG; die haftungsausschließende Trennung zwischen Gesellschaft und Gesellschafter ist aufgehoben, die Schuldverpflichtung greift auf den Gesellschafter durch." BSG NJW 1984, S. 2117.
[468] BGHZ 20, S. 4, 11; 61, S. 380, 383.

C. Behandlung in der Literatur

Ausgangspunkt der Diskussion in der Literatur über den Begriff des Durchgriffs war der Versuch SERICKS, die Problematik einer rechtsdogmatischen Grundlage zuzuführen und ein einheitliches Rechtsinstitut des Durchgriffs zu entwickeln[470]. Nach SERICK soll ein Durchgriff auf die hinter der juristischen Person stehenden Personen zulässig sein, wenn die juristische Person zu unlauteren Zwecken mißbraucht werde und Dritte fraudulös geschädigt werden sollten (subjektive Mißbrauchstheorie)[471].
Dieser Ansatz wurde in der Vergangenheit dahingehend weiterentwickelt, daß auf das subjektive Element verzichtet wurde und schon allein die objektiv zweckwidrige Verwendung der juristischen Person Grundlage für eine Durchgriffshaftung sein sollte (objektive Mißbrauchstheorie)[472].
Beiden Theorien ist gemeinsam, daß sie die juristische Person als eigenes Rechtsinstitut ansehen. Aus diesem Grunde werden sie auch institutionelle Lehren genannt[473]. Zumindest die subjektive Mißbrauchstheorie wird heute aufgrund der besonderen Schwierigkeiten, den Nachweis einer Schädigungsabsicht zu führen, kaum noch vertreten.

Die Mißbrauchstheorien wurden schon bald von MÜLLER-FREIENFELS in Frage gestellt[474]. MÜLLER-FREIENFELS sieht die juristische Person als eine „konstruktive Abbreviatur“, als eine fiktive Rechtsfigur an, die aus vielen zusammengesetzten Tatbeständen und Normen bestehe[475]. Daher handele es sich bei dem Durchgriff um ein Normanwendungsproblem. Es komme dann zu einem Durchgriff, wenn der Sinngehalt einer anzuwendenden Norm dem einer Gesellschaftsrechtsnorm entgegenstehe (Normanwendungstheorie)[476]. Die für die Durchgriffshaftung in der GmbH maßgebliche Norm sei § 13 Abs. 2 GmbHG. § 13 Abs. 2 GmbHG lege eine gesetzliche Trennung zwischen den Vermögensmassen der GmbH und ihren Gesellschaftern und damit die beschränkte Haftung der GmbH - Gesellschafter fest[477].

---

469 BGHZ 26, S. 31.
470 SERICK, Rechtsform und Realität der juristischen Person.
471 SERICK, Rechtsform und Realität der juristischen Person, S. 203.
472 Vgl. SCHRAMM, Konzernverantwortung und Haftungsdurchgriff, S. 12.
473 HUECK, Gesellschaftsrecht, S. 331.
474 MÜLLER-FREIENFELS, AcP 156 (1957), S. 522.
475 MÜLLER-FREIENFELS, AcP 156 (1957), S. 522, 529.
476 SCHMIDT, Gesellschaftsrecht, S. 230.
477 BOUJONG, FS Odersky, S. 739.

Der persönlichen Haftung der Gesellschafter steht nicht die juristische Person als solche entgegen, sondern vielmehr der gesetzlich normierte Haftungsausschluß. Dieser Haftungsausschluß ist aber nicht zu rechtfertigen, wenn der dadurch entfallende Gläubigerschutz nicht auf andere Weise ausgeglichen wird. Das GmbHG gewährt einen solchen Ausgleich mit der Verpflichtung der GmbH zur Bereitstellung einer bestimmten Haftungsmasse.
§ 13 Abs. 2 GmbHG bildet daher ein einheitliches Normengefüge mit den Kapitalaufbringungs- und Kapitalerhaltungsvorschriften des GmbHG (§§ 19, 30 ff. GmbHG). Werden die Gesellschafter einer GmbH diesen Normen nicht gerecht, so kann ihnen auch nicht der Schutz des Haftungsausschlusses gewährt werden[478].

Die Normanwendungslehre steht den US - amerikanischen „Mißbrauchstheorien" nahe[479]. Nach den amerikanischen „Mißbrauchstheorien" verfolgt der Gesetzgeber bei der gesetzlichen Festlegung der beschränkten Haftung bestimmte Ziele. Handele ein Gesellschafter entgegen dieser Ziele, so dürfe er sich auch nicht auf das Privileg der Haftungstrennung berufen. Die hinter der gesetzlich normierten Haftungstrennung stehenden Ziele werden z.B. als verletzt angesehen, wenn ein einheitliches Unternehmen in viele kleine, miteinander verbundene Gesellschaften aufgesplittet wird[480] oder ein Gesellschafter fraudulöse Vermögenstransfers zum Nachteil der Gläubiger durchführt[481].
An diesen Beispielen ist erkennbar, daß sich die US - amerikanischen Mißbauchstheorien punktuell einen bestimmten Normzweck heraussuchen und daran ihre Theorien entwickeln.

Ob ein Durchgriff gerechtfertigt ist, wird in Deutschland nach der Normanwendungstheorie mittels einer Interessenabwägung zwischen dem Interesse der Gesellschafter an der Aufrechterhaltung des Trennungsprinzips und den Interessen der Gläubiger auf Befriedigung ihrer Forderungen ermittelt. Maßgeblich für die Rechtfertigung eines Durchgriffs ist daher nicht die juristische Person und ihre Verwendung im Rechtsverkehr, sondern die Außenbeziehung der Gesellschaft zu ihren Gläubigern.

---

[478] STIMPEL, FS Goerdeler, S. 601, 605.
[479] Zu den US - amerikanischen Mißbrauchstheorien vgl. oben Teil 1, 2. Kapitel C II.
[480] Vgl. hierzu die Ausführungen zu LANDERS *„viability procedural observance-test"*, Teil 1, Kapitel C II 1.
[481] Vgl. hierzu den *„fraudulent conveyance law"*-Ansatz von CLARK, Teil 1, Kapitel C II 2.

Gerade vor dem Hintergrund der Normanwendungstheorie ist es leicht vorstellbar, daß die Problematik der Durchgriffshaftung in einer Vielzahl von Fallkonstellationen in Frage kommt. Im Anschluß an die Überlegungen MÜLLER-FREIENFELS wurde daher der Versuch, ein einheitliches Rechtsinstitut der Durchgriffshaftung zu begründen, zunehmend aufgegeben[482]. Vermehrt bemühte man sich um Lösungen ohne eine feste Durchgriffsdogmatik. Teilweise wurde dem Durchgriffsbegriff sogar nur noch eine Stichwortfunktion zugebilligt[483]. Selbst die Berechtigung des Rechtsinstituts wurde wieder bezweifelt[484].

Die neuere deutsche Literatur ist dazu übergegangen, die Durchgriffshaftung durch Fallgruppenbildungen, geordnet nach bestimmten Tatbeständen, zu systematisieren.
Dieser Ansatz wird insbesondere unter Berücksichtigung der bereits angedeuteten Nähe der Durchgriffshaftung zu den Grundsätzen von Treu und Glauben (§ 242 BGB) als sachgerecht angesehen[485].
Er bringt jedoch den Nachteil mit sich, daß die Bildung von Fallgruppen vielfach vergessen läßt, daß nicht allein das Vorliegen einzelner Faktoren wie Unterkapitalisierung, Vermögensvermischung etc. automatisch zu einer Durchgriffshaftung führt, sondern daß die Durchgriffshaftung wie im US - amerikanischen Recht das Ergebnis eines Abwägungsvorganges ist, bei dem insbesondere die Intensität des Vorliegens des einzelnen Faktors und sein Zusammenfallen mit anderen Komponenten untersucht wird[486].

D. *Haftungsmodalitäten*

I. Erstreckung des gegen die Gesellschaft bestehenden Anspruchs auf die Gesellschafter

Hinsichtlich der Anspruchsvoraussetzungen der Durchgriffshaftung stellt sich zunächst die Frage, ob es sich bei der Durchgriffshaftung nach wie vor um den gegen die Gesellschaft

---

[482] COING, NJW 1977, S. 1793.
[483] HACHENBURG - MERTENS, GmbHG, Anh. § 13, Rn. 36.
[484] SCHOLZ - EMMERICH, GmbHG, § 13, Rn. 76.
[485] Vgl. HACHENBURG - ULMER, GmbHG, Anh. § 30, Rn. 11; SCHRAMM, Konzernverantwortung und Haftungsdurchgriff, S. 16.

gerichteten Anspruch handelt, der sich nun auch auf die Gesellschafter erstreckt oder ob mit der Durchgriffshaftung eine selbständige Forderung gegen die Gesellschafter entsteht, die unabhängig neben den gegen die GmbH gerichteten Anspruch tritt.

Die Durchgriffshaftung läßt sich in methodischer Anlehnung an die Normanwendungslehre mit einem Beiseiteschieben des in § 13 Abs. 2 GmbHG normierten Trennungsprinzips erklären, gerechtfertigt durch die Nichtbeachtung der Kapitalschutzvorschriften durch die Gesellschafter[487]. Verhindert das Trennungsprinzip des § 13 Abs. 2 GmbHG grundsätzlich, daß die Gesellschafter von den Gläubigern der GmbH persönlich in Anspruch genommen werden, so entfällt nun diese Haftungssperre. Der ursprünglich nur gegen die GmbH gerichtete Anspruch kann jetzt auch auf die Gesellschafter erstreckt werden[488]. Es handelt sich dabei nach wie vor - vergleichbar der Konstruktion der §§ 128, 129 HGB - um die gleiche Forderung, die gegen die Gesellschaft besteht[489]. Es entsteht keine von dem Anspruch gegen die Gesellschaft unabhängige Verpflichtung. Vielmehr wird genau diese Forderung auf die Gesellschafter erstreckt.

Deutlich abzugrenzen ist die Durchgriffshaftung von Ansprüchen, die den Gläubigern aus anderen Primärtatbeständen zustehen. Diese Ansprüche haben ihre Ursache in der Regel in einem eigenen Verhalten der Gesellschafter, so daß ein direkter Anspruch gegen die Gesellschafter entsteht und nicht ein gegen die GmbH gerichteter Anspruch auf die Gesellschafter erstreckt werden muß[490].

Hierin liegt auch der Unterschied zur Konzernhaftung. Die Konzernhaftung erstreckt nicht einen gegen die Gesellschaft bestehenden Anspruch auf die Gesellschafter, sondern begründet einen eigenen Anspruch gegen die Muttergesellschaft.

---

[486] SCHEEL, Konzerninsolvenzrecht, S. 380.
[487] STIMPEL, FS Goerdeler, S. 601, 605.
[488] NIRK, FS Stimpel, S. 443, 459.
[489] HACHENBURG - ULMER, GmbHG, Anh. § 30, Rn. 57
[490] NIRK, FS Stimpel, S. 443, 459.

II. Subsidiarität

Da die Durchgriffshaftung sich über das gesetzlich normierte Trennungsprinzip des § 13 Abs. 2 GmbHG hinwegsetzt, kann eine Haftung der Gesellschafter nur als ultima ratio in Betracht kommen. Solange die Gesellschaft dem Gläubiger als Schuldnerin zur Verfügung steht, besteht für eine persönliche Haftung der Gesellschafter kein Bedürfnis. Dieses entsteht erst dann, wenn die Gesellschaft als Schuldnerin ausfällt, d.h. im Fall der masselosen Insolvenz der Gesellschaft. In diesem Augenblick entsteht ein direkter Anspruch der Gläubiger gegen die Gesellschafter, die jetzt mit ihrem Privatvermögen vollständig für die Forderungen gegen die Gesellschaft einstehen[491].

III. Verschulden

Da allein der objektive Verstoß gegen die Kapitalschutzvorschriften die Durchgriffshaftung begründet, ist hierfür kein weiteres subjektives Verschuldenselement der Gesellschafter erforderlich. Es ist ausreichend, daß die Verletzung der Kapitalbegründungs- und Kapitalerhaltungsvorschriften zurechenbar ist.

E. Rechtsfolgen

I. Außenhaftung

Im Schrifttum wird zum Teil die Ansicht vertreten, daß die Durchgriffshaftung als Innenhaftung ausgestaltet werden müsse, die allenfalls von den Gläubiger geltend gemacht werden[492]

---

[491] Eine andere Ansicht vertritt SCHMIDT, der nur eine Verschuldenshaftung der Gesellschafter gegenüber der Gesellschaft annimmt. SCHMIDT läßt jedoch auch in Analogie zu den §§ 93 Abs. 4, 117 Abs. 4 S. 3, 310 Abs. 4, 318 Abs. 4 AktG zu, daß die Innenhaftung von den Gläubigern der Gesellschaft geltend gemacht wird, soweit sie von ihr keine Befriedigung erlangen können, SCHMIDT, Gesellschaftsrecht, S. 252.

[492] SCHMIDT, Gesellschaftsrecht, S. 251; derselbe, AG 1994, S. 190, 194; ALTMEPPEN, ZIP 1999, S. 881, 882; PRIESTER, ZGR 1993, S. 512, 521 ff.; VERSTEEGEN, DB 1993, S. 1225.

bzw. nur bei Ausfall der GmbH als Schuldnerin, d.h. im Fall ihrer masselosen Insolvenz, eine Außenhaftung begründen könne[493].

Wie bereits oben festgestellt wurde[494], ist die Subsidiarität der Durchgriffshaftung Tatbestandsvoraussetzung. Die persönliche Haftung der Gläubiger kann also grundsätzlich erst mit Ausfall der GmbH als Schuldnerin in Betracht kommen[495]. Die Frage, ob die Durchgriffshaftung bis zu diesem Zeitpunkt eine Innen- oder Außenhaftung der Gesellschafter darstellt, erübrigt sich demnach.

Darüber hinaus wäre eine Innenhaftung mit dem hier vertretenen dogmatischen Ansatz der Durchgriffshaftung nicht vertretbar.
Wird die Durchgriffshaftung mit einer Durchbrechung des Trennungsprinzips begründet, die es ermöglicht, die gegen die Gesellschaft bestehenden Ansprüche auch auf die Gesellschafter zu erstrecken, so muß die Durchgriffshaftung als Außenhaftung etwa nach dem Muster der §§ 128, 129 HGB ausgestaltet sein[496].
Die Forderungen der Gläubiger gegen die Gesellschaft können mit Hilfe der Durchgriffshaftung auch gegen die Gesellschafter gerichtet werden. Es handelt sich also wie im US - amerikanischen Recht um eine Verpflichtung der Gesellschafter gegenüber den Gläubigern und nicht gegenüber der Gesellschaft. Folglich kommt nur eine (subsidiäre) Außenhaftung in Betracht.
Insoweit entspricht die Durchgriffshaftung der Ausfallhaftung des § 303 AktG, nach der die Gläubiger bei Vorliegen der Voraussetzungen eines Vertragskonzerns von der Muttergesellschaft Zahlung der Verbindlichkeiten der Tochtergesellschaft verlangen können, wenn die Tochtergesellschaft vermögenslos ist. Auch dieser konzernrechtliche Anspruch ist in seinem Umfang nicht auf den Betrag des Ausfalls des Stammkapitals beschränkt. Die Konzernhaftung wurde daher auch schon als konzerninduzierter Durchgriff bzw. als gesetzlich geregelter Fall der Durchgriffshaftung bezeichnet[497].

---

[493] STIMPEL, FS Goerdeler, S. 601, 613.
[494] Vgl. oben 2. Teil, 1. Kapitel, D III.
[495] NIRK, FS Stimpel, S. 443, 462.
[496] HACHENBURG - ULMER, GmbHG, Anh. § 30, Rn. 62; LUTTER / HOMMELHOFF, GmbHG, § 13, Rn. 7; GEIßLER, GmbHR 1993, S. 71, 73 ff.; RAISER, ZGR 1995, S. 156, 164 ff..

II. Haftungsumfang

Eine ähnliche Überlegung führt zu der Schlußfolgerung, daß es nicht möglich ist, die Gesellschafterhaftung auf die Summe zu begrenzen, die zur etwaigen (Wieder-) Herstellung des Stammkapitals erforderlich wäre. Kann der Gesellschafter sich gegenüber den Gläubigern nicht mehr auf die Haftungsbeschränkung des § 13 Abs. 2 GmbHG berufen, so haftet der Gesellschafter, als wenn er von vornherein das Geschäft ohne beschränkte Haftung, etwa wie ein OHG-Gesellschafter, betrieben hätte[498]. Er haftet daher in vollem Umfang. Es ist weder eine Norm noch ein Haftungsprinzip ersichtlich, das es rechtfertigen würde, ihn jetzt in anderer Form haften zu lassen als die Gesellschaft.

III. Haftungsadressat

Die umfangreiche persönliche Haftung kann wie im US - amerikanischen Recht nur denjenigen Gesellschafter treffen, der auf die ausschlaggebenden Maßnahmen in der Gesellschaft Einfluß hatte und auf den der Verstoß gegen die Kapitalschutzvorschriften zurückzuführen ist[499]. Wer wegen geringer Beteiligung einen solchen Einfluß nicht ausüben kann, kann auch nicht mit einer Durchgriffshaftung zur Verantwortung gezogen werden[500]. Den Minderheitsgesellschafter wird daher in der Regel keine Haftung treffen, es sei denn, daß er aufgrund besonderer tatsächlicher Umstände die Geschicke des Unternehmens bestimmen könnte. Dieses ist etwa der Fall, wenn einem Gesellschafter zwar nicht rechtlich, wohl aber wirtschaftlich die Mehrheit der Anteile gehört, weil andere Gesellschafter ihre Anteile als Treuhänder für ihn halten, oder wenn er in der Gesellschafterversammlung immer mit der Unterstützung bestimmter anderer Gesellschafter rechnen kann, mit denen er über die Mehrheit verfügt[501].

---

[497] EHLKE, DB 1986, S. 523; STIMPEL, FS Goerdeler, S. 601, 609; MICHALSKI / ZEIDLER, ZIP 1996, S. 224.
[498] HACHENBURG - MERTENS, GmbHG, Anh. § 13, Rn. 21; LUTTER / HOMMELHOFF, GmbHG, § 13, Rn. 7.
[499] SCHMIDT, ZIP 1994, S. 837, 839; EISENHARDT, Gesellschaftsrecht, S. 771.
[500] Vgl. BGHZ 125, S. 366, 368 f..
[501] BGH DB 1994, S. 1354.

Anders als bei der Doktrin des *piercing the corporate veil* kann mit Hilfe der Durchgriffshaftung aber nicht auf eine Schwestergesellschaft durchgegriffen werden. Im Rahmen der Durchgriffshaftung wird ein horizontaler Durchgriff überwiegend nicht zugelassen[502]. Dem US - amerikanischen Recht liegt der Gedanke zugrunde, daß mit Hilfe der Doktrin des *piercing the corporate veil* auf haftungsrechtlicher Ebene nachempfunden wird, was in der wirtschaftlichen Realität schon länger gegeben ist, nämlich die wirtschaftliche Integration verschiedener Unternehmen, die nicht nur zwischen Mutter- und Tochtergesellschaft, sondern auch zwischen Schwestergesellschaften bestehen kann[503].

Im deutschen Recht stellt man sich die Frage nach der wirtschaftlichen Integration von Unternehmen eher auf der Ebene der Konzernhaftung. So mußte sich der BGH im Rahmen der Autokran - Entscheidung[504] mit Tochtergesellschaften auseinandersetzen, die ihre Geschäftsvorgänge nicht auseinandergehalten hatten. Der BGH befaßte sich in diesem Zusammenhang aber nicht mit der Frage eines horizontalen Haftungsdurchgriffs, sondern versuchte dieser Problemstellung mit der Entwicklung des qualifizierten faktischen Konzerns gerecht zu werden.

F. *Zuordnung der Durchgriffshaftung zu den gesellschaftsrechtlichen Haftungssystemen*

Dogmatisch wird die Durchgriffshaftung durch eine teleologischen Reduktion des § 13 Abs. 2 GmbHG gerechtfertigt, begründet auf einer Nichtbeachtung der Kapitalschutzvorschriften durch den Gesellschafter. Das Verschulden eines Gesellschafters wird nicht gefordert. Insoweit besteht eine funktionelle Übereinstimmung mit der Ausfallhaftung des § 303 AktG. Durch die Durchgriffshaftung wird das Trennungsprinzip des § 13 Abs. 2 GmbHG durchbrochen und unter Berücksichtigung gesellschaftsrechtlicher Wertungen die Möglichkeit einer Inanspruchnahme des herrschenden Gesellschafters eröffnet. Die Durchgriffshaftung fügt sich demnach in die gesellschaftsrechtlichen Haftungssysteme ein. Sie stellt wie die Haftung nach den Grundsätzen des *piercing the corporate veil* eine gesellschaftsrechtliche Haftung dar.

---

[502] Vgl. SCHEEL, Konzerninsolvenzrecht, S. 377.
[503] Zum horizontalen Durchgriff im US - amerikanischen Recht vgl. 1. Teil, 2. Kapitel, B III.
[504] BGHZ 95, S. 330.

G. Bedeutung der Durchgriffshaftung

Die Durchgriffshaftung ist in der deutschen Literatur in den letzten Jahrzehnten vielfach diskutiert worden. Ihre Bedeutung in der Rechtsprechung dagegen ist, ganz anders als in den USA, äußerst gering.

Eine mögliche Begründung für die geringe Bedeutung der Durchgriffshaftung in der forensischen Praxis könnte in dem in Deutschland stärker ausgeprägten präventiven Minderheiten- und Gläubigerschutz liegen. So wird in Deutschland ein weitgehender Gläubigerschutz über die Erfordernisse der Mindestkapitalisierung, des Abhängigkeitsberichts, der Abschluß- und Sonderprüfungen sowie der unternehmerischen Mitbestimmung der Arbeitnehmer gewährleistet[505]. Eine präventive Konzernbildungskontrolle und ein präventiver Gläubigerschutz sind in den USA dagegen wenig ausgeprägt. Dieses liegt nicht zuletzt daran, daß zwischen den einzelnen US - amerikanischen Bundesstaaten ein starker Wettbewerb auf dem Gebiet des Gesellschaftsrechts besteht. Jeder Bundesstaat unternimmt Anstrengungen, um die Inkorporierung möglichst vieler Gesellschaften in seinem Staatsgebiet zu erreichen. Die Gesellschaftsrechtsordnungen der verschiedenen US - amerikanischen Staaten sind daher deutlich gesellschaftsfreundlicher ausgestaltet und der Gläubigerschutz weniger stark ausgeprägt als in Deutschland. Die Kontrolle von Mißbrauchsfällen und Gläubigerschädigungen durch die Gerichte ist in den USA daher deutlich wichtiger als in Deutschland.

Hinzu kommt, daß die Durchgriffshaftung in Deutschland noch keine genau abgrenzbaren Konturen erlangt hat. Nach dem oben Gesagten müssen die deutschen Gerichte seltener über Sachverhalte entscheiden, bei denen eine Anwendung der Durchgriffshaftung in Betracht kommt. Dementsprechend gibt es auch wenige Entscheidungen, in denen die Gerichte auf die Möglichkeit einer Durchgriffshaftung eingegangen sind und an denen sich andere Gerichte bei ihrer Entscheidungsfindung orientieren könnten.

Der Hauptgrund der geringen Bedeutung der Durchgriffshaftung in der Entscheidungspraxis dürfte aber wohl darin zu sehen sein, daß die Voraussetzungen einer Durchgriffshaftung

---

[505] SCHEEL, Konzerninsolvenzrecht, S. 379.

überwiegend in Sachverhalten vorliegen, in denen verbundene Unternehmen anzufinden sind. Dieses gilt insbesondere vor dem Hintergrund des weiten Unternehmensbegriffs des § 15 AktG, der von der Rechtsprechung zugrunde gelegt wird und der auch in der Literatur überwiegend Anerkennung gefunden hat. Danach wird ein Gesellschafter, der außer in der Gesellschaft noch anderweitig wirtschaftliche Interessen verfolgt, als Unternehmen angesehen. Dieses gilt auch für eine natürliche Person, sobald sie noch anderweitig unternehmerisch tätig ist. Steht eine Gesellschaft wiederum im Mehrheitsbesitz eines anderen Unternehmens, so begründet § 17 Abs. 2 AktG die Vermutung, daß die Gesellschaft von dem an ihm mit Mehrheit beteiligten Unternehmen abhängig ist. § 18 Abs. 1 S. 3 AktG knüpft wiederum an die Abhängigkeit einer Gesellschaft von einem anderen Unternehmen die widerlegbare Vermutung, daß diese beiden Gesellschaften zueinander in einem Konzernverhältnis im Sinne des § 18 Abs. 1 S. 1 AktG stehen[506]. Sobald demnach ein Mehrheitsgesellschafter außerhalb der Gesellschaft noch andere wirtschaftliche Interessen verfolgt und damit als Unternehmen anzusehen ist, so wird über die gesetzlichen Vermutungen der §§ 17 Abs. 2, 18 Abs. 1 S. 3 AktG davon ausgegangen, daß die beiden Unternehmen in einem Konzernverhältnis stehen. Die Konzernhaftung deckt damit einen weiten Bereich ab, in dem auch eine Durchgriffshaftung zur Anwendung kommen könnte.

Die Gerichte scheinen aber der Konzernhaftung den klaren Vorzug zu geben, auch wenn sich die Konzernhaftung im Bereich des GmbH - Konzerns und insbesondere allgemein hinsichtlich der qualifizierten faktischen Konzerne ebenso wie die Durchgriffshaftung allein auf richterlicher Rechtsfortbildung begründet.

So hatte beispielsweise das OLG Dresden[507] über einen Fall zu entscheiden, in dem ein Gesellschafter und zugleich Geschäftsführer einer GmbH auf diese einen unrentablen Unternehmensbereich einer anderen ihm gehörigen Gesellschaft ausgelagerte, welches schließlich zur Insolvenz der GmbH führte. Hier kam zum einen eine Durchgriffshaftung wegen materieller Unterkapitalisierung in Betracht, zum anderen die Konzernhaftung. Das OLG Dresden lehnte eine Durchgriffshaftung allein auf den Aspekt der materiellen Unterkapitalisierung gestützt ab, sah die Verlagerung des unrentablen Unternehmensbereichs aber als unzulässige Risiko-

---

[506] Vgl. EMMERICH / SONNENSCHEIN, Konzernrecht, S. 59.
[507] OLG Dresden, WiB 1997, S. 466.

verlagerung innerhalb des Konzerns und damit als objektive Nachteilszufügung an, so daß eine Haftung des beherrschenden Gesellschafters nach den Grundsätzen des qualifizierten faktischen GmbH - Konzerns begründet war.
Auch hier hat sich das OLG Dresden also für eine Haftung nach dem Konzernrecht entschieden. Der Grund dafür, daß die Gerichte es vorziehen, die Haftung des Aktienkonzernrechts auch auf die Fälle der qualifizierten faktischen Konzerne und auf den GmbH - Konzern weiterzuentwickeln und nicht die Durchgriffshaftung auf diese Sachverhalte anzuwenden, ist wohl darin zu sehen, daß die Gerichte bestrebt sind, die Fälle der Beherrschung einer Gesellschaft durch eine andere und die dadurch begründete Haftung mit möglichst einheitlichen Regeln zu erfassen und damit nicht nur den Aktienkonzern, sondern auch den GmbH - Konzern nach den Grundsätzen des Konzernrechts zu behandeln.

H. Fallgruppen

Aufgrund der Nähe der Durchgriffshaftung zu Treu und Glauben (§ 242 BGB) wurde vermehrt dazu übergegangen, die konkrete Anwendung der Durchgriffshaftung unter Berücksichtigung bestimmter Fallgruppen zu betrachten. In Literatur und Rechtsprechung haben sich im Laufe der Zeit die Fallgruppen der Unterkapitalisierung, der Vermögens- bzw. Sphärenvermischung und der Fremdbeherrschung herauskristallisiert. Zum Teil wird auch der Institutsmißbrauch als eigene Fallgruppe behandelt.

Diese Fallgruppen sind den Fallkonstellationen des US - amerikanischen Rechts sehr ähnlich. Beide Rechtsordnungen erkennen in vergleichbaren Sachverhaltskonstellationen Unbilligkeiten. Der Indizienkatalog, anhand dessen das Vorliegen der Voraussetzungen dieser Fallgruppen untersucht wird, ist in den USA sehr viel ausgeprägter. Dies erstaunt wenig, wenn man berücksichtigt, daß die Lehre des *piercing the corporate veil* insbesondere in der Rechtsprechung eine viel größere Bedeutung hat, als sie in Deutschland der Durchgriffshaftung zukommt.

I. Unterkapitalisierung

Das GmbHG legt in § 5 Abs. 1 fest, daß eine GmbH mit einem Mindeststammkapital von Euro 25.000,00 ausgestattet sein muß. Ein großer Teil der Gesellschaften mbH ist nur mit dieser Mindestkapitaldecke versehen und verfügt darüber hinaus nur über wenig Eigenkapital. Eine solche Mindestkapitaldecke erweist sich jedoch im Verhältnis zum Geschäftsumfang vieler Gesellschaften mit beschränkter Haftung und der von ihnen eingegangenen wirtschaftlichen Risiken als völlig unzureichend. Ein effektiver Gläubigerschutz ist bei der Ausstattung einer Gesellschaft mit einer Kapitaldecke in Höhe lediglich des gesetzlich erforderlichen Stammkapitals nicht gewährleistet[508].

Aus diesem Grund hat die Mehrzahl der US - amerikanischen Bundesstaaten ein generelles Kapitalmindesterfordernis aus ihren Gesetzen gestrichen[509].

Vor diesem Hintergrund und im Hinblick auf die besondere Insolvenzanfälligkeit der GmbH wird vielfach diskutiert, ob der Betrieb einer GmbH mit unzureichender Kapitaldecke einen Durchgriff auf die Gesellschafter rechtfertige und die Gesellschafter so persönlich von den Gläubigern in Anspruch genommen werden könnten.

1. Begriff und Maßstab der Unterkapitalisierung

Überwiegend wird für die Bestimmung einer Unterkapitalisierung auf den Finanzbedarf der Gesellschaft abgestellt und zu dessen Bestimmung der Geschäftsumfang, die Geschäftsart und vor allem der Finanzplan der GmbH herangezogen[510].

Der Finanzbedarf einer Gesellschaft kann sowohl über Eigen- als auch über Fremdkapital gedeckt werden. Welche Form der Finanzierung gewählt wird, ist zunächst für den Gläubigerschutz unerheblich, da es für die Gläubiger in erster Linie wichtig ist, daß ihre Forderungen befriedigt werden, sei es nun aus eigenen Mitteln der Gesellschaft oder aus Drittmitteln. Das Verhältnis von Eigen- und Fremdkapital ist zur Bestimmung einer möglichen Unterkapitali-

---

[508] HACHENBURG - ULMER, GmbHG, § 5, Rn. 7.
[509] Vgl. Teil 1, 3. Kapitel, B III 1.
[510] WEITBRECHT, Haftung wegen materieller Unterkapitalisierung, S. 20 ff.; HACHENBURG - ULMER, GmbHG, Anh. § 30, Rn. 15.

sierung daher nur insoweit von Bedeutung, als daß das Eigenkapital eine wichtige mittelbare Finanzierungsfunktion hat[511].

Potentielle Kreditgeber werden nur dann gewillt sein, Fremdkapital zu gewähren, wenn die Gesellschaft auch ein gewisses Eigenkapital als Risikobeitrag zusteuert und ein gewisses Finanzpolster aufweisen kann, das es ihr ermöglicht, Verluste auszugleichen[512].

Das Verhältnis von Fremd- und Eigenkapital mag daher direkt für den Gläubigerschutz ohne Bedeutung sein. Es gibt jedoch Aufschluß über die Kreditfähigkeit einer Gesellschaft und damit über ihre Fähigkeit, Kapital insgesamt aufzubringen und so in der Lage zu sein, ihre Verbindlichkeiten zu erfüllen.

Diese Gesichtspunkte wurden von ULMER in einer Definition zusammengefaßt, die weitgehend Zustimmung gefunden hat[513].

Eine Gesellschaft ist danach unterkapitalisiert, „wenn das Eigenkapital nicht ausreicht, um den nach Art und Umfang der angestrebten oder tatsächlichen Geschäftsfähigkeit unter Berücksichtigung der Finanzierungsmethoden bestehenden, nicht durch Kredite Dritter zu deckenden mittel- oder langfristigen Finanzbedarf zu befriedigen“[514].

Die Kreditfähigkeit der GmbH ist somit das ausschlaggebende Kriterium[515]. Solange eine Gesellschaft noch in der Lage ist, Finanzmittel aufzubringen und sei es in Form eines Kredites, kann sie ihren Verbindlichkeiten nachkommen. Eine gläubigergefährdende Unterkapitalisierung liegt nicht vor.

Die Ermittlung der Kreditfähigkeit kann hierbei dem Markt der professionellen Kreditgeber überlassen werden. Solange eine Gesellschaft auf dem Markt noch zu marktüblichen Bedingungen einen Kredit erlagen kann, ist sie nicht unterkapitalisiert[516].

---

511 VONNEMANN, GmbHR 1992, S. 77, 78.
512 ROTH, ZGR 1993, S. 170, 181.
513 NIRK, FS Stimpel, S. 443, 454; STIMPEL, FS Goerdeler, S. 601, 608; SCHMIDT, Gesellschaftsrecht, S. 248; SCHOLZ - EMMERICH, GmbHG, § 13, Rn. 82.
514 HACHENBURG - ULMER, GmbHG, Anh. § 30, Rn. 16.
515 So auch WEITBRECHT, Haftung wegen materieller Unterkapitalisierung, S. 27; TIMM, ZHR 1992, S. 281, 283; ROTH, ZGR 1993, S. 170, 182; SCHOLZ - EMMERICH, GmbHG, § 13, Rn. 81.
Eine andere Ansicht vertreten LUTTER / HOMMELHOFF, GmbHG, § 13, Rn. 6, die der Ansicht sind, daß Unterkapitalisierung nicht mit Kreditwürdigkeit gleichgesetzt werden dürfe. Bei der materiellen Unterkapitalisierung komme es nicht auf die Beurteilung durch Kreditgeber, sondern auf das Vorhandensein irgendwelcher Mittel an, mögen sie z.B. auch als Gesellschafterdarlehen gewährt sein. Sie erkennen aber den Vertrauensentzug durch Kreditgeber (Kündigung von Kreditlinien, gescheiterte Umschuldung) als Indiz für eine qualifizierte Unterkapitalisierung an.
516 ROTH, ZGR 1993, S.170, 182.

Ähnliche Erwägungen liegen auch der Bestimmung einer Unterkapitalisierung durch die US - amerikanische Rechtsprechung und Literatur zugrunde. Auch hier wird dem Verhältnis von Eigen- und Fremdkapital eine besondere Bedeutung zu gewiesen. Die extreme Kapitalisierung einer Gesellschaft mit Fremdkapital wird zumindest als ein aussagekräftiges Indiz für eine Unterkapitalisierung angesehen. Ein hoher Anteil an Eigenkapital dagegen schütze die Stellung der Gläubiger, da die Gesellschaft dann risikobewußter handele.
In jedem Fall aber muß das in die Gesellschaft eingezahlte Kapital angemessen im Verhältnis zu dem wirtschaftlichen Risiko des Geschäftsbetriebs einer *corporation* sein. Als Vergleichsmaßstab wird die Kapitalausstattung anderer Gesellschaften in der betreffenden Branche herangezogen. In der Regel werden dieselben Prüfungsmaßstäbe verwendet wie sie ansonsten von Banken bei der Vergabe von Darlehen angewandt werden[517]. Auch im US - amerikanischen Recht ist damit die Kreditwürdigkeit einer Gesellschaft das ausschlaggebende Kriterium.

2. *Arten der Unterkapitalisierung*

a) *Einfache und qualifizierte Unterkapitalisierung*

Weitestgehend besteht Einigkeit, daß selbst das Vorliegen einer Unterkapitalisierung in einem gewissen Umfang hinzunehmen ist. Dies läßt sich nicht zuletzt darauf zurückführen, daß es auch aus betriebswirtschaftlicher Sicht bisher nicht gelungen ist, Kriterien zu entwickeln, nach denen die Angemessenheit des Eigenkapitals bestimmt werden kann[518].
Eine Unterkapitalisierung soll daher erst dann zu einer Durchgriffshaftung führen, wenn das Eigenkapital der Gesellschaft für jeden eindeutig eine unzureichende Haftungsdecke bildet und völlig unverhältnismäßig im Vergleich zu den zu erwartenden Geschäftsrisiken ist (sog. qualifizierte Unterkapitalisierung)[519].
Insoweit besteht Übereinstimmung mit Literatur und Rechtsprechung in den USA. Zwar wurde die Frage, ob schon die einfache Unterkapitalisierung eine Durchgriffshaftung recht-

[517] Vgl. oben 1 Teil, 3. Kapitel, B III 1, 2.
[518] BAUMBACH / HUECK - HUECK, GmbHG, § 5, Rn. 5.
[519] SCHOLZ - EMMERICH, GmbHG, § 13, Rn. 85.

fertige oder eine qualifizierte Unterkapitalisierung erforderlich sei, von den US - amerikanischen Gerichten nicht eindeutig beantwortet. Sie nehmen aber eine Durchbrechung der Haftungstrennung nur in eindeutigen und krassen Fällen vor, um jedes Spekulieren um eine genaue Trennungslinie zu vermeiden. Es wird dort eine *„gross"* oder *„serious undercapitalization"* gefordert[520].

b) Materielle und nominelle Unterkapitalisierung

Abzugrenzen ist diese materielle, d.h. insgesamt unzureichende Kapitalausstattung, von der sog. nominellen Unterkapitalisierung, d.h. von Fällen, in denen die Gesellschaft zwar nicht mit ausreichendem Eigenkapital ausgestattet, der Finanzbedarf aber durch Drittkredite, vor allem der Gesellschafter, gedeckt wird. Im Fall der Insolvenz werden diese Kredite wie Eigenkapital der Gesellschaft verwendet, d.h. Forderungen gegen die Gesellschaft werden auch aus dem Privatvermögen der Gesellschaft beglichen (§§ 32 a, b GmbHG)[521]. Hierbei handelt es sich jedoch nicht um einen Durchgriff auf die Gesellschafter, sondern lediglich darum, daß das Fremdkapital der Gesellschaft wie Eigenkapital verwendet wird[522].

c) Anfängliche und nachträgliche Unterkapitalisierung

Die Meinungen gehen auseinander, wenn es um die Frage geht, ob auch eine nachträgliche Unterkapitalisierung zu einer persönlichen Haftung der Gesellschafter führen kann. Grundsätzlich gilt wie im US - amerikanischen Recht, daß die Gesellschafter nicht verpflichtet sein können, jeden Verlust der Gesellschaft durch Hinzufügung neuen Eigenkapitals auszugleichen[523].

Die Beurteilungslage verändert sich jedoch, wenn die Gesellschaft ihr Betätigungsfeld deutlich ausweitet, so daß eine Situation eintritt, die mit der Neugründung einer GmbH vergleich-

---

520 Vgl. oben 1. Teil, 3. Kapitel, B III 1.
521 MUMMENHOFF, FS Hyung Bae Kim, S. 155, 163.
522 SCHMIDT, Gesellschaftsrecht, S. 248.
523 STEDING, Gesellschaftsrecht, Rn. 460.

bar ist[524] oder wenn die GmbH trotz fehlenden Eigenkapitals fortgesetzt Verbindlichkeiten eingeht, obwohl ihr bewußt gewesen sein muß, daß sie diese infolge von zu erwartender andauernder Überschuldung nicht würde begleichen können[525]. Ähnlich wie in den USA sind daher die meisten Stimmen der Ansicht, daß auch in diesen Fällen eine Durchgriffshaftung gerechtfertigt sei[526].

3. Behandlung in der Literatur

In der Literatur wird in Anlehnung an die Normzwecklehre die dogmatische Begründung einer Haftung wegen materieller Unterkapitalisierung über den Zusammenhang der beschränkten Haftung der Gesellschafter gemäß § 13 Abs. 2 GmbHG und den Kapitalschutzvorschriften des GmbHG hergeleitet.

Das GmbHG verlange in § 5 Abs. 1 GmbHG die Ausstattung einer GmbH mit einem Mindeststammkapital von Euro 25.000,00. Komplettiert werde diese Vorschrift durch eine Reihe weiterer Kapitalaufbringungs- und Kapitalerhaltungsregeln, insbesondere den §§ 19 und 30 GmbHG. Dem Gläubiger solle so ein bestimmtes Kapital als Haftungsmasse zur Verfügung stehen, zu dessen Einzahlung die Gesellschafter verpflichtet seien und das nicht mehr an die Gesellschafter ausgezahlt werden dürfe. Dem Stammkapital komme damit die Funktion eines Risikopolsters zum Ausgleich kurzfristiger Verluste zugunsten der Gläubiger zu. Diese Garantiefunktion des Stammkapitals entfalle jedoch, wenn das Eigenkapital völlig unangemessen im Verhältnis zu dem von der Gesellschaft eingegangenen Risiko sei. Ein Festhalten an der beschränkten Haftung der Gesellschafter ist dann nicht mehr gerechtfertigt. Die Gesellschafter müßten nun persönlich in Anspruch genommen werden können[527].

Eine Haftung der Gesellschafter wegen materieller Unterkapitalisierung ist in der Literatur teilweise kritisiert worden. Zum Teil wird schon kein rechtspolitisches Bedürfnis für eine

---

[524] STIMPEL, FS Goerdeler, S. 601, 609; BLAUROCK, FS Stimpel, S. 553, 561.
[525] Im Ergebnis so auch LUTTER / HOMMELHOFF, GmbHG, § 13, Rn. 12.
[526] Scholz - Emmerich, GmbHG, § 13, Rn. 83.
Zur Behandlung der anfänglichen und nachträglichen Unterkapitalisierung in den USA vgl. 1. Teil, 3. Kapitel, B III 4.

solche Haftung gesehen. Der oben dargelegten Argumentation hat insbesondere WEITBRECHT entgegengehalten, daß sich die gesetzliche Kapitalbindung immer nur auf das Stammkapital und nicht auf das Eigenkapital einer Gesellschaft beziehe. Selbst wenn den gesetzlichen Kapitalaufbringungs- und Kapitalerhaltungsvorschriften eine gläubigerschützende Funktion zugesprochen werde, so gelte das nur für das Stammkapital, nicht aber für das darüber hinausgehende Eigenkapital einer Gesellschaft.

Es ist jedoch zu vereinfacht, dem Eigenkapital eine gläubigerschützende Funktion abzusprechen.

Das Eigenkapital dient über seine mittelbare Finanzierungsfunktion und seine Risikofunktion dem Bestandsschutz der Gesellschaft. Der Bestand einer Gesellschaft ist für einen Gläubiger von unmittelbarem Interesse. Das Eigenkapital hat daher auch eine gläubigerschützende Funktion.

Doch selbst die Stimmen, die grundsätzlich eine gläubigerschützende Funktion des Eigenkapitals anerkennen, weisen darauf hin, daß dem Gesetz keine Pflicht zu einer angemessenen Kapitalausstattung zu entnehmen sei. Im Gesetz sei über das Mindeststammkapitalerfordernis des § 5 Abs. 1 GmbHG nur eine Mindestüberlebensdauer der GmbH gesichert worden. Der Gesetzgeber habe sich gerade nicht für ein flexibles Stammkapital, sondern vielmehr für das „Prinzip des Nominalkapitals" entschieden. Die Gesellschafter seien nur zur Einzahlung eines Mindeststammkapitals verpflichtet. Ob sie darüber hinaus weiteres Eigenkapital für erforderlich hielten, liege in ihrem Ermessen[528].

Dieses Ergebnis werde auch aus einem Umkehrschluß zu einigen Spezialgesetzen (§ 10 KWG, §§ 8, 15 VAG, § 2 KAGG), die im Gegensatz zu § 5 Abs. 1 GmbHG ausnahmsweise die Bereitstellung eines angemessenen Stammkapitals vorschrieben, bestätigt. Schließlich liege es gerade in der Natur der GmbH und sei es auch ihren Gläubigern bekannt, daß ihre Haftung nur auf das Gesellschaftsvermögen in Höhe einer bestimmten Summe begrenzt sei und auch im Fall der Insolvenz der Gesellschaft nicht auf das Privatvermögen der Gesellschafter zurückgegriffen werden könne[529].

---

[527] STIMPEL, FS Goerdeler, S. 601, 608.
[528] SCHOLZ - EMMERICH, GmbHG, § 13, Rn. 84.
[529] SCHRAMM, Konzernverantwortung und Haftungsdurchgriff, S. 33.

Es erscheint jedoch fraglich, ob eine solch rein formale Sichtweise richtig sein kann. Die Bestimmungen über Mindestkapital, Kapitalaufbringung und Kapitalerhaltung erscheinen sinnlos, wenn der Geschäftsumfang und der Finanzbedarf einer Gesellschaft diese im Wirtschaftsverkehr sehr geringe Summe von Euro 25.000,00 um ein Vielfaches übersteigt.
Daher ist es zwar richtig, daß dem Gesetz keine Pflicht zu einer angemessenen Kapitalausstattung entnommen werden kann. Jedoch muß im Interesse der Gläubiger einer minimalen Kapitalausstattung zumindest dann entgegen getreten werden, wenn ein krasses Mißverhältnis zwischen der Höhe des Eigenkapitals und dem von der Gesellschaft eingegangenen wirtschaftlichen Risiko besteht und dieses schon an die Grenze des Rechtsmißbräuchlichen herangeht[530]. Wird eine solche qualifizierte Unterkapitalisierung vorausgesetzt, so kann auch dem Argument der Rechtsunsicherheit begegnet werden, da auf diese Weise nur wirklich eindeutige, zumindest für Insider offensichtliche Fälle erfaßt werden.
Ein rechtspolitisches Bedürfnis nach einer persönlichen Haftung der Gesellschafter wegen materieller Unterkapitalisierung der GmbH kann daher nicht abgestritten werden.

Neben dem rechtspolitischen Bedürfnis wird oft auch das praktische Bedürfnis einer Durchgriffshaftung wegen materieller Unterkapitalisierung in Frage gestellt.
Über die Regelungen des § 826 BGB und der Haftung des Geschäftsführers wegen Insolvenzverschleppung des § 64 GmbHG im Fall der Überschuldung der GmbH werde eine ausreichende Gläubigersicherung gewährleistet. Daneben bestehe für eine Durchgriffshaftung kein Bedürfnis[531].
Eine Haftung aus § 826 BGB wegen vorsätzlich sittenwidriger Schädigung wird jedoch in der Regel nur dann zu beweisen sein, wenn an die subjektiven Elemente nur sehr geringe Voraussetzungen gestellt werden und wenn, wie es die Rechtsprechung macht, von der unangemessenen Kapitalausstattung auf den Schädigungsvorsatz geschlossen wird. Werden dagegen die Tatbestandselemente des § 826 BGB ernstgenommem, so werden seine Voraussetzungen wohl nur schwer zu beweisen sein[532], da sich der Gesellschafter in der Regel darauf berufen wird, daß er auf eine Verbesserung der Verhältnisse vertraut habe.

---

[530] LUTTER / HOMMELHOFF, GmbHG, § 13, Rn. 6.
[531] WEITBRECHT, Haftung wegen materieller Unterkapitalisierung, S. 116.
[532] So auch WÜST, JZ 1992, S. 710, 714.

Werden demgegenüber an die subjektiven Erfordernisse des § 826 BGB nur so geringe Anforderungen gestellt, daß sie im Grunde rein objektiv behandelt werden, so erscheint es dogmatisch richtiger, direkt auf die Durchgriffshaftung abzustellen. Hinsichtlich des Insolvenztatbestandes der Überschuldung läßt sich festhalten, daß dieser erst einsetzt, wenn Aktiva und Passiva sich nicht mehr ausgleichen, das heißt, erst in dem Moment, in dem die Gesellschaft überschuldet ist. Bei der Haftung wegen materieller Unterkapitalisierung geht es aber hauptsächlich darum, daß die Gesellschafter Verbindlichkeiten eingehen, die von der Gesellschaft momentan vielleicht noch erfüllt werden können, es aber nach Einschätzung der Entwicklungen nicht zu erwarten ist bzw. nicht abgeschätzt werden kann, ob die Gesellschaft bei Fälligkeit wird zahlen können, da die Kapitalausstattung der GmbH im Verhältnis zu dem von ihr eingegangenen wirtschaftlichen Risiko unangemessen niedrig ist. Der Konkursgrund der Überschuldung setzt demnach zu spät ein, um einen wirksamen Gläubigerschutz zu sichern.
Es ist daher nicht gerechtfertigt, das praktische Bedürfnis einer Durchgriffshaftung wegen materieller Unterkapitalisierung zu verneinen.

4. Behandlung in der Rechtsprechung

Der BGH hat in seiner Rechtsprechung eine Durchgriffshaftung allein wegen materieller Unterkapitalisierung bisher nicht anerkannt und die Fälle vielmehr unter Heranziehung des § 826 BGB gelöst[533].
Das Bundesarbeitsgericht hat sich dieser Ansicht in seinem Urteilen vom 3. September 1998[534] angeschlossen und in einer jüngeren Entscheidung vom 10. Februar 1999[535] ausgeführt, daß Unterkapitalisierung nur im Zusammenhang mit anderen Umständen, nicht aber für sich allein zur Durchgriffshaftung führen könne. Gegen einen Durchgriff bei bloßer Unterkapitalisierung spreche zum einen die Unklarheit des Begriffs und seiner tatsächlichen Voraussetzungen, zum anderen der Umstand, daß der Gesetzgeber davon abgesehen habe, eine Mindestkapitalausstattung der GmbH vorzuschreiben. Lediglich dann, wenn neben der Unterkapitalisierung weitere Gesichtspunkte auftreten würden, die die Unterkapitalisierung so in den

---

533 Vgl. die Rechtsprechungsübersicht bei HACHENBURG - ULMER, GmbHG, Anh. § 30, Rn. 45. Aus der aktuellen Rechtspechung siehe OLG Oldenburg, NZG 2000, S. 555 m. Anm. Emmerich.
534 DB 1998, S. 2532, ZIP 1999, S. 24.
535 DB 1999, S. 1222, BB 1999, 878 mit Anm. Altmeppen.

Hintergrund treten ließen, daß der Vorwurf des Rechtsmißbrauchs nicht mehr vorrangig darauf gestützt werden könne, sei es denkbar, aus dem Gesamtgefüge eines solchen Vorganges auf einen Rechtsmißbrauch zu schließen[536].

Das Bundessozialgericht führte in seinen Entscheidungen vom 7. Dezember 1983[537] und vom 1. Februar 1996 zwar aus[538], es müsse eine gewisse Relation zwischen dem nach Art und Umfang der beabsichtigten und der tatsächlichen Geschäftsfähigkeit bestehenden Finanzbedarf und dem haftenden Eigenkapital gewährleistet sein, letzlich hat es aber dahinstehen lassen, ob eine bloße Unterkapitalisierung einen Haftungsdurchgriff begründen könne.

Das OLG Hamburg ist eines der ganz wenigen Gerichte, das in einer Entscheidung die Möglichkeit des Durchgriffs allein wegen Unterkapitalisierung grundsätzlich bejaht hat[539].

Zum Teil wird im neueren Schrifttum vertreten, daß sich in der sogenannten „ETC" - Entscheidung[540] des BGH eine Wende seiner bisherigen Rechtsprechung andeuten könnte[541]. Der BGH führte dort aus, daß nach weiterer Sachverhaltsaufklärung beurteilt werden könne, „ob der Beklagte die von ihm beherrschte GmbH mit ihrem beschränkten Haftungsvermögen etwa für ein Projekt mißbraucht hat, das von vornherein mit Risiken in einer Größenordnung behaftet war, die seine Durchführung als Spekulation auf Kosten der Gläubiger erscheinen ließ."

Insbesondere RAISER versteht diesen Satz als Aufforderung an das Berufungsgericht, den Sachverhalt auch unter dem Blickwinkel einer Durchgriffshaftung wegen materieller Unterkapitalisierung zu prüfen[542].

Es erscheint jedoch übertrieben, aus dieser Äußerung den Rückschluß zu ziehen, daß der BGH nun aufgrund seiner eingeschränkteren Rechtsprechung zum qualifizierten faktischen GmbH - Konzern auf das Rechtsinstitut der Durchgriffshaftung wegen Unterkapitalisierung zurückgreifen werde[543].

Zur endgültigen Klärung dieser Frage verbleibt nur, die weitere Rechtsprechung abzuwarten.

---

[536] So schon BAG ZIP 1999, S. 24, 25.
[537] BSGE 56, 76, NJW 1984, S. 2117.
[538] NJW-RR 1997, S. 94.
[539] OLG Hamburg BB 1973, S. 1231. So auch LG Aurich, Urt. v. 10.02.2000 - 8 U 187 / 99.
[540] BGH AG 1994, S. 179.
[541] Vgl. RAISER, ZGR 1995, S. 156, 162; BUCHNER / WEIGL, DNotZ 1994, S. 600; SCHOLZ - EMMERICH, GmbHG, § 13, Rn. 94.
[542] Vgl. RAISER, ZGR 1995, S. 156, 162.
[543] In diesem Sinne auch BOUJONG, FS Odersky, S. 739, 745, Fn. 40.

5. *Verhältnis zur Konzernhaftung*

Die allgemeinen Grundsätze des Gesellschaftsrechts, darunter die Durchgriffshaftung, sind auch im Konzernrecht anwendbar. Die Konzernhaftung ist ein zusätzlicher Haftungstatbestand, so daß sich an der Haftung des herrschenden Unternehmens für schädigende Eingriffe nach allgemeinen Haftungsregeln nichts ändert. Die Durchgriffshaftung wegen materieller Unterkapitalisierung ist daher neben der Konzernhaftung nicht ausgeschlossen[544].

Im Bereich der Konzernhaftung ist die materielle Unterkapitalisierung auch für die Haftung im qualifizierten faktischen Konzern von Bedeutung. Sie kann als Indiz für den Nachweis eines objektiven Mißbrauchs der beherrschenden Gesellschafterstellung gewertet werden und so zu einer Haftung im qualifizierten faktischen Konzern führen[545].
Es sind demnach Sachverhaltskonstellationen denkbar, in denen sowohl eine Durchgriffshaftung als auch im qualifizierten faktischen Konzern in Betracht kommen. Die Rechtsprechung hält die Durchgriffshaftung auch grundsätzlich für neben der Konzernhaftung anwendbar[546]. Jedoch ziehen die Gerichte die Konzernhaftung vor, wenn sich die Konzernhaftung begründen läßt[547].

II. Vermögens- bzw. Sphärenvermischung

Eine andere zumindest in der Literatur weitgehend anerkannte Fallgruppe ist die Fallgruppe der Vermögens- bzw. Sphärenvermischung.
Der Begriff der Vermögens- bzw. Sphärenvermischung umfaßt Tatbestände, in denen keine klare Trennung von Gesellschafts- und Privatvermögen zu erkennen ist.

---

[544] SCHOLZ -EMMERICH, GmbHG, Anhang Konzernrecht, Rn. 106; LEHMANN, ZGR 1986, S. 345, 364.
[545] BANERJEA, ZIP 1999, S. 1161; WILKEN, WiB 1997, S. 453, 456.
[546] OLG Dreseden, WiB 1997, S. 466; BAG ZIP 1999, S. 24.
[547] Vgl. oben unter „Bedeutung der Durchgriffshaftung", Teil 2, 2. Kapitel, G.

1. Begriff

Unter den Begriff der Vermögens- bzw. Sphärenvermischung werden meist mehrere Tatbestände gefaßt. So wird von einer Vermögensvermischung gesprochen, wenn keine ausreichende Trennung des Gesellschaftsvermögen von dem Privatvermögen der Gesellschafter stattgefunden hat[548].

Der Bereich der Sphärenvermischung umfaßt dagegen Fälle, in denen Gegenstände nicht eindeutig dem einen oder dem anderen Vermögen zugeordnet (gegenständliche Sphärenvermischung) bzw. die Rechtssubjekte nicht eindeutig von einander getrennt werden. Dies kann entweder darauf beruhen, daß Gesellschafter und Gesellschaft organisatorisch nicht getrennt werden, beispielsweise durch das Führen ähnlicher Firmen in denselben Geschäftsräumen[549], oder daß gesellschaftsrechtliche Formalitäten nicht eingehalten werden[550].

Auch das US - amerikanische Recht kennt eine Durchgriffshaftung wegen Vermögensvermischung[551]. Die Sphärenvermischung ähnelt der Gläubigertäuschung (*misrepresentation*) und der Mißachtung formaler Erfordernisse eigener rechtlicher Existenz, die im Rahmen der Prüfung des *piercing the corporate veil* untersucht werden[552].

a) Vermögensvermischung

Eine Durchgriffshaftung wegen Vermögensvermischung kommt in Betracht, wenn unkontrollierbare Vermögensverschiebungen zwischen der Gesellschaft und den Gesellschaftern stattgefunden haben bzw. das Vermögen der Gesellschaft mit dem Privatvermögen derart vermischt ist, daß für den Rechtsverkehr nicht mehr erkennbar ist, daß es sich um unterschiedliche Vermögensmassen handelt[553]. Die Vermischung der Vermögen verbundener Gesellschaften wird auch im Rahmen der US - amerikanischen Doktrin des *piercing the corporate veil* als haftungsrelevant angesehen. Sie dient dort überwiegend dem Nachweis eines unbilli-

---

548 NIRK, FS Stimpel, S. 443, 453; LUTTER / HOMMELHOFF, GmbHG, § 13, Rn. 10.
549 LUTTER / HOMMELHOFF, GmbHG, § 13, Rn. 11.
550 DRAX, Durchgriffs- und Konzernhaftung, S. 81.
551 Vgl. 1. Teil, 3. Kapitel B I.
552 Vgl. 1. Teil. 3. Kapitel B II und 1. Teil, 3. Kapitel A I 2b.
553 SCHRAMM, Konzernverantwortung und Haftungsdurchgriff, S. 23.

gen Verhaltens des beherrschenden Gesellschafters, welches neben der Ausübung von Kontrolle in der beherrschten Gesellschaft für die Begründung einer Haftung erforderlich ist[554]. Entnahmen einzelner Vermögensbestände werden allgemein nicht als ausreichend angesehen, um die persönliche Haftung der Gesellschafter zu rechtfertigen.
Vielmehr soll die Schwelle für eine persönliche Haftung der Gesellschafter erst dann überschritten sein, wenn die Vermögensbestände derart verschleiert sind, daß auch unter Zuhilfenahme der Buchführung der Gesellschaft die jeweiligen Vermögensbestände nicht mehr ermittelt werden können[555].

b) Sphärenvermischung

Macht der Gesellschafter einer GmbH nach außen hin nicht deutlich, daß einzelne Gegenstände nicht dem Vermögen der Gesellschaft, sondern seinem Privatvermögen angehören, so muß er sich nach Rechtsscheingrundsätzen daran festhalten lassen. Seine Haftung erweitere sich kraft Rechtscheins auf den betreffenden Gegenstand.
Gleiches gilt, wenn der Gesellschafter nicht hinreichend zwischen den Rechtssubjekten trennt. Es handelt sich hier vielmehr um ein Offenkundigkeitsproblem, das mit den Regeln der Rechtsscheinhaftung zu lösen ist. Eines Rückgriffs auf die Grundsätze der Durchgriffshaftung bedarf es nicht. Der Gesellschafter hat durch sein Verhalten einen persönlichen Verpflichtungsgrund geschaffen. Der Sphärenvermischung als eigener Fallgruppe verbleibt demnach kein Anwendungsbereich[556], da die Durchgriffshaftung als nicht gesetzlich geregeltes Haftungsinstitut nur als ultima ratio in Betracht kommen kann. Kann die Lösung einer bestimmten Sachverhaltskonstellation bereits durch die Heranziehung anderer Primäransprüche herbeigeführt werden, so bleibt für die Durchgriffshaftung kein Raum.

Zusammenfassend kann daher festgehalten werden, daß nur die Fälle der Vermögensvermischung, d.h. die Fälle, in denen das Vermögen der Gesellschaft nicht ausreichend von dem der

---

[554] Vgl. Teil 1, 3. Kapitel, B I.
[555] LUTTER / HOMMELHOFF, GmbHG, § 13, Rn. 10.
[556] So auch. DRÜKE, Haftung der Muttergesellschaft für Schulden der Tochtergesellschaft, S. 74; SCHOLZ - EMMERICH, GmbHG, § 13, Rn. 86; DRAX, Durchgriffs- und Konzernhaftung, S. 80 ff.; GEIßLER 1993, S. 71, 75 ff.; SCHMIDT, ZIP 1994, S. 837, 838 f..

Gesellschafter getrennt wird, eine persönliche Haftung der Gesellschafter nach den Grundsätzen der Durchgriffshaftung begründen können[557].

2. *Dogmatische Begründung*

Die Durchbrechung des Grundsatzes der Haftungstrennung findet im Fall der Vermögensvermischung seine Rechtfertigung in einem Unterlaufen der Kapitalerhaltungsvorschriften durch den Gesellschafter.
Die Beschränkung der Haftung des Gesellschafters einer GmbH beruht auf dem Gedanken, daß dem Gläubigerschutz durch die Bereitstellung eines Mindestkapitals als Haftungsmasse genüge getan wird. Diese Rechtfertigung entfällt jedoch dann, wenn nicht mehr nachvollziehbar ist, welches Vermögen der Gesellschaft und welches dem Gesellschafter zuzuordnen ist. In Konsequenz dessen muß dem Gesellschafter die Berufung auf das Trennungsprinzip verwehrt werden[558].
Die Vermögensvermischung ist die einzige von der Rechtsprechung explizit anerkannte Fallgruppe[559]. Jedoch gibt es auch hier keinen auf ihrer Grundlage entschiedenen Fall.

3. *Behandlung in der Rechtsprechung*

Der BGH hat die Möglichkeit einer Durchgriffshaftung wegen Vermögensvermischung schon in dem Autokran - Urteil von 1985 anerkannt und diese Rechtsprechung mit dem TBB - Urteil noch einmal bestätigt[560].
Der BGH hält eine solche Haftung für erwägenswert, wenn die Abgrenzung zwischen Gesellschafts- und Privatvermögen durch eine undurchsichtige Buchführung oder auf andere Weise verschleiert worden ist, da in diesem Fall die Kapitalerhaltungsvorschriften, eine unerläßlich Voraussetzung für die beschränkte Haftung, nicht funktionieren[561].

---

[557] Vgl. SCHMIDT, Gesellschaftsrecht, S. 244.
[558] HACHENBURG - ULMER, GmbHG, Anh. § 30, Rn. 52.
[559] BGHZ 95, S. 330 (Autokran); BGH ZIP 1994, S. 867.
[560] Vgl. hierzu SCHMIDT, BB 1985, S. 2074, 2075; SCHMIDT, ZIP 1994, S. 837, 838.
[561] BGH ZIP 1994, S. 867.

Aber auch wenn der BGH eine Durchgriffshaftung wegen Vermögensvermischung grundsätzlich anerkannt hat, so hat er sie noch in keinem ihm vorliegenden Fall bejaht[562]. Der BGH behandelt die Durchgriffshaftung immer noch sehr zögerlich und nur im Sinn einer ultima ratio.

4. Rechtsfolgen

Die Vermögensvermischung hat die persönliche Haftung der Gesellschafter zur Folge. Diese kann jedoch nur den Gesellschafter treffen, der für die Vermögensvermischung verantwortlich ist[563]. Dementsprechend kommt es darauf an, daß der Gesellschafter eine „die Gesellschaft beherrschende Stellung" hat, welche in der Regel nur der Mehrheitsgesellschafter ausübt[564]. Ein Minderheitsgesellschafter kann allenfalls dann als verantwortlich angesehen werden, wenn er die Anteile anderer Gesellschafter treuhänderisch verwaltet und auf diese Weise Einfluß in der Gesellschaft ausübt.

5. Verhältnis zur Konzernhaftung

Die Anwendung einer Durchgriffshaftung wegen Vermögensvermischung ist ebenso wie die Anwendung einer Durchgriffshaftung wegen materieller Unterkapitalisierung neben der Anwendung der Konzernhaftung denkbar[565].

Im Bereich der Konzernhaftung ist die Vermögensvermischung insbesondere für die Haftung im qualifizierten faktischen Konzern von Bedeutung. Unter einer Vermögensvermischung werden unkontrollierbare Vermögensverschiebungen zwischen der Gesellschaft und dem Gesellschafter verstanden. Einzelne Vermögensentnahmen sind nicht ausreichend, vielmehr dürfen die Vermögenstransfers auch mit Hilfe der Buchführung nicht mehr nachvollziehbar sein. Diese Indizien sind im qualifizierten faktischen Konzern geeignet nachzuweisen, daß die

[562] Vgl. z.B. BGH ZIP 1994, S. 867; BGHZ 95, S. 330.
[563] SCHOLZ - EMMERICH, GmbHG, § 13, Rn. 82.
[564] SCHMIDT, ZIP 1994, S. 837, 839.
[565] So schon BGHZ 95, S. 330 („Autokran").

objektiv mißbräuchliche Einflußnahme des beherrschenden Gesellschafters nicht über einen Einzelnachteilsausgleich wettgemacht werden kann. Die Unmöglichkeit des Einzelausgleichs wird ebenfalls häufig daran festgemacht, daß die schädigenden Maßnahmen selbst unter Zuhilfenahme der Buchführung nicht isoliert werden können. Die Betonung des Tatbestandsmerkmals der nicht kompensierbaren Interessenbeeinträchtigung in der Rechtsprechung ist daher auch schon als eine Annäherung der Haftung im qualifizierten faktischen Konzern an eine „Fallgruppe des Durchgriffs, nämlich die Vermögensvermischung" bezeichnet worden[566]. Doch auch hier gilt, daß die Gerichte die Konzernhaftung einer Durchgriffshaftung vorziehen.

III. Institutsmißbrauch

Auch der Institutsmißbrauch wird vielfach als eine eigene Fallgruppe behandelt. Hierunter versteht man die gesetzes- und zweckwidrige Verwendung einer Gesellschaft[567]. Gemeint sind Fälle, in denen der Gesellschafter sich zwar in den Voraussetzungen und Grenzen des Gesetzes bewegt, mit der Gründung und dem Führen der Gesellschaft jedoch rechtswidrige Ziele verfolgt bzw. sich in rechtsmißbräuchlicher Weise einer persönlichen Haftung gegenüber den Gläubigern entzieht.

Als Beispiel wird in diesem Zusammenhang meist der sog. „Architekten" - Fall[568] angeführt. In diesem Fall gründeten die Gesellschafter eine GmbH & Co.KG mit dem Zweck, daß diese ein Gebäude zu einem Festpreis errichtet, der Gewinn aus einem späteren Verkauf des Gebäudes aber allein den Gesellschaftern zu fließen sollte. Das Risiko der Festpreisgarantie trug somit allein die Gesellschaft, wohingegen der Gewinn ausschließlich den Gesellschaftern zugute kam.

Der BGH löste diesen Fall zwar unter Heranziehung von § 826 BGB. In der Literatur dagegen wird der Architekten - Fall häufig als ein Mißbrauch des Rechtsinstituts der GmbH angesehen, der einen Durchgriff auf die Gesellschafter rechtfertige.

---

[566] ROWEDDER - KOPPENSTEINER, GmbHG, Anh. § 52, Rn. 76.
[567] LUTTER / HOMMELHOFF, GmbHG, § 13, Rn. 12.
[568] BGH WM 1979, S. 229, NJW 1979, S. 2104.

Diese Ansicht ist jedoch nicht überzeugend. Haftungsbegründend kann nicht der Mißbrauch des Rechtsinstituts der GmbH sein, sondern allenfalls ein Mißbrauch der Haftungstrennung, d.h. das Nichteinhalten der Kapitalaufbringungs- und Kapitalerhaltungsvorschriften, die das Korrelat zum Trennungsprinzip darstellen[569].

Liegt ein Verstoß gegen diese Vorschriften vor, so wird versucht für diese Fallkonstellationen mit den Fallgruppen der materiellen Unterkapitalisierung und der Vermögensvermischung klarer umrissene Tatbestandsmerkmale zu entwickeln und nicht nur auf einen allgemeinen Rechtsmißbrauch zu verweisen.

Darüber hinaus weist SCHMIDT mit Recht darauf hin, daß sich die Systematisierung der Durchgriffshaftung nach Fallgruppen an Tatbestandsmerkmalen orientiert, in welche der Institutsmißbrauch als dogmatisches Durchgriffskonzept nicht hineinpaßt[570].

IV. Fremdbeherrschung

Im Rahmen dieser Fallgruppe wird die Frage behandelt, ob die Beherrschung einer Gesellschaft durch einen Gesellschafter, dieser kann eine andere Gesellschaft oder eine natürliche Person sein, einen Durchgriff auf den beherrschenden Gesellschafter rechtfertigt[571].

Das Einbringen von Fremdinteressen in eine Gesellschaft durch einen beherrschenden Gesellschafter findet grundsätzlich in Konzernsachverhalten statt.

Dieses liegt daran, daß ein Gesellschafter überhaupt nur dann in der Lage ist, seine Interessen in eine Gesellschaft einzubringen, wenn er die Mehrheit der Anteile an der Gesellschaft hält.

Bei den Interessen des Gesellschafters wird es sich in der Regel nur dann um andere Interessen als die der Gesellschaft und damit um Fremdinteressen handeln, wenn der Mehrheitsgesellschafter gleichzeitig noch anderweitig wirtschaftlich tätig ist.

In einem solchen Fall wird dann aber unter Zugrundelegung des weiten Unternehmensbegriffs des § 15 AktG über die gesetzlichen Vermutungen der §§ 17 Abs. 2, 18 Abs. 1 Satz 3 AktG

---

[569] STIMPEL, FS Goerdeler, S. 601, 611.
[570] SCHMIDT, ZIP 1994, S. 837, 839.
[571] BORK, ZGR 1994, S. 237, 258.

davon ausgegangen, daß die Gesellschaft und der beherrschende Gesellschafter in einem Konzernverhältnis stehen[572]

Ein Haftungsdurchgriff, gerechtfertigt durch das Einbringen von Fremdinteressen eines Gesellschafters, stellt somit nicht nur einen einfachen Durchgriff von der Gesellschaft auf den Gesellschafter dar, sondern gleichzeitig einen Durchgriff von der Tochtergesellschaft auf die Muttergesellschaft. Es geht mit anderen Worten im Rahmen der Fallgruppe der Fremdbeherrschung allein um die Frage, ob bereits die Konzernverbundenheit der Gesellschaften einen Durchgriff auf den herrschenden Gesellschafter und damit auf die Muttergesellschaft rechtfertigt[573]. Die Konzernierung selbst wäre dann hinreichender Haftungsgrund, wobei sich die Haftung der Muttergesellschaft auf die Schulden der Tochtergesellschaft erstrecken würde.

Die Begründung einer Durchgriffshaftung allein aufgrund der Beherrschung einer Gesellschaft erscheint jedoch nicht mit der Rechtsordnung in Einklang zustehen[574]. Einen Grundsatz des „Gleichlaufs von Herrschaft und Haftung" kennt das geltende Recht gerade nicht[575]. Das GmbHG selbst sieht ja gerade die Möglichkeit einer umfassenden Einflußnahme der Gesellschafter auf die Geschäftsführung vor (§ 37 Abs. 1 GmbHG), ohne daran eine Haftung zu knüpfen. Eine Durchgriffshaftung allein gestützt auf das Argument der Beherrschung ist daher abzulehnen.

3. Kapitel Rechtsvergleichende Aspekte

Ein Vergleich der Regelungen in Deutschland und in den USA, läßt feststellen, daß in beiden Staaten das Erfordernis gesehen wird, daß in bestimmten Fällen nicht an dem Grundsatz der Haftungstrennung festgehalten werden kann. Das gilt insbesondere in den Fällen verbundener Unternehmen.

---

[572] Vgl. 2. Teil, 2. Kapitel, G.
[573] BORK, ZGR 1994, S. 237, 259.
[574] SCHRAMM, Konzernverantwortung und Haftungsdurchgriff, S. 145, PRIESTER, FS Semler, S. 561, 569.
[575] PASCHKE, AG 1988, S. 196, 199, EMMERICH / SONNENSCHEIN, Konzernrecht, S. 256.

In Deutschland wird eine Durchbrechung des Grundsatzes der Haftungstrennung bei verbundenen Gesellschaften in der Regel über die Konzernhaftung erreicht[576]. Die Durchgriffshaftung hat dagegen in der Praxis nur eine geringe Bedeutung. In den USA wird eine Haftung des (Mehrheits-) Gesellschafters über den Grundsatz des *piercing the corporate veil* ermöglicht.

A. Vergleich des US - amerikanischen Grundsatzes des piercing the corporate veil mit der deutschen Durchgriffshaftung

Die deutsche Durchgriffshaftung und der US - amerikanische Grundsatz des *piercing the corporate veil* habe beide ihren Ausgangspunkt bei der nicht verbundenen Gesellschaft. Sie wurden entwickelt, um die Durchbrechung des Grundsatzes der Haftungstrennung zu ermöglichen, wenn im Einzelfall ein Festhalten an der beschränkten Haftung zu unbilligen Ergebnissen führt.

I. Haftungsvoraussetzungen

Die Doktrin des *piercing the corporate veil* hat ebenso wie die deutsche Durchgriffshaftung keine gesetzliche Regelung erfahren. Sie wurde von der Rechtsprechung entwickelt. Die Handhabung dieses Haftungsinstituts in der Praxis ist schwierig, da sich auch nach Untersuchung der einschlägigen Entscheidungen eindeutige Aussagen zu den Haftungsvoraussetzungen nicht treffen lassen. Die Rechtsprechung arbeitet überwiegend mit sogenannten „test". Diese „*tests*" lassen eine zweistufige Prüfung erkennen. Auf einer ersten Prüfungsebene wird als Haftungsvoraussetzung die Kontrolle des beherrschenden Gesellschafters über die Gesellschaft gefordert, in einem zweiten Schritt ein unbilliges Verhalten des Gesellschafters[577]. Das Vorliegen dieser Haftungsvoraussetzungen wird anhand von bestimmten Indizien und Sach-

---

[576] Vgl. 2. Teil, 2. Kapitel, G.
[577] Vgl. 1. Teil, 2. Kapitel, B.

verhaltskonstellationen untersucht. Hierbei lassen sich bestimmte Fallgruppen systematisieren, die auch im Rahmen der deutschen Durchgriffshaftung bekannt sind.

Die Haftungsvoraussetzung der Kontrolle ist nicht im Sinne eines Haltens der Mehrheitsanteile in der beherrschten Gesellschaft zu verstehen. Gefordert wird vielmehr eine übermäßige Beherrschung, die dann bejaht wird, wenn die beherrschte Gesellschaft keine eigene Existenz besitzt.
Das Vorliegen dieser Voraussetzungen wird anhand von Indizien untersucht. Begutachtet wird insbesondere die wirtschaftliche Struktur der abhängigen Gesellschaft. Liegt eine übermäßige wirtschaftliche, finanzielle oder administrative Integration von Gesellschaft und beherrschendem Gesellschafter vor, so wird davon ausgegangen, daß die Gesellschaft keine eigene selbständige Einheit ist[578].

Die deutsche Durchgriffshaftung hat den gleichen Ausgangspunkt wie der Grundsatz des *piercing the corporate veil*. Gefragt wird, wann es unbillig ist, an der beschränkten Haftung festzuhalten. Auch hier lassen sich die haftungsauslösenden Sachverhaltskonstellationen in bestimmte Fallgruppen einteilen. Von Bedeutung sind hier wie im US - amerikanischen Recht insbesondere die Fallgruppen der Vermögensvermischung und der materiellen Unterkapitalisierung.

II. Fallgruppen

Im Rahmen der Fallgruppe der Vermögensvermischung ist in beiden Rechtsordnungen der Gedanke tragend, daß es für den Gläubiger einer Gesellschaft nachvollziehbar sein muß, wer genau sein Vertragspartner ist und welche Haftungsmasse ihm gegenüber zur Begleichung der Verbindlichkeiten zur Verfügung steht. Dieses ist z.B. nicht mehr möglich, wenn Vermögensverschiebungen zwischen der Gesellschaft und dem Gesellschafter selbst mit Hilfe der Buchführung nicht nachvollzogen werden können oder wenn die Gesellschaft und der Gesellschafter nach außen als ein Unternehmen, als eine „*common group persona*" auftreten. In

---

[578] Vgl. 1. Teil, 3. Kapitel, A I.

einem solchen Fall wird in beiden Rechtsordnungen eine Durchbrechung des Grundsatzes der Haftungstrennung befürwortet[579].

Als weitere Fallgruppe ist das Vorliegen einer materiellen Unterkapitalisierung bekannt[580]. Die US - amerikanischen Gerichte ziehen das Vorliegen einer materiellen Unterkapitalisierung als Indiz für eine übermäßige Beherrschung heran. So liege es nahe, daß eine beherrschte Gesellschaft, die selbst nicht über ausreichendes Kapital verfüge, auf finanzielle Zuwendungen seitens der Muttergesellschaft bzw. anderer Schwestergesellschaften angewiesen, und es so der Muttergesellschaft möglich sei, weitgehenden Einfluß auf die Geschäftspolitik der Tochtergesellschaft zu nehmen[581].

Diese genannten Elemente haben im US - amerikanischen Recht insbesondere Bedeutung, wenn es um die Prüfung der zweiten Stufe des „*tests*" geht. Die Unterkapitalisierung und die Vermögensvermischung werden als unbilliges Verhalten, als eine unbillige Benachteiligung der Gläubiger und damit als eine wichtige Voraussetzung für eine persönliche Haftung des Gesellschafters gegenüber den Gläubigern gewertet.

Eine materielle Unterkapitalisierung und eine Vermögensvermischung werden auch im Rahmen der deutschen Durchgriffshaftung als haftungsbegründend angesehen. Sowohl bei Vorliegen der Unterkapitalisierung als auch der Vermögensvermischung wird im deutschen Recht davon ausgegangen, daß die Voraussetzungen für eine Haftungstrennung nicht mehr vorliegen, da gegen die Kapitalschutzvorschriften verstoßen wurde bzw., wie es im US - amerikanischen Recht bezeichnet wird, die *consideration*, d.h. das Entgelt für eine Haftungsbeschränkung nicht geleistet wurde, und somit ein Festhalten an der beschränkten Haftung unbillig wäre.

Die Sachverhaltskonstellationen und Probleme, die bei der Bestimmung dieser Fallgruppen auftauchen, sind im deutschen und im US - amerikanischen Recht vergleichbar.

---

579 Vgl. 1. Teil, 3. Kapitel, B I; 2. Teil, 2. Kapitel, H II.
580 Vgl. 1. Teil, 3. Kapitel, B II; 2. Teil, 2. Kapitel, H I.
581 Vgl. 1. Teil, 3. Kapitel, A III.

III. Vergleichbare Sachverhaltskonstellationen und Problemstellungen

Als typisch für eine Vermögensvermischung wird es in beiden Rechtsordnungen angesehen, wenn eine nachvollziehbare Buchführung fehlt, keine getrennten Konten geführt oder Vermögensbestände so verschoben werden, daß es nicht mehr nachvollziehbar ist, ob die Vermögensbestände dem Gesellschafter oder der Gesellschaft zuzuordnen sind[582].

Im Bereich der materiellen Unterkapitalisierung fällt es beiden Rechtsordnungen schwer, eine genaue Definition für eine Unterkapitalisierung zu finden. Betriebswirtschaftliche Maßstäbe für eine ausreichende Kapitaldeckung einer Gesellschaft bestehen nicht. Daher wird sowohl im deutschen wie auch im US - amerikanischen Recht die Kreditfähigkeit einer Gesellschaft und damit ihre Möglichkeit, Finanzmittel auf dem Markt zu marktüblichen Preisen zu erlangen, als ein wichtiges Kriterium herangezogen. Für die Beurteilung einer Unterkapitalisierung gewinnt daher auch die Ausstattung einer Gesellschaft mit ausreichendem Eigenkapital an Bedeutung, da es nur dann einer Gesellschaft möglich ist, Fremdmittel zu marktüblichen Konditionen zu erlangen[583].
Das Problem der genauen Bestimmung einer Unterkapitalisierung führt in beiden Rechtsordnungen dazu, daß nur eine qualifizierte („*gross*“) Unterkapitalisierung eine Haftung nach sich ziehen kann, eine Durchbrechung der Haftungstrennung somit nur in eindeutigen und krassen Fällen vorgenommen wird, um jedes Spekulieren um eine genaue Trennlinie zu vermeiden[584].
Schließlich gilt sowohl im US - amerikanischen als auch im deutschen Recht, daß ein Gesellschafter nicht verpflichtet ist, jeden Verlust der Gesellschaft durch Hinzufügen neuen Eigenkapitals auszugleichen. Es kann daher grundsätzlich nur eine anfängliche Unterkapitalisierung eine Haftung auslösen. Eine Unterkapitalisierung, die durch spätere wirtschaftliche Verluste entsteht, begründet in der Regel keine persönliche Haftung eines Gesellschafters. Etwas anderes gilt nur dann, wenn die Gesellschaft in einem anderen Wirtschaftszweig tätig wird und somit eine Situation eintritt, die mit der Neugründung einer Gesellschaft vergleichbar ist. Auch in diesen Fällen besteht die Verpflichtung eines Gesellschafters, die Gesellschaft auf ein

---

[582] Vgl. 1. Teil, 3. Kapitel, B I; 2. Teil, 2. Kapitel, H II 1.
[583] Vgl. 1. Teil, 3. Kapitel, B II 2; 2. Teil, 2. Kapitel, H I 1.
[584] Vgl. 1. Teil, 3. Kapitel, B II 1; 2. Teil, 2. Kapitel, H I 2a.

solide finanzielle Basis zu stellen. Ist dies nicht der Fall, so haftet der Gesellschafter nicht nur in Höhe des fehlenden Kapitals, sondern für die gesamte ausgefallene Forderung[585].

IV. Vergleichbare Haftungsdogmatik

Der Grundsatz des *piercing the corporate veil* und die Durchgriffshaftung haben eine vergleichbare Haftungsdogmatik. Der „Schleier" zwischen Gesellschaft und Gesellschafter wird durchbrochen und der hinter der Gesellschaft stehende Gesellschafter wird persönlich für Verbindlichkeiten der Gesellschaft herangezogen. Es handelt sich um gesellschaftsrechtliche Haftungssysteme. Ausgangspunkt ist jeweils die Frage, wann unter Heranziehen gesellschaftsrechtlicher Vorschriften und Wertungen ein Festhalten an der beschränkten Haftung unbillig wäre.

Anders als im US - amerikanischen Recht hat die Durchgriffshaftung in Deutschland jedoch nur eine geringe praktische Bedeutung. Die Frage, wann ein beherrschender Gesellschafter für Verbindlichkeiten der beherrschten Gesellschaft herangezogen werden kann, wird in Deutschland in der Regel über die Konzernhaftung gelöst.

B. Vergleich des US - amerikanischen Grundsatzes des piercing the corporate veil mit der deutschen Haftung im qualifizierten faktischen Konzern

Das US - amerikanische Recht kennt kein spezielles Konzernrecht. Vielmehr werden hier Haftungsgrundsätze, die bei nicht verbundenen Gesellschaften rechtsformunabhängig Anwendung finden, auf verbundene Gesellschaften übertragen und weiterentwickelt. So ist dem US - amerikanischen Recht der Vertragskonzern fremd. Auch die Unterscheidung nach einfachen faktischen Konzernen und qualifizierten faktischen Konzernen wird nicht vorgenommen. Die Fälle, die im deutschen Recht unter den einfachen faktischen Konzern fallen, bewältigen

---

585 Vgl. 1. Teil, 3. Kapitel, B II 4; 2.Teil, 2. Kapitel, H I 1 c.

die US - amerikanischen Gerichte unter Heranziehung der Treuepflichten der Gesellschafter. Die Doktrin des *piercing the corporate veil* setzt auf der Ebene einer Verbundenheit von Gesellschaften an, auf der in Deutschland der qualifizierte faktische Konzern behandelt wird.

I. Haftungsvoraussetzungen

Ausgangspunkt sowohl einer Haftung im qualifizierten faktischen Konzern als auch des Grundsatzes des *piercing the corporate veil* ist hinsichtlich verbundener Gesellschaften die Frage, ab wann eine Gesellschaft derart von einer anderen Gesellschaft beherrscht wird, daß es gerechtfertigt ist, die beherrschende Gesellschaft für die Verbindlichkeiten der Tochtergesellschaft aufkommen zu lassen. Das US - amerikanische Recht formuliert die Haftungsvoraussetzungen dahingehend, daß eine Gesellschaft durch ihren Mehrheitsgesellschafter übermäßig beherrscht werden und dem Mehrheitsgesellschafter ein unbilliges Verhalten, daß zu einem Nachteil bei den Gläubigern führt, vorgeworfen werden können muß[586].

Die deutsche Konzernhaftung fordert als Haftungsvoraussetzung zunächst das Vorliegen eines Konzerns im Sinne von § 18 AktG, d.h. nicht nur ein Abhängigkeitsverhältnis zwischen Gesellschaft und beherrschendem Gesellschafter, sondern darüber hinaus ihre Zusammenfassung unter einheitlicher Leitung[587]. Erforderlich ist zudem ein objektiver Mißbrauch der herrschenden Gesellschafterstellung, wodurch das Eigeninteresse der abhängigen Gesellschaft nachteilig beeinträchtigt wird und die Unmöglichkeit diese Beeinträchtigung auf dem Wege eines Einzelausgleiches ausgleichen zu können[588].

Naturgemäß fällt es schwer, festzustellen, wann genau die Beherrschung einer Gesellschaft übermäßig ist. Auch die im deutschen Recht geforderte Beeinträchtigung des „Eigeninteresses" der Gesellschaft ist nur schwer faßbar. Beide Haftungssysteme haben daher gemeinsam, daß sie anhand von Kriterien versuchen, den Punkt zu bestimmen, ab dem die Muttergesellschaft eine solche Dichte der Einflußnahme auf die Tochtergesellschaft erlangt hat, daß der

---

[586] Vgl. 1. Teil, 2. Kapitel, B I 2 c.
[587] Vgl. 2. Teil, 1. Kapitel, B I und C III 2 a.
[588] Vgl. 2. Teil, 1. Kapitel, III 2.

Tochtergesellschaft praktische keine eigene Existenz mehr verbleibt und es gerechtfertigt ist, die Muttergesellschaft für die Verbindlichkeiten der Tochtergesellschaft haftbar zu machen.

Darüber hinaus fordern beide Haftungsmodelle, daß der beherrschende Einfluß zum Nachteil der Gesellschaft und damit auch zum Nachteil der Gläubiger eingesetzt werden muß. Liegen diese Voraussetzungen vor, so wird an sie in beiden Rechtsordnungen eine pauschale Verlustausgleichspflicht des herrschenden Unternehmens geknüpft, die in ihrer Höhe nicht begrenzt ist. Ist die abhängige Gesellschaft vermögenslos, so können die Gläubiger ihre Ansprüche direkt gegen den Mehrheitsgesellschafter richten.

II. Sachverhaltskonstellationen

Das Vorliegen der einzelnen Tatbestandsmerkmale wird anhand von Indizien untersucht. So spricht nach der Rechtsprechung der US - amerikanischen Gerichte für das Vorliegen einer übermäßigen Beherrschung, wenn die beherrschende Gesellschaft auf die Geschäftstätigkeit der beherrschten Gesellschaft derart Einfluß nimmt, daß sie nicht nur die Richtlinien der Tochtergesellschaft festlegt, sondern auch ihre gewöhnlichen Geschäfte übernimmt, so daß der abhängigen Gesellschaft kein eigenverantwortlicher Entscheidungsbereich verbleibt, die Tochtergesellschaft mithin nur noch wie eine bloße Betriebsabteilung geführt wird[589]. Die deutsche Konzernhaftung untersucht ähnliche Indizien bei der Frage nach dem objektiven Mißbrauch der herrschenden Gesellschafterstellung, wenn sie fordert, daß die abhängige Gesellschaft nicht in ihrem Bestand gefährdet werden darf und nach Beendigung des Abhängigkeitsverhältnisses allein überlebensfähig sein muß. Auch im deutschen Recht ist in diesem Zusammenhang das Stichwort der „Betriebsabteilung" verwendet worden[590].

Daneben untersuchen die US - amerikanischen Gerichte die Wirtschaftsstruktur der abhängigen Gesellschaft. Sie fragen, inwieweit die Tochtergesellschaft in die Unternehmensgruppe integriert ist und inwieweit ihr ein selbständiger Lebensbereich verbleibt. So ist es bedeutend, ob etwaige Dienstleistungen der Tochtergesellschaft an andere Gesellschaften der Unterneh-

---

[589] Vgl. 1. Teil, 3. Kapitel, A I 1.
[590] Vgl. BGHZ 95, S. 330.

mensgruppe *„at arm's length"*, d.h. zu marktüblichen Konditionen erfolgt sind[591]. Diese Indizien werden auch von der deutschen Rechtsprechung für relevant gehalten. Daneben halten beiden Ansätze Kriterien wie die finanzielle Integration der abhängigen Gesellschaft für aussagekräftig. So spreche z.B. die Ausgliederung einzelner Unternehmensteile insbesondere in Verbindung mit Finanzmanipulationen für das Vorliegen einer übermäßigen Beherrschung bzw. eines objektiven Mißbrauchs. Beide Rechtsprechungen sehen Finanzmanipulationen beispielsweise, wenn die abhängige Gesellschaft Kredite an andere Gesellschaften der Unternehmensgruppe zu nicht marktüblichen Konditionen vergibt oder Liquidität abgezogen wird, so daß die abhängige Gesellschaft ihre Verbindlichkeiten nicht mehr begleichen kann. Jedoch stimmen auch beide Ansätze insoweit überein, daß einzelne solcher Maßnahmen nicht ausreichend sind und daß auch das 100 % ige Halten der Anteile der beherrschten Gesellschaft oder eine Personalunion nicht ausreichend ist[592].
Weiteres Indiz für das Vorliegen einer übermäßigen Beherrschung ist nach der US - amerikanischen Rechtsprechung das Nichteinhalten gesellschaftsrechtlicher Formalitäten. Hierunter gehört etwa das Nichtabhalten eigener Gesellschafter- oder Direktorenversammlungen bzw. die Nichtauffindbarkeit von Protokollen über diese Sitzungen. Wichtiges Kriterium soll auch sein, ob eine reguläre Buchführung existiert und Aufzeichnungen über finanzielle Transaktionen und Kredite innerhalb der Unternehmensgruppe vorgenommen wurden. Diese Indizien sind auch im deutschen Recht bekannt. Allerdings wird im deutschen Recht insbesondere das Fehlen einer regulären Buchführung nicht unter dem Tatbestandsmerkmal des objektiven Mißbrauchs angesprochen, sondern bei der Frage, ob ein Einzelausgleich der zugefügten Nachteile möglich ist. Ist nämlich über die verschiedenen Transaktionen sorgfältig buchgeführt worden, so sind sie in der Regel noch einem Einzelnachteilsausgleich zugänglich und ist eine Haftung nach den Grundsätzen des qualifzierten faktischen Konzerns ausgeschlossen[593].

Die US - amerikanischen Gerichte fordern neben der übermäßigen Beherrschung in den meisten Fällen ein unbilliges Verhalten. Ein solches unbilliges Verhalten wird aber häufig in denselben Indizien zu sehen sein wie die übermäßige Beherrschung. So wird hier etwa eine Vermögensvermischung der Gesellschaften, insbesondere durch Finanzmanipulationen und

---

[591] Vgl. 1. Teil, 3. Kapitel, A I 2.
[592] Vgl. 1. Teil, 3. Kapitel A I 1 a, b; zum deutschen Recht siehe 2. Teil, 1. Kapitel, C III 2a.
[593] Vgl. 2. Teil, 1. Kapitel, C III 2 b.

Vermögenstransfers, die nicht in der Buchführung nachvollzogen werden können, genannt. Auch gehört das Ausplündern der abhängigen Gesellschaft durch systematisches Entziehen von Betriebsvermögen hierher oder die Unterkapitalisierung der beherrschten Gesellschaft[594]. Diese Indizien, die im Zusammenhang mit dem unbilligen Verhalten genannt werden, entsprechen daher weitestgehend den Merkmalen, die im deutschen Recht im Zusammenhang mit dem objektiven Mißbrauch der herrschenden Gesellschafterstellung bzw. der Undurchführbarkeit des Einzelausgleichs genannt werden.

Die Sachverhaltskonstellationen, die zu einer Haftung nach dem Grundsatz des *piercing the corporate veil* und nach der Konzernhaftung führen, sind somit teilweise vergleichbar.

III. Haftungsdogmatik

Auf der Rechtsfolgenseite haben beide Haftungssysteme Ähnlichkeiten. Sowohl die Haftung nach der Doktrin des *piercing the corporate veil* als auch die deutsche Haftung im Vertrags- und im qualifizierten faktischen Konzern im Fall der Vermögenslosigkeit der beherrschten Gesellschaft führen im Rahmen der Ausfallhaftung nach § 303 Abs. 1 AktG (analog) zu einer direkten Haftung des beherrschenden Gesellschafters. So wurde die Konzernhaftung in Form der Ausfallhaftung des § 303 Abs. 1 AktG schon als „ gesetzlich gereglter Fall des Durchgriffs" bezeichnet.

Von ihrem dogmatischen Ansatz her unterscheiden sie sich jedoch deutlich. Die Doktrin des *piercing the corporate veil* ist eine gesellschaftsrechtliche Haftung. Sie gilt für verbundene und unverbundene Gesellschaften gleichermaßen. Es werden gesellschaftsrechtliche Wertungen zur Entscheidung der Frage herangezogen, ob ein Festhalten an der beschränkten Haftung vertretbar ist.

Die Konzernhaftung dagegen stellt einen Sonderhaftungstatbestand dar. Sie setzt eine Sonderverbindung zwischen Mutter- und Tochtergesellschaft voraus. So ist Voraussetzung für eine Haftung im Konzern das Vorliegen eines Konzernverhältnisses im Sinne von § 18 AktG.

---

[594] Vgl. 1. Teil, 3. Kapitel, B.

Sie knüpft damit nicht nur an ein Verhalten in Form eines objektiven Mißbrauchs der beherrschenden Gesellschafterstellung an. Tatbestandsvoraussetzung ist darüber hinaus mit der Konzernierung auch ein Zustandselement.

Im US - amerikanischen Recht wird das Vorliegen von Kontrolle gefordert. Die Haftungsvoraussetzung der übermäßigen Kontrolle stellt jedoch kein solches Zustandselement dar. Es ist vielmehr als Frage nach einer übermäßigen Beherrschung und damit nach einem Verhalten zu verstehen. Auf das Vorliegen eines solchen Verhaltens wird dann anhand von Indizien geschlossen, die sich auch aus der Struktur von Gesellschaft zu Gesellschafter ergeben.

Zusammenfassung

Die US - amerikanische Lehre des *piercing the corporate veil* und die deutsche Konzernhaftung haben einen gemeinsamen Ausgangspunkt. Wirtschaftlich miteinander verflochtenen Gesellschaften soll es nicht möglich sein, sich zu Lasten der Gläubiger hinter einem formalen Rechtsprinzip, hinter der Rechtsfigur der juristischen Person zurückzuziehen. Daher suchen beide Rechtsordnungen nach einem Weg, um dieser Gefahr Einhalt zu bieten. Auf haftungsrechtlicher Ebene soll nachempfunden werden, was in der wirtschaftlichen Realität vorgegeben wird. Die einzelnen Gesellschaften stellen wirtschaftlich gesehen ein Unternehmen dar und sollen auch haftungsrechtlich so behandelt werden.
Im US - amerikanischen Recht behilft man sich mit der *equity* - Regel des *piercing the corporate veil*. Es handelt sich hierbei um ein Rechtsinstitut des allgemeinen Gesellschaftsrechts, das auf verbundene Gesellschaften weiterentwickelt wurde. Im Vordergrund steht die Schaffung von Gerechtigkeit im Einzelfall. Den Gerichten wird daher ein großer Ermessensspielraum zugebilligt, wobei in den Entscheidungen nicht nur formal juristische Gesichtspunkte berücksichtigt werden, sondern auch wirtschaftliche Grundsätze.
Im deutschen Recht hat man versucht, der wirtschaftlichen Verflechtung von Gesellschaften ein in sich geschlossenes Haftungssystem entgegenzusetzen, das speziell auf Konzerngesellschaften ausgerichtet ist. Mit dem Aktienkonzernrecht, das nach mittlerweile gefestigter Rechtsprechung auch auf den GmbH - Konzern anwendbar ist, hat man einen gesetzlich festgelegten Ausgangspunkt für die Haftung verbundener Gesellschaften.

Beide Rechtsordnungen nehmen die Frage zum Ausgangspunkt, wann eine so starke Verflechtung zwischen Gesellschaften besteht, daß sie nicht mehr als getrennte Gesellschaften, sondern als eine zusammengehörende Unternehmensgruppe erscheinen. Beide Rechtsordnungen ziehen an dieser Stelle die Kriterien der Beherrschung und der Kontrolle heran. Im deutschen Recht geschieht dies auf der Ebene der Abgrenzung des einfachen faktischen Konzerns vom qualifizierten faktischen Konzern. Liegt ein einfacher faktischer Konzern vor und ist damit die Dichte der Einflußnahme der herrschenden Gesellschaft auf die beherrschte Gesellschaft nicht übermäßig groß und können einzelne nachteilige Maßnahmen des herrschenden Unternehmens noch nachvollzogen werden, so besteht keine generelle Haftung der beherrschenden Gesellschaft. Sie wird nur zum Ausgleich der einzelnen nachteiligen Maßnahmen herangezogen. Ist die Beherrschung der abhängigen Gesellschaft aber so stark, daß keine einzelnen schädlichen Maßnahmen mehr isoliert werden können, so ist man im Bereich des qualifizierten faktischen Konzerns. Hat der beherrschende Gesellschafter seine Einflußmöglichkeiten in der abhängigen Gesellschaft objektiv mißbraucht, d.h. hat er die Eigeninteressen der abhängigen Gesellschaft nachhaltig beeinträchtigt, so trifft ihn eine Verlustausgleichspflicht analog § 302 Abs. 1 AktG. Nach Beendigung des Beherrschungsverhältnisses wandelt sich diese in einen Anspruch auf Sicherheitsleistung für die Ansprüche der Gläubiger um. Wird die abhängige Gesellschaft vermögenslos, so können die Gläubiger anstelle des Anspruchs auf Sicherheitsleistung einen Zahlungsanspruch geltend machen.

Auch im US - amerikanischen Recht ist das Kriterium der Beherrschung oder der Kontrolle eine notwendige, wenn auch nicht hinreichende Voraussetzung der Haftung einer herrschenden Gesellschaft. Nach dem von der Rechtsprechung angewandten Prüfungsmaßstab, dem *alter - ego* und dem *instrumentality test*, wird in einem ersten Schritt geprüft, ob die abhängige Gesellschaft so übermäßig beherrscht wird, so daß sie nicht mehr als selbständige Rechtsperson angesehen werden kann. Auf einer zweiten Stufe wird dann untersucht, ob zusätzlich ein unbilliges Verhalten vorliegt, welches beispielsweise dann bejaht wird, wenn die Gläubiger der abhängigen Gesellschaft getäuscht wurden, eine Vermögensvermischung oder eine erhebliche Unterkapitalisierung vorliegt.
Die Elemente dieser Tests werden in der Regel mit blumigen Metaphern umschrieben wie *sham, shell, alter ego* etc., die für den Rechtsanwender wenig hilfreich sind. Die Lehre des *piercing the corporate veil* ist sehr weit gefaßt und sehr unpräzise. Die Ergebnisse der Entscheidungen sind daher kaum vorhersehbar und führen zu einer nicht wünschenswerten Rechtsunsicherheit.
Jedoch hat es die Rechtsprechung bisher abgelehnt, genauere Konturen zu entwickeln. Auch eine gesetzliche Verankerung der Doktrin des *piercing the corporate veil* ist nur in bestimmten Rechtsgebieten vorgenommen worden. Grundsätzliche Regelungen für alle Konzernsachverhalte sind nicht entwickelt worden. Man fürchtet, die erforderliche Flexibilität zu verlieren, die das *equity law* ermöglicht, um sich veränderten Realitäten anzupassen. Zudem möchte man vermeiden, daß durch festgeschriebene gesetzliche Regelungen Umgehungs- und Mißbrauchsmöglichkeiten Tür und Tor geöffnet werden. Dafür wird auch eine geringere Vorhersehbarkeit der Entscheidungen in Kauf genommen.

Ein weiterer Kritikpunkt ist, daß sich die Prüfung nach dem *piercing the corporate veil* in eine Prüfung einzelner Faktoren verstrickt, ohne sich im Zusammenhang die Frage zu stellen, ob die Verflechtung der Gesellschaften ein Beiseiteschieben der beschränkten Haftung rechtfertigt.
Es besteht so die Gefahr, durch die vielen einzelnen Faktoren, die untersucht werden, die eigentliche Fragestellung aus den Augen zu verlieren, nämlich die Frage, wann genau eine so intensive Verflechtung zwischen den Gesellschaften vorliegt, daß sie als Unternehmen angesehen werden müssen und es gerechtfertigt ist, daß eine Muttergesellschaft für die Schulden ihrer Tochtergesellschaft aufkommt.

Die neueren US - amerikanischen Literaturmeinungen haben sich diesem Problem gestellt. Die Vertreter des *enterprise law* - Ansatzes prüfen, ob ein *economically integrated enterprise* vorliegt. Dieser Ansatz hat sicherlich den richtige Ausgangspunkt, doch ist es auch hier nicht gelungen, einen praktikablen Prüfungsmaßstab zu erarbeiten. Wieder sind es viele einzelne Faktoren, die als Indiz für einen bestimmten Integrationsgrad der Gesellschaften gewertet werden. In der Praxis ist dieser Ansatz, von den sogenannten „Taxi - Entscheidungen" abgesehen, von äußerst geringer Bedeutung.
Einen völlig neuen Weg wollen diejenigen gehen, die die Aufhebung der beschränkten Haftung im Rahmen von deliktsrechtlichen Ansprüchen fordern. Dadurch sollen die Nachteile der Doktrin des *piercing the corporate veil* ausgeglichen werden, die dadurch entstehen, daß sie gerade nicht auf einzelne Rechtsgebiete eingeht. Jedoch ist auch dieser Ansatz nicht speziell auf verbundene Gesellschaften ausgerichtet und kann daher nicht als neuer Weg für die Haftung zwischen Konzerngesellschaften verstanden werden. Aus Sicht der Praxis ist er nicht relevant, sondern eher als ein Gedankenspiel des Schrifttums zu verstehen.

In Deutschland gibt es mit dem Aktienkonzernrecht, das nach mittlerweile gefestigter Rechtsprechung in modifizierter Form auch auf den GmbH - Konzern anwendbar ist, einen gesetzlich festgelegten Ausgangspunkt für die Haftung verbundener Gesellschaften. Es handelt sich hierbei um allgemeines Konzernrecht, das für jede Form von Konzernsachverhalten gilt. Anders als in den USA ist man in Deutschland nicht den Weg gegangen, für einzelne Rechtsgebiete spezielle Vorschriften über Konzerngesellschaften festzulegen.

Das deutsche Konzernrecht hat gegenüber der Lehre des *piercing the corporate veil* sicherlich den Vorteil der größeren Vorhersehbarkeit und damit der größeren Rechtssicherheit. Jedoch bestehen für den Fall, daß die Gesellschaften keinen Unternehmensvertrag abgeschlossen haben, hinsichtlich der Frage, wann eine Verflechtung vorliegt, die eine Haftung einer Muttergesellschaft für die Verbindlichkeiten der Tochtergesellschaft rechtfertigt, also hinsichtlich der Frage, wann ein qualifizierter faktischer Konzern vorliegt, die gleichen Unsicherheiten wie in den USA. Auch im deutschen Recht kann nur anhand von Indizien untersucht werden, ob das Eigeninteresse der abhängigen Gesellschaft nachhaltig beeinträchtigt wurde und diese Beeinträchtigung nicht mehr über einzelne Schadensersatzansprüche ausgeglichen werden kann.

Das andere in Deutschland bestehende Haftungssystem, die Durchgriffshaftung, hat den gleichen Ausgangspunkt wie die Lehre des *piercing the corporate veil* im US - amerikanischen Recht. Auch hier wird gefragt, wann das Festhalten an dem gesellschaftsrechtlichen Prinzip der beschränkten Haftung zu solchen Unbilligkeiten führt, daß sie durchbrochen werden muß. Methodisch wird dabei so vorgegangen wie in den USA. Die beschränkte Haftung wird punktuell und auf den bestimmten Fall beschränkt aufgehoben.
Betrachtet man die kontroverse Diskussion der Durchgriffshaftung in der deutschen Literatur, so könnte man den Eindruck gewinnen, daß die Durchgriffshaftung in Deutschland eine ähnliche Bedeutung hat wie in den USA. In der Praxis haben jedoch nur selten Gerichte auf das Rechtsinstitut der Durchgriffshaftung zurückgegriffen.
Ein Hauptgrund hierfür liegt wohl in dem umfangreichen Schutz der Gläubiger durch die Vorschriften über das Mindestkapital, Kapitalerhaltungsvorschriften, Abhängigkeitsberichte, Abschluß- und Sonderprüfungen und die Kontrolle durch den Aufsichtsrat. Auf diese Weise liegen den Gerichten nur selten Sachverhalte vor, die eine Lösung über die Durchgriffshaftung denkbar erscheinen lassen.
Mit den wenigen, zudem stark einzelfallbezogenen Entscheidungen läßt sich keine Rechtssicherheit schaffen. So ist der entscheidende Vorteil der auf gesetzlichen Grundlagen beruhenden Konzernhaftung gegenüber der Durchgriffshaftung auch im deutschen Recht die bessere Vorhersehbarkeit der Entscheidungen und die daraus folgende größere Rechtssicherheit.

Dem Konzept der Durchgriffshaftung wird neben der mangelnden Vorhersehbarkeit oft entgegen gehalten, daß sie zu wenig auf konzernspezifische Besonderheiten eingehe. Dieses Problem bestand und besteht ebenfalls in den USA. In der US - amerikanischen Literatur und Rechtsprechung wurde jedoch in den letzten Jahren vermehrt dazu übergegangen, die Doktrin des *piercing the corporate veil* unter Berücksichtigung der jeweiligen Ziele und der hinter den Regelungen stehenden politischen Entscheidungen eines Rechtsbereichs anzuwenden. So wird in den USA bei der Anwendung des *piercing the corporate veil* vermehrt danach unterschieden, ob es sich um einen delikts- oder einen vertragsrechtlichen Gläubiger handelt, der Gesellschafter auf den durchgegriffen werden soll, eine natürliche oder eine juristische Person ist oder ob in einer *close corporation* oder einer *public corporation* durchgegriffen werden soll.
In beiden Ländern bleibt aber der Vorwurf, daß die Durchgriffshaftung in ihren Voraussetzungen zu ungenau und in ihren Konturen wenig entwickelt ist.

Die Durchgriffshaftung ist demnach im deutschen Recht insbesondere für die Haftung zwischen Konzerngesellschaften so gut wie ohne Bedeutung. Die Gerichte ziehen hier die Konzernhaftung der Durchgriffshaftung vor

Wird teilweise von der Ausgleichshaftung einer Konzerngesellschaft analog §§ 302, 303 AktG ebenfalls von einer Durchgriffshaftung gesprochen, so ist dies dogmatisch ungenau. Zwar kann das Ergebnis beider Haftungssysteme das gleiche sein. Ein Gesellschafter, hier in Form der Muttergesellschaft, wird für die Schulden der Tochtergesellschaft herangezogen. Dogmatisch gesehen bestehen jedoch Unterschiede.
Die Durchgriffshaftung stellt eine gesellschaftsrechtliche Haftung dar. Bei Vorliegen ihrer Voraussetzungen kann unter Heranziehung gesellschaftsrechtlicher Wertungen ein Gesellschafter für die Verbindlichkeiten einer Gesellschaft persönlich herangezogen werden. Dies gilt unabhängig davon, ob der Gesellschafter unter den Begriff des Unternehmens im Sinne von § 18 AktG fällt oder nicht.
Die Konzernhaftung dagegen ist ein Sonderhaftungstatbestand. Sie setzt mit dem Erfordernis des Konzerns eine Sonderverbindung zwischen Mutter- und Tochtergesellschaft voraus. Die Konzernhaftung knüpft damit nicht nur an ein Verhalten in Form eines objektiven Mißbrauchs der beherrschenden Gesellschafterstellung. Tatbestandsvoraussetzung ist mit der Konzernierung neben den Verhaltenselementen auch ein Zustandselement.

Literaturverzeichnis

Abelthauser, Thomas E., Leitungshaftung im Kapitalgesellschaftsrecht, Köln u.a. 1998.

Alces, Peter A.,The Law of Fraudulent Transactions, Boston u.a. 1989.

Alexander, Janet Cooper, Unlimited Shareholder Liability through a Procedural Lens, 106 Harv. L. Rev. 387 (1992).

Altmeppen, Holger, Zur Vermögensbindung in der faktisch abhängigen AG, ZIP 1996, S. 693.

Altmeppen, Holger, Die systematische Einordnung der Rechtsprechung zum qualifizierten faktischen GmbH - Konzern nach TBB, DB 1994, S. 1912.

Alting, Carsten, Piercing the Corporate Veil in American and German Law: Liability of Individuals and Entities: A Comparative View, 2 Tulsa J. Comp. & Int'l L. 187 (1995).

Antunes, José E., Liability of Corporate Groups, Deventer, Boston 1994.

Aronovsky, Ronald G. / Fuller, Lynn, D., Liability of Parent Corporations for Hazardous Substance Releases under CERCLA, 24 U. S. F. L. Rev. 421 (1990).

Assmann, Heinz-Dieter, Gläubigerschutz im faktischen GmbH - Konzern durch richterliche Rechtsfortbildung, Teil 1, JZ 1986, S. 881.

Assmann, Heinz-Dieter, Gläubigerschutz im faktischen GmbH - Konzern durch richterliche Rechtsfortbildung, Teil 2, JZ 1986, S. 928.

Bakst, David, S., Piercing the Corporate Veil for Environmental Torts in the United States and the European Union: The Case for the Proposed Civil Liability Directive, 19 B. C. Int'l & Comp. L. Rev. 323 (1996).

Ballantine, Henry W., Ballantine on Corporations, Revised Edition, Chicago 1946.

Bälz, Ulrich, Verbundene Unternehmen, AG 1992, S. 277.

Banerjea, Nirmal Robert, Haftungsfragen in Fällen materieller Unterkapitalisierung und im qualifizierten faktischen Konzern, ZIP 1999, S. 1153.

Barber, David H., Piercing the Corporate Veil, 17 Williamette L. Rev. 371 (1981).

Baumbach, Adolf / Hueck, Alfred, Kurzkommentar zum GmbH-Gesetz, 16. Auflage, München 1996.

Berle, Adolf A., Jr., The Theory of Enterprise Entity, 47 Colum. L. Rev. 343 (1947).

Blumberg, Phillip, I., The Law of Corporate Groups - Problems of Parent and Subsidiary Corporations under Statutory Law of General Application, Boston u.a. 1989.

Blumberg, Phillip I. / Strasser, Kurt A. / Evans, Linda, The Law of Corporate Groups, Problems of Parent and Subsidiary Corporations under Statutory Law of General Application, 1996 Supplement, Boston u.a. 1996.

Blumberg, Phillip I., The Law of Corporate Groups - Tort, Contract and other Common Law Problems in the Substantive Law of Parent and Subsidiary Corporations, Boston u.a. 1987.

Blumberg, Phillip I. / Evans Linda, The Law of Corporate Groups - Tort, Contract, and other Common Law Problems in the Substantive Law of Parent and Subsidiary Corporations, 1996 Supplement, Boston u.a. 1996.

Blumberg, Phillip I., The Law of Corporate Groups - Procedural Problems in the Law of Parent and Subsidiary Corporations, Boston u.a. 1983.

Blumberg, Phillip I. / Evans, Linda, The Law of Corporate Groups - Procedural Problems in the Law of Parent and Subsidiary Corporations, 1998 Supplement, New York 1998.

Blumberg, Phillip I., The Multinational Challenge to Corporation Law, New York u.a. 1993.

Blumberg, Phillipp I., Amerikanisches Konzernrecht, ZGR 1991, Sonderheft 11, S. 264.

Blumberg, Phillip I., The Corporate Entity in an Era of Multinational Corporations, 15 Del. J. Corp. L. 283 (1990).

Blumberg, Phillip I., Limited Liability and Corporate Groups, 11 J. Corp. L. 573 (1986).

Blumberg, Phillip, I. / Strasser, Kurt A., Corporate Groups and Enterprise Liability: Contracts and Torts, in: Practising Law Institute (Hrsg.), Protecting the Corporate Parent, Avoiding Libility for Acts of the Subsidiary, New York 1993, S. 175.

Bork, Reinhard, Zurechnung im Konzern, ZGR 1994, S. 237.

Boujong, Karlheinz, Das Trennungsprinzip des § 13 Abs. 2 GmbHG und seine Grenzen in der neueren Judikatur des Bundesgerichtshofes, in: Festschrift Odersky, S. 739, Berlin u. a. 1996.
Buchner, Herbert / Weigl, Gerald, Die Haftung im qualifizierten faktischen Konzern, DNotZ 1994, S. 580.

Bungert, Hartwin, Gesellschaftsrecht in den USA, 2. Aufl., München 1999.

Bungert, Hartwin, Die Stellung der Limited Liability Company im U.S. -Amerikanischen Recht, IStR 1993, S. 174.

Bungert, Hartwin, Die GmbH im US-amerikanischen Recht: Close Corporation, GmbHR 1993, S. 478.

Burgard, Ulrich, Die Tatbestandsmerkmale des qualifizierten faktischen GmbH-Konzerns und ihre Konkretisierung nach „TBB", WM 1993, S. 925.

Butler, Penn, A., The Contractual Theory of the Corporation, 11 Geo. Mason. U. L. Rev. 99 (1989).

Cary, William L. / Eisenberg, Melvin, A., Corporations, 7. Aufl., Westbury, New York 1995.

Clark, Robert C., Corporate Law, Boston, Toronto 1986.

Clark, Robert C., The Duties of the Corporate Debtor to its Creditors, 90 Harv. L. Rev. 505 (1977).

Cohen-Wheban, Debra, Individual Responsability in the Wake of Limited Liability, 32 USF L. Rev. 335 (1998).

Coing, Helmut, Zum Problem des sogenannten Durchgriffs bei juristischen Personen, NJW 1977, S. 1793.

Conard, Alfred, Corporations in Perspective, Mineola 1976.

Cook, Layna, The Impact of United States v. Bestfoods on „Owner or Operator" Libility under CERCLA, 59 La. L. Rev. 1003 (1999).

Decher, Christian, Neues zum qualifizierten faktischen GmbH - Konzern, DB 1989, S. 965.

Demonte, Jessica, The Impact of United States v. Bestfoods on Parent Liability under CERCLA: When a Door is closed, Look for an Open Window, 61 Ohio St. L. J. 443 (2000).

Dennis, Richard G., Liability of Officers, Directors and Shareholders under CERCLA: The Case for Adopting State Law, 36 Vill. L. Rev. 1367 (1991).

DeMott, Deborah A., The Mechanisms of Control, 13 Conn. J. Int'l 233 (1999).

Depenbrock, Michael, „Piercing the Corporate Veil": Durchgriffshaftung im US-amerikanischen Konzern, WiB 1996, S. 66.

Doss, Arden Jr., Should Shareholders be Personally Liable for the Torts of their Corporations?, 76 Yale L. J. 1190 (1967).

Drax, Manfred, Durchgriffs- und Konzernhaftung der GmbH-Gesellschafter: ein Vergleich, München 1992.

Drüke, Heiner, Die Haftung der Muttergesellschaft für Schulden der Tochtergesellschaft - Eine Untersuchung nach deutschem und US - amerikanischem Recht - , Köln u. a. 1990.

Dye, Robert E., Inadequate Capitalization as a Basis for Shareholder Liability: The California Approach and a Recommandation, 45 S. Cal. L. Rev. 823 (1972).

Easterbrook, Frank H. / Fischel, Daniel R., The Economic Structure of Corporate Law, Cambridge, Massachusetts; London, England 1991.

Easterbrook, Frank H. / Fischel, Daniel R., Limited Liability and the Corporation, 52 U. Chi. L. Rev. 89 (1985).

Ebenroth, Carsten T. / Wilken, Oliver, Beweislast und Gesellschafterhaftung im qualifizierten faktischen GmbH - Konzern, ZIP 1993, S. 558.

Ebke, Werner, Die Konzernierung im US - amerikanischen Recht: Das Gesellschaftsrecht der Konzerne im internationalen Vergleich, Hrsg.: Mestmäcker / Behrens, Baden - Baden 1990, S. 279.

Ebke, Werner, Interlocking Directorates, ZGR 1990, S. 50.

Ehlke, Michael, Konzerninduzierter Haftungsdurchgriff auf den GmbH-Gesellschafter?, DB 1986, S. 523.

Eisenhardt, Ulrich, Gesellschaftsrecht, 8. Aufl., München 1999

Eisenmeier, Dana L. / Dindinger, F. J. „Rick", The Alter Ego Doctrine in Colorado, 28-March Colo. Law 53 (2000).

Elsing, Siegfried H. / Van Alstine, US-amerikanisches Handels- und Wirtschaftsrecht, 2. Aufl., Heidelberg 1999.

Emmerich, Volker / Habersack, Mathias, Aktienkonzernrecht Kommentar, München 1998.

Emmerich, Volker / Sonnenschein, Jürgen, Konzernrecht, 6. Aufl., München 1997.

Ensthaler, Jürgen / Kreher, Markus, Verlustausgleichspflicht im qualifizierten faktischen GmbH-Konzern, BB 1995, S. 1422.

Eschenbruch, Klaus, Konzernhaftung, Düsseldorf 1996.

Fischer, Holger / Martin, Empt, Gesellschaftsrechtliche Dirchgriffs- und Konzernhaftung und öffentlichrechtliche Altlasten verantwortlichkeit, ZIP 2000, S. 905.

Flume, Werner, Die Rechsprechung des II. Zivilsenats des BGH zur Treuepflicht des GmbH-Gesellschafters und des Aktionärs, ZIP 1996, S. 161.

Flume, Werner, Das Video-Urteil als eine Entscheidung des II. Senats des BGH aus dessen Selbstverständnis der Innehabung gesetzgeberischer Gewalt, ZIP 1992, S. 817.

Frischknecht Brown, Kamie, Parent Corporation Liability for Subsidiary Violations under § 107 of CERCLA: Responding to United States v. Cordova Chemical Co., 1998 B.Y.U. L. Rev. 265.

Geißler, Markus, Zukunft, Stillstand oder Geltungsverlust für die Durchgriffshaftung im Recht der GmbH?, GmbHR 1993, S. 71.

Gelb, Harvey, Piercing the Corporate Veil - The Undercapitalization Factor, 59 Chi. - Kent L. Rev. 1 (1982).

Gilson, Ronald J. / Black, Bernard S., The Essentials of Finance and Investment, Westbury, New York 1993.

Goette, Wulf, GmbH: Haftung nach den Regeln im qualifiziert faktischen Konzern - Anmerkung zum BGH - Urteil vom 19.9.1994, DStR 1994, S. 1818.

Grundfest, Joseph A., The Limited Future of Unlimited Liability: A Capital Markets Perspective, 102 Yale L. J. 387 (1992).

Gummert, Hans, Haftung im qualifizierten faktischen GmbH - Konzern, WiB 1994, S. 217.

Guzzano, Christian, United States v. Bestfoods: Decree on Parent Corporation Liability for Illegal Discharges made by Subsidiaries under the Comprehensive Environmental Response, Compensation, and Liability Act, 23 Nova L. Rev. 927 (1999).

Hachenburg, Max, Gesetz betreffend die Gesellschaften mit beschränkter Haftung - Großkommentar, Band 1, Allg. Einleitung; §§ 1 - 34, 8. Auflage, Berlin u.a. 1992; Band 3, §§ 53 - 85, 8. Aufl., Berlin u.a. 1997.

Hackney, William P. / Benson, Tracey G., Shareholder Liability for Inadequate Capital 43 U. Pitt. L. Rev. 837 (1982).

Halpern, Paul / Trebilcock, Michael / Turnbull, Stuart, An Economic Analysis in Corporation Law, 30 U. Toronto L. J. 117 (1980).

Hamilton, Robert W., Corporations (including Partnerships and Limited Partnerships), Cases and Materials, 5. Aufl., St. Paul, Minn. 1994.

Hamilton, Robert W., The Corporate Entity, 49 Tex. L. Rev. 979 (1971).

Hansmann, Henry / Kraakman, Reinier, A Procedural Focus on Unlimited Liability, 106 Harv. L. Rev. 446 (1992).

Hansmann, Henry / Kraakman, Reinier, Do the Capital Markets Compel Limited Liability?, 102 Yale L. J. 427 (1992).

Hansmann, Henry / Kraakmann, Reinier, Toward Unlimited Shareholder Liability for Corporate Torts, 100 Yale L. J. 1879 (1991).

Heidt, Kathryn R., Liability of Shareholders under the Comprehensive Environmental Compensation and Liability Act (CERCLA), 52 Ohio St. L. J. 133 (1991).

Heinsius, Theodor, Haftungsfragen im faktischen GmbH - Konzern, AG 1986, S. 99.

Henn, Harry G. / Alexander, John R., Laws of Corporations and other Business Enterprises, 3. Aufl., St. Paul, Minn. 1983.

Henze, Hartwig, Die Treuepflicht im Aktienrecht, BB 1996, S. 489.

Hofstetter, Karl, Multinational Enterprise Parent Liability: Efficient Legal Regimes in a World Market Environment, 15 N.C.J. Int'l & Com. Reg. 299 (1990).

Hohloch, Gerhard, in: Hohloch (Hrsg.), EU - Handbuch Gesellschaftsrecht, Vereinigtes Königreich, Herne u.a. 1997.

Hohloch, Gerhard, Entschädigungsfonds auf dem Gebiet des Umwelthaftungsrechts - rechtsvergleichende Untersuchung zur Frage der Einsatzfähigkeit einer „Fondslösung", Berlin 1994.

Hommelhoff, Peter, Die qualifiziert faktische Unternehmensverbindung: ihre Tatbestandsmerkmale nach dem TBB-Urteil und deren rechtsdogmatisches Fundament, ZGR 1994, S. 395.

Hommelhoff, Peter, Die Konzernleitungspflicht, Köln 1982.

Hopkins, George C., United States v. Bestfoods: The U.S. Supreme Court sets New Limits on the Direct Liability of Parent Corporations for Pollutiong Acts of Subsidiaries, 29 Envt'l L. Rep. 10545 (1999).

Hübner, Ulrich, Der Durchgriff bei juristischen Personen im europäischen Gesellschafts- und Unternehmensrechts, JZ 1978, S. 703.

Hueck, Alfred, Gesellschaftsrecht, 19. Auflage, München 1991.

Hüffer, Uwe, Kommentar zum Aktiengesetz, 3. Auflage, München 1997.

Irby, Stephanie M., United States v.. Bestfoods: CERCLA's Effect on Climbing the Corporate Ladder of Liability, 52 Ark. L. Rev. 613 (1999).

Jenkins, Danielle T., Corporate Law, McCrory v. Spiegel, 5 Roger Williams U. L. rev. 689 (2000).

Joost, Detlev, Ausfallhaftung im qualifizierten faktischen GmbH - Konzern, in: Hommelhoff, Stimpel, Ulmer (Hrsg.), Heidelberger Konzernrechtstage: Der qualifizierte faktische GmbH - Konzern, S. 133, Köln 1992.

Keatinghe, Robert R. / Et. Al., The Limited Liability Company: A Study of the Emerging Entity, 47 Bus. Law. 375 (1992).

Kezsborn, Anthony E. Satula, Jr. / Goldman, Alan V., „Sucessor" and „Parent" Liability for Clean Up Costs: The Envolving State of the Law, 10 Va. Envtl. L. J. 45 (1990).

Kiethe, Kurt / Groeschke, Peer, Die Zukunft und die Reichweite der Haftung im qualifizierten faktischen Konzern, NZG 2000, S. 1151.

Klein, Shaun M., Piercing the Corporate Veil of the Limited Liability Company, From Sure Bet Long Shot: Gallinger v. North Star Hospital Mutual Assurance, LTD, 22 J. Corp. L. 131 (1996).

Klein, Ronald J. u.a., The New Limited Liability Company in Florida, 73-Aug Fla. B. J. 42 (1999).

Kleindiek, Detlef, Strukturkonzepte für den qualifizierten faktischen GmbH - Konzern, ZIP 1991, S. 1330.

Koch, Stefan, Rechtliche und ökonomische Aspekte des Schutzes von Gläubigern konzernverbundener GmbH, Berlin 1997.

Kohl, Reinhard, Die „TBB" - Entscheidung - Entwarnung im faktischen GmbH - Konzern?, MDR 1992, S. 71.

Kölling, Lars, Der qualifiziete faktische GmbH - Konzern, NZG 2000, S. 8.

Kraakman, Reinier, Corporate Liability Strategies and the Costs of Legal Control, 93 Yale L. J. 857 (1984).

Krieger, Gerd, Kann die Praxis mit TBB leben?, ZGR 1994, S. 375.

Krieger, Gerd, Der Tatbestand des qualifizierten faktischen Konzerns, in: Hommelhoff, Stimpel, Ulmer (Hrsg.) , Heidelberger Konzernrechtstage: Der faktische GmbH - Konzern, Köln 1992, S. 41.

Kronstein, Werner / Hawkins, Gerald L., Die Haftung der Organwalter und Gesellschafter von Tochtergesellschaften in den USA, RIW 1983, S. 249.

Kropff, Bruno, Das TBB-Urteil und das Aktienkonzernrecht, AG 1993, S. 485.

Kübler, Friedrich, Gesellschaftsrecht, 5. Auflage, Heidelberg 1999.

Kübler, Friedrich, Haftungstrennung und Gläubigerschutz im Recht der Kapitalgesellschaften, in: Festschrift Heinsius, S. 397, Berlin u. a. 1991.

Landers, Jonathan M., A Unified Approach to Parent, Subsidiary, and Affiliate, Questions in Bankruptcy, 42 U. Chi. L. Rev. 589 (1975).

Landers, Jonathan M., Another Word on Parents, Subsidiaries and Affiliates in Bankruptcy, 43 U. Chi. L. Rev. 527 (1976).

Laeseter W. Scott / Mayfield Julie V., Environmental Law, 52 Mercer L. Rev. 1005 (1999).

Latty, Elvin R., Subsidiaries and Affiliated Corporations, Chicago 1936.

Leebron, David W., Limited Liability, Tort Victims, and Creditors, 91 Colum. L. Rev. 1565 (1991).

Lehmann, Michael, Das Privileg der beschränkten Haftung und der Durchgriff im Gesellschafts- und Konzernrecht, ZGR 1986, S. 345.

Limmer, Peter, Die Haftungsverfassung des faktischen GmbH - Konzerns, Köln 1992.

Lutter, Marcus, Gefahren persönlicher Haftung für Gesellschafter und Geschäftsführer einer GmbH, DB 1994, S. 129.

Lutter, Marcus, Der qualifizierte faktische Konzern, AG 1990, S. 179.

Lutter, Marcus, Die Haftung des herrschenden Unternehmens im GmbH-Konzern, ZIP 1985, S. 1425.

Lutter, Marcus / Hommelhoff, Peter, GmbH-Gesetz, Kommentar, 15. Auflage, Köln 2000.

Macey, Jonathan, R., Macey on Corporation Law, Volume 1, New York 1999.

Manne, Henry G., Our Two Corporation Systems: Law and Economics, 53 Va. L. Rev. 259 (1967).

Mayer, Dieter, Handbuch des Gesellschafts- und Wirtschaftsrechts, Düsseldorf 1999.

Matheson, John H. / Eby, Raymond B., The Doctrine of Piercing the Corporate Veil in an Era of Multiple Limited Liability Entities: An Opportunity to Codify the Test for Waiving Owners' Limited - Libility Protection, 75 Wash. L. Rev. 147 (2000).

McKane, Mark E., Operator Liability for Parent Corporations under CERCLA: A Return to Basics, 91 Nw. U. L. Rev. 1642 (1997).

Meiners, Roger E. / Mofsky, James S. / Tollison, Robert D., Piercing the Veil of Limited Liability, 4 Del. J. Corp. Law 351 (1979).

Merkt, Hanno, US - amerikanisches Gesellschaftsrecht, Heidelberg 1991.

Meyer-Landrut, Joachim, Gesetz betreffend die Gesellschaften mit beschränkter Haftung, Kommentar, Berlin u. a. 1987.

Michalski, Lutz / Zeidler, Finn, Die Ausgleichshaftung im qualifizierten faktischen Konzern - eine Analyse für die Praxis, NJW 1996, S. 224.

Miller Dean C. / Mangone, Nancy A., Parent Corporation Liability under CERCLA after United States v. Bestfoods, 28 Mar Colo. Law. 85 (1999)

Miller, Sandra K., Piercing the Corporate Veil Among Affiliated Companies in the European Community and in the U.S.: A Comparative Analysis of U.S., German, and U.K. Veil-Piercing Approaches, 72 Am. Bus. L. J. 73 (1998).

Monachino, Benedict J., Courts may Find Individuals Liable for Environmental Offenses without Piercing Corporate Shield, 72-May N.Y. St. B. J. 22 (2000).

Müller, Klaus, Die Haftung der Muttergesellschaft für die Verbindlichkeiten der Tochtergesellschaft im Aktienrecht, ZGR 1977, S. 1.

Müller - Freienfels, Wolfram, Zur Lehre vom sogenannten Durchgriff bei der juristischen Person im Privatrecht, AcP (156) 1957, S. 522.

Mummenhoff, Winfried, Zur Alleinhaftung juristischer Personen, in: Festschrift Hyung Bae Kim, Berlin 1995, S. 155.

Nacke, Ralf, Die Durchgriffshaftung in der US - amerikanischen Corporation, München 1988.

Nirk, Rudolf, Zur Rechtsfolgenseite der Durchgriffshaftung, in: Festschrift Stimpel, Berlin u.a. 1985, S. 443.

Note, Applying Enterprise Principles to Corporate Groups, 107 Harv. L. Rev. 1455 (1994).

Ochsenfeld, Frank, Direkthaftung von Konzernobergesellschaften in den USA: die Rechtsprechung zum Altlasten-Superfund als Modell für das deutsche Konzernhaftungsrecht?, Berlin 1998.

Ostas, Daniel T., Postmodern Economic Analysis of Law: Extending the Pragmatic Visions of Richard A. Posner, 36 Am. Bus. L. J. 193 (1998).

Oswald, Lynda J., Corporate Parent Liability for Environmental Violations of the Subsidiary, in: Practising Law Institue (Hrsg.), Protecting the Corporate Parent 1993, Avoiding Liability for Acts of the Subsidiary, New York 1993, S. 241.

Oswald, Lynda J. / Schipani, Cindy A., CERCLA and the Erosion of Traditional Corporate Law Doctrine, 86 N.w. U. L. Rev. 259 (1992).

Paschke, Marian, Rechtsfragen der Durchgriffsproblematik im mehrstufigen Unternehmensverbund, AG 1988, S. 196.

Posner, Richard A., The Rights of Creditors of Affiliated Corporations, 43 U. Chi. L. Rev. 499 (1976).

Posner, Richard A., Economic Analysis of Law, 4. Aufl., Boston 1992.

Powell, Frederick J., Parent and Subsidiary Corporations: Liability of a Parent Corporation for the Obligations of Its Subsidiary, Chicago 1931.

Presser, Stephen B., Piercing the Corporate Veil, Deerfield, Il., New York, NY, Rochester, NY 1997.

Presser, Stephen B., Thwarting the Killing of the Corporation: Limited Liability, Democracy, and Economics, 87 Nw. U. L. Rev. 148 (1992).

Preuß, Fabian, Dogmatik der konzernspezifischen Haftung im qualifizierten faktischen GmbH-Konzern – Das Konzernhaftungsrecht als Ausfluß bürgerlich-rechtlicher Wertung?, Aachen 2000.

Priester, Hans-Joachim, Uneingeschränkter Verlustausgleich - zwingende Folge qualifizierter Konzernherrschaft? in: Festschrift Semler 1993, Berlin u. a. 1993, S. 561.

Priester, Hans-Joachim, Unbeschränkte Konzernhaftung des GmbH - Gesellschafters, ZIP 1986, S. 137.

Raiser, Thomas, Konzernhaftung und Unterkapitalisierungshaftung, ZGR 1995, S. 156.

Rands, William J., Domination of a Subsidiary by a Parent, 32 Ind. L. Rev. 421 (1999).

Rapakko, Timo, Unlimited Shareholder Liability in Multinationals, Den Haag, London, Boston 1997.

Rehbinder, Eckhard, Minderheitenschutz und Gläubigerschutz im faktischen GmbH - Konzern, AG 1986, S. 85.

Ribstein, Larry, E., Limited Liability and Theories of the Corporation, 50 Md L. Rev. 80 (1991).

Roth, Günther H., Unterkapitalisierung und perönliche Haftung, ZGR 1993, S. 170.

Roth, Günther H., Zur "economic analysis" der beschränkten Haftung, ZGR 1986, S. 370.

Rowedder, Heinz, Gesetz betreffend die Gesellschaften mit beschränkter Haftung (GmbH) mit Erläuterungen, 3. Aufl., München 1997.

Scheel, Hansjörg, Konzerninsolvenzrecht, Köln 1995.

Schipani, Cindy A., Environmental Law and Business in the 21st Century: Infiltration of Enterprise Theory into Environmental Jurisprudence, 22 Iowa J. Corp. L. 599 (1997).

Schmidt, Karsten, Die wundersame Karriere des Unternehmensbegriffs im Reich der Konzernhaftung, AG 1994, S. 189.

Schmidt, Karsten, Zur Durchgriffsfestigkeit der GmbH, ZIP 1994, S. 837.

Schmidt, Karsten, „Konzernhaftung" nach dem TBB-Urteil - Versuch einer Orientierung, ZIP 1993, S. 549.

Schmidt, Karsten, Zum Stand des Konzernhaftungsrechts bei der GmbH, ZIP 1991, S. 1325.

Schmidt, Karsten, Verlustausgleichspflicht und Konzernleitungshaftung im qualifizierten faktischen GmbH - Konzern, ZIP 1989, S. 545.

Schmidt, Karsten, Zum Haftungsdurchgriff wegen Sphärenvermischung und zur Haftunsgverfassung im GmbH - Konzern, BB 1985, S. 2074.

Scholz, Franz, Kommentar zum GmbH-Gesetz mit Nebengesetzen und dem Anhang Konzernrecht, Band I., §§ 1 - 44; Anhang Konzernrecht, 9. Auflage, Köln 2000.

Schramm, Volker, Konzernverantwortung und Haftungsdurchgriff im qualifizierten faktischen GmbH - Konzern, München 1991.

Schulze - Osterloh, Thomas, Vermeidung der Konzernhaftung nach dem TBB - Urteil durch ordnungsgemäße Buchführung, ZIP 1993, S. 1828.

Schwindt, Karin, Limited Liability Companies: Issues in Member Liability, 44 UCLA L. Rev. 1541 (1997).

Serick, Rolf, Rechtsform und Realität der juristischen Person, 2. Aufl., Berlin 1980.

Sommer, Joseph H., The Subsidiary: Doctrine without a Cause?, 59 Fordham Law Review 227 (1990).

Stimpel, Walter, Haftung im qualifizierten faktischen GmbH - Konzern - Besprechung der Entscheidung BGHZ 107, S. 7ff. (Tiefbau), ZGR 1991, S. 144.

Stimpel, Walter, „Durchgriffshaftung" bei der GmbH: Tatbestände, Verlustausgleich, Ausfallhaftung, in: Festschrift Goerdeler, Düsseldorf 1987, S. 601.

Stodolkowitz, Heinz Dieter, Die Haftung im qualifizierten faktischen GmbH - Konzern nach der Rechtsprechung des Bundesgerichtshofes, ZIP 1992, S. 1517.

Teipel, Klemens, Die Beutung der lex fori für die Anknüpfung des Haftungsdurchgriffs, Heidelberg 1995.

Teubner, Gunther, Die 'Politik des Gesetzes' im Recht der Konzernhaftung, in: Festschrift Steindorff, Berlin u.a. 1990, S. 261.

Thompson, Robert B., The Limits of Liability in the New Limited Liability Entities, 32 Wake Forest L. Rev. 1 (1997).

Thompson, Robert B., Unpacking Limited Liability: Direct and Vicarious Liability of Corporate Participants for Torts of the Enterprise, 47 Vand. L. Rev. 1 (1994).

Thompson, Robert B., Piercing the Corporate Veil: An Empirical Study, 76 Cornell L. Rev. 1036 (1991).

Timm, Wolfram, Rezension der Monographie: Cornelius Weitbrecht, Haftung der Gesellschafter bei materieller Unterkapitalisierung der GmbH, ZHR 1992, S. 281.

Timm, Wolfram / Geuting, Markus, Abschied von der Strukturhaftung im qualifizierten faktischen Konzern?, ZIP 1992, S. 821.

Tompkins, Alan W. / O'Neal, Theodore, Corporations, 52 SMU L. Rev. 873 (1999).

Ulmer, Peter, Verlustübernahmepflicht des herrschenden Unternehmens als konzernspezifischer Kapitalerhaltungsschutz, AG 1986, S. 123.

Vagts, Detlev, Konzernrecht in den Vereinigten Staaten, in: Druey (Hrsg.), Das St. Galler Konzernrechtsgespräch - Konzernrecht aus der Konzernwirklichkeit, Berlin u.a. 1988, S. 31.

Veltins, Michael A., Durchgriffshaftung im amerikanischen Recht, RIW 1983, S. 713.

Versteegen, Peter, Das TBB-Urteil als Wegbereiter einer allgemeinen Intransparenzhaftung in der GmbH?, DB 1993, S. 1225.

Vogel, Alexander, Haftung der Muttergesellschaft als materielles, faktisches und kundgebendes Organ der Tochtergesellschaft, Bern, Stuttgart, Wien 1997.

von Arnim, Christoph, Haftungsdurchgriff im deutschen Kapitalgesellschaftsrecht und Piercing the Corporate Veil im Recht der U.S. - amerikanischen Corporation, NZG 2000, S. 1001.

von Becker, Bernhard, Methodologische Probleme des qualifizierten faktischen GmbH-Konzerns, München 1994.

Vonnemann, Wolfgang, Haftung von GmbH-Gesellschaftern wegen materieller Unterkapitalisierung, GmbHR 1992, S. 77.

Vonnemann, Wolfgang, Die Haftung im qualifizierten faktischen GmbH - Konzern, BB 1990, S. 217.

Weitbrecht, Cornelius, Haftung der Gesellschafter bei materieller Unterkapitalisierung der GmbH, Köln 1990.

Werner, Winfried, Probleme der Anwendung des § 303 AktG im qualifizierten faktischen GmbH - Konzern, in: Festschrift Goerdeler, Düsseldorf 1987, S. 677.

Westermann, Harm Peter, Das TBB - Urteil - ein Neuansatz bei der Haftung wegen qualifiziert faktischer Konzernierung?, ZIP 1993, S. 554.

Wiedemann, Herbert, Spätlese zu Autokran, ZGR 1986, S. 656.

Wilken, Oliver, Qualifizierter faktischer Konzern und Unterkapitalisierung, WiB 1997, S. 453.

Winter, Michael, Der Schutz von Gläubigern faktisch abhängiger Gesellschaften nach englischem, amerikanischem und deutschem Recht, Konstanz 1996.

Wormser, Maurice I., Disregard of the Corporate Fiction and Allied Corporation Problems, New York 1927.

Wormser, Maurice I., Piercing the Veil of Corporate Entity, 12 Colum. L. Rev. 496 (1912).

Wüst, Günther, Das Problem des Wirtschaftens mit beschränkter Haftung, JZ 1992, S. 710.

Ziegenhain, Hans-Jörg, Der qualifizierte faktische Konzern in der Rechtsprechung des Bundesarbeitsgerichts zur betrieblichen Altersversorgung, ZIP 1994, S. 1003.

Ziegler, Klaus, Verlustausgleichspflicht und Haftungsdurchgriff beim qualifizierten faktischen GmbH - Konzern, Teil I, WM 1989, S. 1041.

Ziegler, Klaus, Verlustausgleich und Haftungsdurchgriff beim qualifizierten faktischen Konzern, Teil II, WM 1989, S. 1077.